操盘特种兵

股票期货单兵实战宝典

中国财经出版传媒集团
经济科学出版社
Economic Science Press

图书在版编目（CIP）数据

操盘特种兵：股票期货单兵实战宝典/马昕辉著.
—北京：经济科学出版社，2019.4
ISBN 978-7-5218-0336-5

Ⅰ.①操⋯　Ⅱ.①马⋯　Ⅲ.①股票交易-基本知识
②期货交易-基本知识　Ⅳ.①F830.9

中国版本图书馆 CIP 数据核字（2019）第 039711 号

责任编辑：谭志军
责任校对：隗立娜
责任印制：李　鹏

操盘特种兵
—— 股票期货单兵实战宝典
马昕辉　著

经济科学出版社出版、发行　新华书店经销
社址：北京市海淀区阜成路甲 28 号　邮编：100142
总编部电话：010-88191217　发行部电话：010-88191522
网址：www.esp.com.cn
电子邮件：esp@esp.com.cn
天猫网店：经济科学出版社旗舰店
网址：http://jjkxcbs.tmall.com
北京季蜂印刷有限公司印装
710×1000　16 开　17.25 印张　260000 字
2019 年 4 月第 1 版　2019 年 4 月第 1 次印刷
ISBN 978-7-5218-0336-5　定价：78.00 元
(图书出现印装问题，本社负责调换。电话：010-88191510)
(版权所有　侵权必究　打击盗版　举报热线：010-88191661
QQ：2242791300　营销中心电话：010-88191537
电子邮箱：dbts@esp.com.cn)

序

燕下都，易水畔。秋风凛冽，易水东流，草木低垂，一片萧瑟，此时正是晨曦，数人在岸边树立无语，每人都穿着当时燕国比较流行的锦制燕袍，奇怪的是只有两个人袍色为黑褐色，其他人皆为白色。风吹起大家身上的袍袖，其中一人露出了黑色长袍内的软甲，忽然一人抚琴，琴声悲凉，此人名曰高渐离，渐离筑乐以送荆轲，那内穿软甲的黑袍男子，眼睛透露着孤傲，仿佛对一切都不放在心上，长发披散，神情平静，但众人都看出了他眼中的决绝之态，他就是荆轲。

众人面向易水，向对岸望着，时不时对视一下，但都默不作声，像是凝神听着琴声，琴声忽然一驻，此时一头戴金冠、身着白袍的男子好像想起了什么，遂问荆轲："先生，您的那位朋友还能否到来？""公子莫急，轲再等等，有他相助，此番必可成功！"

那金冠白袍者，即燕太子丹，秦兵大举东进，国破之日将不久矣，内心着急，可又不好再三催促，故只能垂手而站。

远处马蹄声响起，众人皆喜，看来荆轲的朋友来了，大家回身观望之后，不觉面露失望的神情，原来只是太子丹家臣送来锦盒一个，里面是樊於期的人头，他原本是秦国将领，攻赵兵败而畏罪潜逃至燕，被太子丹收留，故秦王大怒杀其全家并发誓要捉拿此人，现在为了此次行动，荆轲说服了樊於期为报家仇而自刎，有了这颗人头，才有机会让秦王欣喜，亲自接见。

此时，还有一人个头不高，面带稚气，穿着也极其朴素，身上斜跨一个布包，他就是秦舞阳，此次荆轲行动的助手。荆轲把锦盒交给他，现在两件礼物凑齐了——秦舞阳背着的燕国督亢地图和樊於期的人头，有了这两样东西，秦王政才会相信燕国的诚意。

　　日头西下，故友仍未到来，太子丹用问询的眼神看向荆轲，荆轲笑了笑说道："此行必不负太子之托，定刺死嬴政。好，不等了，让渐离陪各位回去，我走了。"太子丹闻言，此时才舒缓了眉宇间愁容，勉强笑了笑道："先生此行珍重，还有，那把匕首我已命人叫工匠用毒药煮炼过。谁只要被这把匕首刺出一滴血，就会立刻气绝身死。"荆轲点了点头，喝完仆人敬上的壮行酒上船过河而去，那边有辆马车正在等候，荆轲站在车边喊了声：渐离，风萧萧兮易水寒，壮士一去兮不复还！然后头也不回地和秦舞阳上车直奔咸阳。

　　诗词好像是念给高渐离的，但其实更是说给太子丹的，对岸的高渐离空洞的眸子业已含泪，颤声说道："去吧，暴秦之君，人人得而诛之，我将来也会去的。"太子丹此时已泪如泉涌，大声道："先生珍重，先生小心！"悲伤已经让他的气息越来越微弱，最后风声掩盖了他的声音。

　　今日太子丹特地让众人皆换白袍为荆轲送行，因为大家都清楚，荆轲此行无论成败必死无疑，今日就是提前为其举行了葬礼，而他内心更明白，这次行动是对燕国国运和自身命运的一次无畏的抗争，天下大势人力岂能阻止，但若杀死嬴政，换得一丝喘息机会，事情或还有转机。

　　后来的事情，大家都清楚，而失败的原因并不是荆轲剑法不如秦王嬴政，也不是秦王早有防备等，那到底是什么呢？

　　两千年后的今天，我站在燕下都遗址的土堆前凝望着远处，易水壮行的情景在我脑海中如亲见一般出现，但是我没想明白，荆轲是当时天下第一剑客，论单兵作战能力可以说难有出其右者，助手秦舞阳虽徒有虚名，刺杀开始时却能分散部分侍卫的注意，樊於期的人头和燕国地图也是博取了秦王信任的大赌注，再加上太子丹给荆轲的匕首，也是一代名器，等一下，匕首……对，匕首……我记得后来史书记载，荆轲抓住了秦王的衣袖，但匕首刺出之时竟未能触及秦王的身体，因为为了藏于地图内不被发现，所以只能用匕首，而在大殿之上，即使距离再近，相对于匕首来说，也是太远了，一击不及后当秦王拔长剑砍向荆轲的时候，他的匕首根本无法招架，故大腿被砍断后被甲士剁为肉泥。哎，工欲善其事必先利其器啊！为什么不能做一个更大的地图，将一把中等长度的宝剑藏进去，那么就真有可能成功了！

看来再恢宏的气势，再顶尖的高手，再决绝的内心，如果没有真正的利器，都是不行的。回想专诸之刺王僚，将一把鱼肠剑，藏于烤鱼之内，因为公子光家中会客厅相对较小，刺客与目标的距离很近，鱼肠剑正好刺透吴王僚的三层软甲，恰到好处，故专诸功成名就。各位投资界的朋友们，上面说了这么多，我只是想告诉诸位，我们每个人都是荆轲，都幻想着"杀掉"那看不见的"秦王"，如果你想在投资领域功成名就，不仅要靠你的综合能力，还要靠真正有效的利器。通过这本书，我相信你可以找到一套攻守兼备的单兵出击战法，成为一个期货特种兵！

作者自序

开先者，谢独早！

我前三十年的经历，可以说是一个伤仲永一样的人生，从小学习成绩好，经常被老师表扬，典型的好学生，考大学、出国留学，处处都算优秀，回国打拼也是一帆风顺！因为家里没什么背景，就选择从基层销售开始干起，记得第一次面试是去曾经的北京首富、第一位法拉利车主李晓华先生的公司，做译神翻译笔，那天正好赶上以"李晓华"命名天上一颗星星的仪式，当时对于一个二十出头的人来说，冲击力很大，自己也幻想着将来能像他一样，白手起家，最后有属于自己的一颗星星，以后人们仰望天空就能看到我的笑脸。可惜能力有限，面试失败。接着去面试的第二个工作是中美合资益利食品公司，面试官只给大家出了一道题，很有意思，说如果2350年地球上的人类毁灭了，你为了给未来智慧文明留下我们这代文明的线索，可以从以下物品中选择一样放在永不毁灭的黑匣子中让未来文明研究，但只能选择一样，你会选什么？比如：一瓶水，一袋空气，一朵鲜玫瑰花，一个IBM的超级硬盘（里面记载了人类所有的文明和历史），一架座钟，一个DVD和光盘，等等。和多数人一样的逻辑，我觉得好像硬盘最全面地记录了人类信息，毫不犹豫选择了硬盘，结果当天选择一朵鲜玫瑰花的人都被留用，勾选其他的都被刷掉，面试官还特意跟我聊了几句，最后他认为我不是一个做销售的料，我备受打击，而且也不知道为什么选鲜花的会被留下，这个原因在我后来的人生中才领悟到。

　　回到家的我，比较失落，但是我觉得我不会因为一个陌生人的一句话就改变我的人生选择，我觉得销售很锻炼人，还能挣钱，所以决定先学习成功的销售人士的经验，然后再踏入这个行业，很多人说在实战中学习，这句话没错，但是如果没有基本功，直接实战，事倍功半，成效很小，就像上学的时候看的一部战争片，苏德战争中，无数苏联年轻人因为战事吃紧，直接发枪就上战场，结果大多数都成了炮灰，但是如果先经历一段时间的新兵训练，知道怎么瞄准，怎么分辨炮火，怎么利用掩体等，再结合战场实际情况，单兵生存能力将大幅提升。

　　经过一个多月的学习，我觉得领悟了很多销售原理，这里我不过多阐述，相信很多人年轻的时候也都学过。有一天，偶然在报纸上看到中国奥迪第一家4S店北京中润发招聘销售，我就抱着试一试的心态递交了简历，第二天前去面试，这是一家刚刚筹备的汽车销售公司，连展厅都还在建设中，但是那里的一切依然让我充满好奇，充满热情，公司总经理李京益亲自面试我，问了我很多问题，特别是让我描述一下，如果客户进了展厅你该如何如何，我当时头脑非常清晰，把客户分成几类，进店后将如何应对说得很细致，看得出来，他很认可，接下来的问题也是对答如流，面试结束，他说你这个小子见人说人话，见鬼说鬼话，你是销售的天才！转天，秘书给我打电话说老板在厚厚一沓简历中，就挑上了我，让我尽快来公司报道。这样，我拥有了一份真正属于我的销售工作，记得展厅开业当天，董事长李春明先生致辞，他年轻的时候在德国留学，看到国外非常漂亮的全透明汽车展厅，于是确立了自己的梦想，就是在中国开一个豪华车品牌的4S店，他做到了，而且是中国第一家，当时他的精神也深深地影响了我。后来经过一年努力，我的销售业绩出奇的好，成为当年奥迪销售的冠军。2000年的奥迪A6特别抢手，但同一个公司里，我的业绩是别人的几倍,世界上最伟大的推销员乔吉拉德一天最多卖13台车,我最高纪录一天卖过18台车,而我的形象气质很一般,绝对是凭本事吃饭。说这些,我不是为了炫耀我的销售能力,而是想说两点:第一,不要让别人的评判左右你的人生,同样都是我,从不是销售的材料变成了别人嘴里的销售高手,所以别人说什么都不重要,重要的是你自己是否下决心去开始,你自己如何评价你自己;第二,任何行业只要你肯用心钻研,都可以取得良好的成绩,比如有些人刚刚接触股票期货等投资市场的时候,自认为不懂投资,或者投资期货风险大,所以不敢进入,但是任何事情都是不怕你了解,就怕你误解,如果你想在一个陌生领域挣钱,你就必须多多学习,有一定基础后,用实战积累经验,特别是要多多听取成功人士的经验,你就有可能在这个领域成功。

短短三年的销售,使我挣得了人生第一桶金,但我从来没有忘了我的人生梦想,就是成为中国的索罗斯,销售只是我实现理想的一个踏板,特别是在有一次销售中,我认识了一个买奥迪A8的客户,年纪最多35岁,但2001年就能买一百多万的车,绝对是我心目中的成功人士,我最大的爱好就是和那些成功人士去取经,所以在交车的过程中就问:前辈是做什么生意的?怎么这么厉害,我也想像您一样将来三十多岁就事业有成,能否请您给点指引。他笑了笑,说,哥们,我的成功可能你已经无法复制了,年代不同了,你得去找未来更有前景的行业去做,但是我送你一句话,是条汉子就不挣有数的钱!是啊,如果一辈子只是给人打工,总有一天干不动了,就没钱了,而且钱也是有数的,无论多么艰辛,只有自己打拼创业才行,有句话很有道理,笼鸡有米汤锅近,沙鸥无粮天地宽!

一切都太顺利了,当年24岁,收入丰厚,有车有房,人也飘了起来,后期做什么事都觉得没有不行的。其实我当时就是把一件偶然成功的事情看成了一生的必然,之后,为了继续实现梦想,我开过连锁奶茶店，做过餐饮、贸易公司，结果把大部分钱都赔了回去，好在，投资股市赶上2007年大牛市顺利地挣了一大笔，而且赶在中石油上市前抛掉股票，又去了克莱斯勒做北京某家4S店的销售总监，主营北京戴姆勒－克莱斯勒生产的比较滞销的300C和纯进口吉普牧马人等车型。由于经验丰富，策略得当，一年时间，我把一家月销售额全国倒数第一的店变成了全国正数第十二名，当时克莱斯勒亚太区老大墨菲还亲自接见了我。可是，好景不长，2008年年底全球金融危机，戴姆勒集团资金链出现了问题，差点倒闭，后来和菲亚特一度合并才渡过难关。那个时候我们这家店的投资人信心动摇了，直接关闭了这家4S店，但是我这几年在股市和汽车销售上还是积累了一些财富，2009年组建了自己的投资公司。为了迅速产生规模效应，开始吸收周围亲朋资金并配资做股票，开始顺风顺水，感觉整个世界都是我的。2009年基本上是在3350点到3450点全线平仓股票专心做期货，因为我知道短期股市已经没有机会了，计划着到2600点抄底。果然在2010年中期，我抄底成功，又赚了一票，但是在2011年上证指数再回2600点一带做"双底"的时候，灾难降临了，当时我的资金规模已经是2009年的四倍（有一半盈利和后期吸收的资金），这次赶上欧债危机和美债危机同时爆发。2011年8月8日是我永生难忘的日子，这一天受周末美国债务危机迅速恶化的刺激，中国股指和个股几乎全面瞬间跌停，而我当时抄底几乎满仓，而且是按一比四在社会上的金融平台配的资，就那一刻全面强平，当我坐在电脑前面看到我的资金瞬间几乎没有了（一比四，按合同条款是回撤至总资金85%时候由第三方强平，但因为当天行情极端，基本都平在了跌停价上），我的大脑麻木了，一片空白，在电脑前面坐了一天，然后回家把自己关了一周，当时真的无法面对自己，还有那些投资人，他们那么信任我，而且我以前也足够谨慎，操作并不激进，只有这次过于自信，当时认为风险可控，最多是有

10%左右回撤，而上天跟我开了个玩笑，当天急跳之后马上收回，很多跌停股票都强力反弹，而我那一刻已经失去了机会。无数投资人给我打电话，我不敢接，无颜面对！当时，唯一的想法就是从我家16楼跳下去解脱，打开窗户的一瞬间，头脑还是麻木的，好像后面有一双无形的手在推我……脑海中突然有个声音，"爸爸，爸爸"，是我一岁多刚会叫爸爸的女儿，瞬间我冷静了下来，这时候头脑清醒了，想想父母、妻儿和那些信任我的投资者，我不能这么不负责任！更不能成为别人眼中的笑柄，真跳了，父母妻儿不光是伤心，还有以后他们所面对的亲朋邻居的同情与嘲讽，想想我就难受。

而以前对我非常严厉的父母，这次当我把事情跟他们说了之后反而没有埋怨我，而是帮我一起卖房还债，共度时艰。大多数投资人也是依然相信我并宽限债期（有的人跟我没有任何协议，只是把钱放我这里让我打理），为了对得起这份信任，我毅然和他们补签了借款协议！没想到那么大的债务危机，竟然通过一段时间的沟通协商，逐步获得了宽限期。人在阵地在，毛主席说过，存地失人，人地皆失，存人失地，人地皆得！这一次我是深切体会到了。各位朋友，如果你也遇到了人生绝境，可千万不要放弃，没什么过不去的坎。还有让我非常感动的是，当时有个李姓好友（我发现，我生命中的贵人好像多数都姓李），在陪我喝闷酒的时候，拍着我的肩膀说老马，相信不出一年你就能东山再起，而且几天后还借了我一笔资金应急。有了投资人的宽容、家人朋友的鼎力相助，我重新拾起了从头再来的决心！

伏久者，飞必高！

2012年，一位好友重新介绍我去了一个金融机构，我又开始了新的征程。这次，我首先用了一年时间去总结经验教训，修改完善了我的交易准则，这些我将在后期文字里给大家详细讲解。经过此次大失败后，我的操作心态和纪律性得到了极大的提升。

但在交易过程中，我本着对投资者的资金安全考虑的原则，每交易一次的起始仓位都不会过两成，而且做对了顺势加仓，做错了严格止损、坚决不冒险，而且大起大落，只要不破止损位和不到止盈位，我基本都不动。这种交易模式在2012年到2014年的商品期货震荡市场中，收益率不高，但因为风险控制得很好，收益比较稳定，虽然遭到了同行的耻笑，但是我觉得符合我自己的操作原则最重要，因为机会有的是，大的单边机会每过几年都会有，那时候才是真正获利阶段，而且每年稳定接近20%的收益还是跑赢了同期股市上证指数。此后2014年到2015年商品市场的相对单边空头行情由于与基本面和商品的生产成本有点背离，空头行情盈利虽然好很多，但还是没有特别好的成绩，但是我自己已经非常知足，同时我很清楚，大机会快来了！2016年伊始，黑色系全产业链开始了轰轰烈烈的大牛市，按照我的交易战法和持仓原则，当年在螺纹焦炭等品种上收益超过5倍，别忘了我是在轻仓的情况下，只使用了交易资金的50%，但是换来了整体资金的500%的增长，我不是炫耀我的战果，因为我说过，稳定收益才是最棒的，一两次大收益并不能说明什么，反而会成为你后期犯错误的资本，因为有前车之鉴，我2017年操作依然非常稳健，当年市场震荡加剧，虽然是多头行情，但不再像2016年那样超级牛，收益自然不高，年化收益率77%。随着近几年的稳步获利，我的收入也重新回归高位，不但还掉了所有债务，而且还有大笔资金使我能够投入其他项目，几年的沉浮，换来了一朝的腾飞！

　　我的经历告诉我一个经验，失败后不放弃虽然很重要，但更重要的是我们要去总结经验教训，并在以后的做事中不再重蹈覆辙，所以，希望各位如果在投资中也犯过一些和我同样的错误，请谨记一定要告诫自己，不要犯同样的错误，才能真正地迈向成功！

　　精彩内容，正式开启！

前 言

随着时代的变革，人们对金钱的认识也在不断地提升，对我们每个普通人来说它不再只是购买商品或衣食住行需要的纸币，而是为了生活得更好，为我们创造更大的财富的种子。钱生钱一直是古往今来人类最大的理财愿望。但是理想是美好的，而现实却是残酷的，很多人在不懂得投资的情况下，盲目投入一些看似赚钱的项目中，结果血本无归。很多人把钱给了一些认为自己可以信任的朋友、理财顾问乃至专家，让他们帮自己挣钱，结果却是理财专家们比自己赔得都快！而有些人更是哀叹，你不理财，财不理你，你理了财，财却永远离你而去了。在中国的投资市场中，很多人的身家性命或千万财富，可能在短短几年就灰飞烟灭了，人们怪股市是赌场、绞肉机，怪制度不公平，怪政策没有针对性，但从来就没反思过自己懂得投资吗，懂得理财的真谛吗？如果你没有专业的知识，就进入市场，即使在再公平、再关爱投资者的市场里面，你也一样赔钱！

那么提升自己的理财本领、投资技巧和实战能力将是本书希望读者获得的主要收获。真心建议这本书大家反复多看几遍，把它翻烂，你一定能在期货及股票市场上有所建树。

说到投资理财，我们可以简单地划分为几个部分。比如银行存款、基金、国债、金融衍生品市场及参与人最多的交易投资市场。而我们重点要讲述的就是以股票和期货为主的投资市场。

随着中国金融改革的深化发展、移动互联网的深入普及，中国的金融投资格局不断变革，除了股票以外，期货现货以及外汇投资对于投资者来说不再是个陌生的字眼。同时，中国政府监管比较严格的三大期货交易所和如雨后春笋般各地方自建的现货交易所吸引了上百万的投资者进入，但随着国家监管的加强，现货交易所逐步销声匿迹，而期货交易已经成为中国商品市场投资的主战场。遍观书海却很难找到一本让无论是初学者还是有一定投资经验但还想提高的人获得一个对期货投资进行专门分析研究且极具实战指导性的书籍，虽然很多人认为期货投资和股票投资的内涵区别不大，但本人在从事证券期货投资行业十余年后，发现期货投资的操作理念和心态还是有别于股票等其他投资渠道的。同时我发现一个有趣的现象，做股票做得好的朋友，在期货市场上未必做得好，但是期货做得好的朋友在股票市场上往往都是轻松大幅获利，所以很有必要把自己这十几年来的投资心得做出总结以俟读者，即使您不去投资期货，只做股票，相信您读完此书后，再参与股票市场也将得心应手。

　　本书希望通过通俗易懂的语言，以中国期货三大交易所的交易品种为例，把作者多年来总结的投资战法即"五虎将战法"结合实战案例以及看盘技巧、经典 K 线形态详尽地介绍给读者，使每位投资期货和股票的朋友能够提升交易水平，在期货或者股票等投资领域里有所斩获，不再被所谓的"庄家、主力"宰割。

　　在此，我想先给大家一个投资理财的基本观点，这是我在前段时间的一次培训课上所提及的，即投资理财的第一步就是制定一个详尽且切实可行的理财目标。好多人总想一年翻一倍或几倍，特别是来到期货市场的投资者更是奔着高额的收益率而来。但是其实我想告诉各位的是一年如果能有 24% 的投资收益就已经相当不错了，按照此比例，三年资金即可翻倍，持续下去，复利的力量是非常可怕的，巴菲特说过人类发现的最伟大定律不是相对论而是复利。记得年轻的时候听到个故事，有一个国王和大臣下棋，

前　言

国王说，如果你能赢了我，你要什么封赏？大臣说，如果我赢您一盘棋，你给我一粒米就可以，如果再赢就加倍，以此类推。国王觉得很简单，输的成本也很小就欣然应允，结果玩到第十几盘的时候，国王就玩不下去了，因为他悟到如果继续输，整个国家的粮食也不够输给大臣的！其实这个故事是一个极端几何级数增长的例子，现实投资世界里，我们并不需要如此暴利的模式，我们只需要每年稳健获利20%到30%，几十年下来你的财富就已经很可观了，但是大多数人都希望在期货里快速致富，通过以往经验分析，我发现如果一个投资者投资第一年资金就翻几倍，其实最终长期来看结果并不好，因为你第一年资金翻了几倍或获取非常大的盈利可能你运气确实太好了，但好运气不可能总是持续下去，要不就是你的投资手法过于激进，而激进的操作方式一旦做错，可能让你在未来的日子里全部赔光或大起大落，更有一些人，看到别人挣了大钱，又自恃自己有些投资经验且目标远大，制定了过高的年化目标，所以采取了高风险的操作手法，但是运气又不是那么爆棚，结果还没看到大钱的影子就破产了。我们可以举个例子，就比如想短时间拥有大钱的途径是什么（不考虑法律风险）？大家想想，可能很多人第一时间想到是抢银行了？平心而论，这确实是一个高风险高收益的办法，一本万利，但是最终有的人第一次出手就折了，有的人可能成功了，但是迟早还是会被抓住受到法律严惩的，不如踏踏实实本本分分稳健获利来得长久、踏实。记得当年曾国藩曾经总结打胜太平天国的方法，总结为六个字：结硬寨，打笨仗！（后文我们再详述）

我们这代中国人是从小看着武侠小说和一些美国大片长起来的，多少都会受到里面的内容的熏陶：一个无名小卒突然被富家小姐爱上而马上致富，一个无名鼠辈突然得到一本武学秘笈而瞬间成为武林第一高手，一个流浪小伙被天外来客赋予神秘力量然后拯救世界，一个高中生突然被蜘蛛咬到基因变异而成为大侠，等等。但是，现实世界不是这样的，投资成功只能靠自己的头脑，所以我写这本书，不是教你一夜暴富，而是给你一个稳健获利的心态和提高成功率及盈利率的方法，然后加上时间复利，使你能在资本市场上常立于不败之地。

有些读者可能不做投资，并且嘲笑那些做股票的投资者被当成韭菜一样收割，但是我想告诉各位，当你嘲笑做投资的人是韭菜的时候，不经意间在某一时刻，你同样也是韭菜，也逃不过被收割的命运！

可能会有读者内心要问，既然有这么好的盈利方法，为什么还要出书，就踏踏实实拿着投资人的资金自己闷头发大财不就完了？其实五年前就有很多我的学生让我出书，但是我当时就是这样的想法，包括书中还提到了孢子理论，就是你把挣钱的东西公之于众，随着知道的人越多，方法可能就逐渐失效了，不如自己用，好好挣钱，但是五年后，我又悟到了很多人生的真谛，钱不是最重要的，带着价值观挣钱才是最重要的，古人云：人过留声，雁过留名。人这一辈子，钱财是身外之物，而如果留下些精神财富，让后人铭记，岂不是更好？我自认为才华有限，不可能留下传世的文学名著，但我的这些交易心得战法，肯定会帮助后面的投资者少犯错误，多挣钱，而且我的这些理论方法，也需要你仔细阅读、领悟，并且严格执行，这样才能稳定获利，不是一般人看看就能掌握的。大道至简，可能很多人不会重视我的方法，所以也不用担心会失效，特别是我的投资经验和理念、心态等可以长期帮助投资者正确地去操作。所以，在不影响我自己投资的同时，分享给大家，我觉得是一件多赢的好事。

通篇全局，本书分成五大部分：一是期货基础入门，二是期货基础交易操作培训，三是期货交易看盘技巧，四是操盘战法和实战案例，第五也是最重要的部分，是投资者心态培养。如果您是期货行业或者投资行业的新人，建议您从头看起，补补课，但

前　言

如果您已经在这个市场打拼多年，我建议可以从第二部分开始学习，但无论处于哪个阶段，我希望此书能把投资者这些年在资本市场上打拼所遇到的痛点（后文会逐步提到）予以解决，本书宗旨是不说废话，只给干货，我不想把书变成一本心灵鸡汤，我希望这是一本工具书，通过阅读，我相信投资者在这个市场上将游刃有余并长久立于不败之地。

道德经有言："上士闻道，勤而行之，中士闻道，或存或亡，下士闻道，大笑之，不笑不足以为道！"意思是说，上等智慧悟性之人，学习了一些道理之后会努力去实践，而中等智慧悟性之人，学习之后会有一点认可，但也有一些怀疑，最后不了了之，而悟性不高的人士如果学习这些道理之后，反而会哈哈大笑，觉得是无稽之谈，道家鼻祖在这里就会很开心地说"说明我讲到位了"。

各位读者，您是什么样的悟性呢？但不管怎么说，希望你看完我这本书，能去努力实践上面的要点，你将会发现你的投资结果会有很大的改变，投资能力一定会有极大的提升。

目录

第一部分：期货入门 1

第一章 期货概述 3
第二章 期货交易的分析方法 6
一、基本面分析 6
二、技术分析 8
三、演化分析 10

第三章 期货交易概述 11
第四章 期货交易的主要特点 12
一、以小博大 12
二、双向交易 12
三、不必担心履约问题 12
四、市场透明 13
五、组织严密，效率高 13
六、日内T+0交易模式 13
七、夜盘交易制度 13

第五章 期货的交易特征 15
一、合约标准化 15
二、交易集中化 15
三、双向交易和对冲机制 16

四、杠杆机制 ································ 16
五、每日无负债结算制度 ···················· 17

第六章 期货与现货的区别 ················ 18
一、交易对象不同 ···························· 18
二、交易对象的范围不同 ···················· 18
三、交易主体不同 ···························· 19
四、交易目的不同 ···························· 19
五、交易方式不同 ···························· 19
六、交易关系不同 ···························· 19
七、交易保障不同 ···························· 20

第七章 中国三大期货交易所简介 ········ 21
一、郑州商品交易所 ························ 21
二、大连商品交易所 ························ 21
三、上海期货交易所 ························ 22

第二部分：期货基础交易操作培训 ········ 23

第八章 软件介绍 ····························· 25
第九章 软件操作指导及使用技巧 ········ 26
第十章 K线基本知识 ······················· 30
一、K线起源 ································· 30
二、绘制方法 ································· 31
三、构成要素 ································· 31

第十一章 基本操作术语简介 ············· 33
一、交易操作口令 ···························· 33
二、基本技术术语 ···························· 35
三、专业分析术语 ···························· 38

第十二章　基本技术指标及应用 …… 45
一、MACD …… 45
二、KDJ …… 46
三、EXPMA 系统 …… 48
四、MA 均线系统 …… 52
五、OBV …… 62
六、BOLL 通道 …… 68
七、济安线 …… 83

第三部分：操盘交易和实盘分析要点 …… 87

第十三章　基本心态 …… 89
一、严格执行操作计划的心态 …… 89
二、心如止水的心态 …… 91
三、顺势操作的心态 …… 95
四、克服恐惧的心态 …… 98
五、任凭风吹浪打，胜似闲庭信步 …… 100

第十四章　三个看盘时候的原则 …… 106
一、看盘时要气定神闲 …… 106
二、往往盘面的变化都是主力的障眼法 …… 106
三、欲涨先跌，欲跌先涨 …… 107

第十五章　经典 K 线语言 …… 109
一、螺旋桨 K 线 …… 109
二、星型 K 线 …… 112
三、穿头破脚 …… 119
四、正反锤头 …… 122
五、仙人指路 …… 130
六、苏秦背剑分时形态 …… 133

七、弯弓搭箭 K 线 ……………………………… 137
八、潜龙出海分时形态 …………………………… 140
九、墓碑形态 K 线 ………………………………… 141
十、多方炮和空方炮 K 线 ………………………… 142
十一、岛形反转 K 线形态 ………………………… 145
十二、纺锤线 ……………………………………… 151
十三、金钟形态 …………………………………… 156
十四、老鸭头形态 ………………………………… 159
十五、美人肩形态 ………………………………… 162
十六、蜻蜓点水 …………………………………… 166

第四部分：期货交易实盘五虎将战法及实战案例分析 ……………………………………… 169

第十六章 关羽战法 ……………………………… 171
第十七章 张飞战法 ……………………………… 175
第十八章 马超战法 ……………………………… 177
第十九章 黄忠战法 ……………………………… 180
第二十章 赵云战法 ……………………………… 183

一、何为趋势线 …………………………………… 184
二、趋势线的绘制 ………………………………… 184
三、趋势的级别 …………………………………… 185
四、期货交易中趋势线的应用 …………………… 188
五、画趋势线时的注意事项 ……………………… 189

第五部分：期货哲学 ……………………………… 193

第二十一章 量子力学相关原理与期货实战交易 …………………………………………… 195

一、基本概念 ……………………………………… 196

二、波粒二象性 ……………………………………… 196

三、测不准原理 ……………………………………… 197

四、因果定律 ………………………………………… 198

第二十二章　宇宙混沌法则与期货实战 ……… 199

第二十三章　孢子理论与期货交易 …………… 203

第二十四章　幂次法则与期货投资 …………… 208

一、简介 ……………………………………………… 208

二、幂次法则原理 …………………………………… 209

三、投资中的幂次法则 ……………………………… 209

第二十五章　交易方法 …………………………… 211

一、正确操作思路 …………………………………… 211

二、常见的操作错误 ………………………………… 212

三、笔者在交易中识别趋势的几点实战经验 …… 216

四、对策者胜，预测者死！ ………………………… 217

第二十六章　期货超级解套秘笈 ………………… 219

第十十七章　如何把握最佳卖点 ………………… 222

一、主动止盈原则 …………………………………… 222

二、技术平仓点 ……………………………………… 223

第二十八章　投资心态及交易纪律 ……………… 229

第一节　操盘特种兵手册 …………………………… 229

一、计划篇 …………………………………………… 229

二、两极篇 …………………………………………… 231

三、涨跌篇 …………………………………………… 232

四、量价篇 …………………………………………… 233

五、时机篇 …………………………………………… 236

第二节　操盘特种兵纪律 …………………………… 238

第三节　股市研判策略 ……………………………… 240

一、看大盘 …………………………………………… 240

二、选股 ·· 241

三、买卖点的确定 ·· 242

附录 ·· 244

结束语 ·· 251

致谢 ·· 253

第一部分：期货入门

第一部分内容比较简单，属于为刚进市场的投资者进行扫盲培训。如果您已从事一段时间期货投资，可以跳过。

第一章　期货概述

何为期货？期货，通常指的是期货合约。它是一份合约，由期货交易所统一制定的、在将来某一特定时间和地点交割一定数量标的物的标准化合约。这个标的物，又叫基础资产，期货合约所对应的现货，可以是某种商品，如铜或原油，也可以是某种金融工具，如外汇、债券，还可以是某个金融指标，如三个月同业拆借利率或股票指数。期货交易是市场经济发展到一定阶段的必然产物。

期货交易（futures transaction），是期货合约买卖交换的活动或行为。注意与期货交割区分，期货交割是另外一个概念。期货交割，是期货合约内容里规定的标的物（基础资产）在到期日的交换活动，而期货交易是一种活动或买卖行为的过程。期货交易特有的套期保值功能、防止市场过度波动功能、节约商品流通费用功能以及促进公平竞争功能对于发展中国日益活跃的商品流通体制具有重要意义。因此近年来，中国的期货交易有了很大发展。

期货交易是商品生产者为规避风险，从现货交易中的远期合同交易发展而来的。在远期合同交易中，交易者集中到商品交易场所交流市场行情，寻找交易伙伴，通过拍卖或双方协商的方式来签订远期合同，等合同到期，交易双方以实物交割来了结义务。交易者在频繁的远期合同交易中发现：由于价格、利率或汇率的波动，合同本身就具有价差或利益差，因此完全可以通过买卖合同来获利，而不必等到实物交割时再获利。为适应这种业务的发展，期货交易应运而生。

期货交易是投资者缴纳5%～15%的保证金后，在期货交易所内买卖各种商品标准化合约的交易方式。一般的投资者可以通过低买高卖或高卖低买的方式实现盈利。现货企业也可以利用期货做套期保值，降低企业运营风险。期货交易者一般通过期货经纪公司代理进行期货合约的买卖，另外，买卖合约后所必须承担的义务，可在合约到期前通过反向的交易行为（对冲或平仓）来解除。比如多单，可以用相等空单来对冲，或者直接卖出，这样后期无论如何波动，收益已经锁定。

期货交易历史上是在交易大厅通过交易员的口头喊价进行的。后演变成大多数期货交易通过电子化交易完成，交易时，投资者通过期货公司的电脑系统输入买卖指令，由交易所的撮合系统进行撮合成交。

期货投资者要具备良好的心理素质和承担风险的能力，要具有坚强的意志、较强的自我约束力，能冷静地处理自己的交易业务，不感情用事。期货投资者面对瞬息万变的价格行情要能够镇定和冷静地分析与观察，做出合理的决策。

期货交易对投资者颇有吸引力的一个诱因就是期货交易的杠杆作用，也就是以相对较少的资本控制期货合约的整体价值，即用5%～10%的资金做100%的交易。但是，期货投资者应充分认识到高杠杆、高收益的背后是风险同比例放大。因此，踏入期货市场者要有承担风险的意识，对可能出现的蚀本要有足够的思想准备并提前做好充分的防范。除此之外，由于期货交易的规则和惯例与证券交易、一般现货交易等有许多异同之处，故踏入期货市场者还应了解和掌握一些期货交易的必要知识。进入期货市场的程序与股票市场大致相同。就客户而言，通常通过一家经纪公司处理自己的期货买卖业务。期货投资者首先要在经纪公司开设期货交易账户，要签署一张标准的"期货交易协议"书并填写客户登记信息，存入所需要的保证金，这样便完成了开立交易户头的手续。

当然根据有关期货交易的法规，经纪公司还会要求投资者（即顾客）提供正确、详细的财务资料，以便经纪公司了解投资者的财务状况、投资目的，并确定期货对该投资者是否适当，合格者才能被允许开立账户。同时交易所也要求会员经纪公司监督其客户资金的正常操作。当经纪公司接受投资者开立账户后，该投资者便可开始作为客户进行期货交易。

传统客户参与期货交易的一般过程如下：

（1）期货交易者在经纪公司办理开户手续，包括签署一份授权经纪公司代为买卖合同及缴付手续费的授权书，经纪公司获此授权后，就可根据该合同的条款，按照客户的指标办理期货的买卖。

（2）经纪人接到客户的订单后，立即用电话、电传或其他方法迅速通知经纪公司驻在交易所的代表。

（3）经纪公司交易代表将收到的订单打上时间图章，即送至交易大厅内的出市代表。

（4）场内出市代表将客户的指令输入计算机进行交易。

（5）每一笔交易完成后，场内出市代表须将交易记录通知场外经纪人，并通知客户。

（6）当客户要求将期货合约平仓时，要立即通知经纪人，由经纪人用电话通知驻在交易所的交易代表，通过场内出市代表将该笔期货合约进行对冲，同时通过交易电脑进行清算，并由经纪人将对冲后的纯利或亏损报表寄给客户。

（7）如客户在短期内不平仓，一般在每天或每周按当天交易所结算价格结算一次。如账面出现亏损，客户需要暂时补交亏损差额；如有账面盈余，即由经纪公司补交盈利差额给客户。直到客户平仓时，再结算实际盈亏额。

随着科技的发展，电子网络化交易已经成为主流，目前全球市场只有纽约和芝加哥商品市场还有场内交易模式，而我国因期货市场起步较晚，直接走电子信息网络化交易模式，使投资者可以足不出户达到交易的目的。

第二章 期货交易的分析方法

人类对于投资市场品种价格波动规律的认知，是一个极具挑战性的世界级难题。迄今为止，尚没有任何一种理论和方法能够令人信服并且经得起时间检验。2013 年，瑞典皇家科学院在授予罗伯特·席勒等人该年度诺贝尔经济学奖时指出：几乎没什么方法能准确预测未来几天或几周股市、债市及大宗商品市场的走向，但也许可以通过研究对三年以上的价格进行预测。

当前，从研究范式的特征和视角来划分，期货投资分析方法主要有如下三种：基本面分析、技术分析、演化分析。在实际应用中，它们既相互联系，又有重要区别。具体内容简述如下：

一、基本面分析

基本面分析（fundamental analysis）是以企业或商品内在价值作为主要研究对象，通过对决定企业或商品价值和影响其价格的宏观经济形势、行业发展前景、企业经营状况及市场供需等进行详尽分析（一般经济学范式），以大概测算企业或商品的长期投资价值和安全边际，并与当前的价格进行比较，形成相应的投资建议。基本面分析认为价格波动轨迹不可能被准确预测，而只能在有足够安全边际的情况下"买入并长期持有",在安全边际消失后卖出。

商品价格的波动主要是受市场供应和需求等基本因素的影响,即任何减少供应或增加消费的经济因素,将导致价格上涨的变化;反之,任何增加供应或减少商品消费的因素,将导致库存增加、价格下跌。然而,随着现代经济的发展,一些非供求因素也对期货价格的变化起到越来越大的作用,这就使投资市场变得更加复杂,更加难以预料。

基本面分析法,是从商品的实际供求和需求对商品价格的影响这一角度来进行分析的方法。这种分析方法注重国家的有关政治、经济、金融政策、法律、法规的实施及商品的生产量、消费量、进口量和出口量等因素对商品供求状况直接或间接的影响程度。

我们可以举例来理解基本面分析法则的内涵,例如,动力煤这个品种,自2017年5月以来,基本面发生了一些较大的变化(见图2–1),首先是上年去产能后市场供应量逐步趋紧的大因素,其次是季节性因素,进入夏季后,天气炎热造成供电量增加,火电厂用煤量开始增加,再次,我们发现随着五六月大秦铁路——我国煤炭输送的主动脉阶段性检修,使得从西部到港

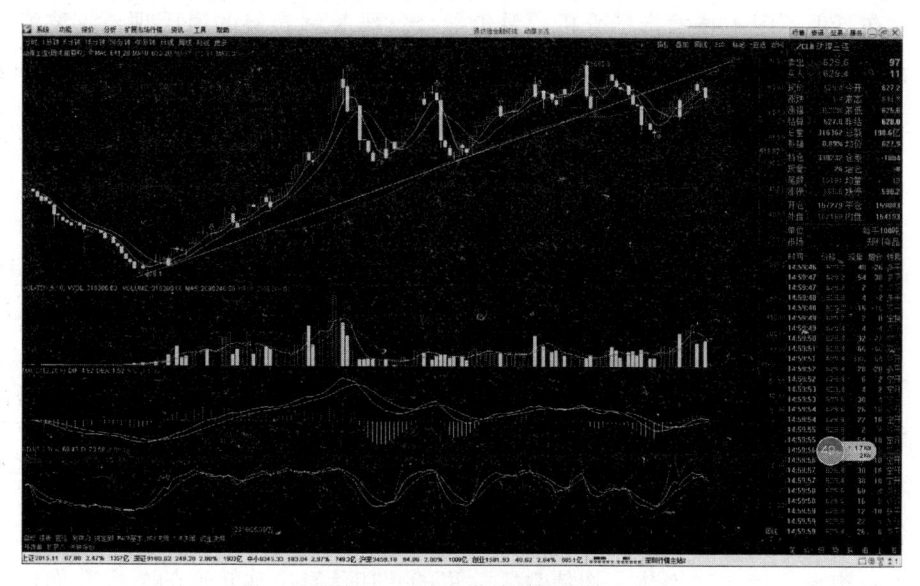

图2–1 动力煤基本面分析

煤炭量锐减，此时又叠加了海外进口煤炭到港量也大幅下降的因素，我们发现秦皇岛等北方四大港口煤炭库存有明显下降，同时，2017年整体经济情况有所改观，各方面经济实体用煤量也有小幅增长，故如果一个普通投资者只要关注到北方四大港库存减少（或有经验的投资者只要看到大秦铁路检修等因素就能预测到港口库存量出多进少的情况）持续性现象，再稍微结合下技术面，就可以很好地把握这波多头行情。

二、技术分析

技术分析（technical analysis）是以投资品种价格涨跌的直观行为表现作为主要研究对象，以预测价格波动形态和趋势为主要目的，从价格变化的K线图表与技术指标入手（物理学或牛顿范式），对市场波动规律进行分析的方法总和。技术分析有三个颇具争议的前提假设，即：市场行为包容消化一切信息；价格以趋势方式波动；历史会重演。国内比较流行的技术分析方法包括但不限于技术指标分析，量价配合，裸K线走势的道氏理论、波浪理论、江恩理论等。

下面我们简单介绍一下技术分析的三大假设：

第一假设：市场行为包容消化一切信息。

技术分析者认为，能够影响某种商品期货价格的任何因素——基础的、政治的、心理的或任何其他方面的——实际上都反映在其价格之中。由此推论，我们必须做的事情就是研究价格变化。因为我们没有特殊渠道，没有内幕消息，所以事实上，我们每天看盘，也就在看因为各种因素引起的价格波动。当一条或多条利多信息在被市场得知时，价格可能已经有了一段上涨，为什么会先上涨呢？因为没有不透风的墙，总有人会通过各种途径先知道信息，从而先行操作，进而引起品种价格变动。也就是说：市场行为包容消化一切信息，这里的一切信息有你知道的，也有你目前还不知道的。

第二假设：价格以趋势方式波动。

价格以趋势方式波动这一假设是我们进行技术分析最基本、最核心的因素，该假设认为投资品种价格的变动是按一定规律运行的，有保持原来方向的惯性。一般说来，一段时间内投资品种价格一直是持续上涨或下跌，那么今后一段时间，如果不出意外，价格也会继续按照这一方向继续上涨或下跌，没有理由改变这一既定的运动方向，股谚说得好：顺势而为，如果该品种价格没有转向的内部和外部因素，没有必要逆大势而为。正是由于这一条，技术分析师们才花费大量的心血"按图索骥"，试图找出价格变动的思路。所以，顺势而为也是技术分析的精髓，本书接下来会不断强调这一点，当然，这个平时说得比较多，大家都知道要跟着趋势做行情。所以"趋势"这个概念是技术分析的核心。没有趋势的存在，就没有技术指标的存在，比如MACD、KDJ、MA、CCI、金叉、死叉等等，所告诉你的买点卖点都是因为趋势发生了一定变化。技术分析在本质上就是顺应趋势，即以判定和追随既成趋势为目的。也就是说价格有一个惯性运动，当趋势形成，场内多数投资者都会顺着趋势去做，从而延续了趋势的存在，就像上班族坐地铁一样，你想象一下是顺着人流走快，还是逆着人流走快？当然是顺着走会快很多，投资者也同样有这样的一个心理，顺势做单获利更加轻松一些。

同时，对于一个已形成的趋势来说，下一步常常是沿着现存趋势方向继续演变，而掉头反向的可能性要小得多。这也是惯性作用。还可以换个说法：当前趋势将一直持续到掉头反向为止。当然趋势终有转变的时刻，在趋势进行转变的时候，如果我们仍继续主观地坚持原来的趋势对价格走势进行判断，就很容易导致惨痛的失败！

第三假设：历史会重演。

期货、股票等品种的形态是通过图形表现出来的，而这些图形表示了人们对某市场看好或看淡的心理。而人类心理从来就是"江山易改，本性难移"。历史会重演，但却以不同方式进行"重演"！我们可以在历史行情中找寻很多类似的经历，但不要奢望行情会完全复制。

对于初学者来说，多看历史，将历史与现在多进行比较，是一条快速提高技术水平的捷径。

本人认为技术分析更贴近散户，而且技术分析通过方法过滤掉骗线的情况后将可以如实地反映期货品种近期的走势，并且也会反映现货基本面的价格走势以及主力资金对该品种大致的投资方向，同时可以帮助投资者对未来该品种的走势方向及现货情况有所提前判断和预知。本书后面的重点就是对于技术分析进行详细解读。

三、演化分析

演化分析（evolutionary analysis）是以市场波动的生命运动内在属性作为主要研究对象，从市场的代谢性、趋利性、适应性、可塑性、应激性、变异性、节律性等方面入手（生物学或达尔文范式），对市场波动方向与空间进行动态跟踪研究，为投资交易决策提供机会和风险评估的方法总和。演化分析从市场波动的本质属性出发，认为波动的各种复杂因果关系或者现象，都可以从生命运动的基本原理中，找到它们之间的逻辑关系及合理解释，并为构建科学、合理的博弈决策框架，提供令人信服的依据。当然，我们后面还要提到量子力学与技术分析，就像物理学定律发展到19世纪末到20世纪初所形成的全新的物理学定律，对牛顿的传统物理学形成了较大的挑战，同样，未来期货投资的技术分析也将逐步向更深入的哲学、人类行为学去发展，也同样会颠覆很多我们现在认为比较通用的分析法则。这个我们以后再讲。

第三章　期货交易概述

期货合约的买方，如果将合约持有到期，那么他有义务买入期货合约对应的标的物；而期货合约的卖方，如果将合约持有到期，那么他有义务卖出期货合约对应的标的物（有些期货合约在到期时不是进行实物交割而是结算差价，例如，股指期货到期就是按照现货指数的某个平均值来对在手的期货合约进行最后结算）。当然期货合约的交易者还可以选择在合约到期前进行反向买卖来冲销这种义务。

买卖期货合约的时候，双方都需要向结算所缴纳一小笔资金作为履约担保，这笔钱叫作保证金。首次买入合约叫建立多头头寸，首次卖出合约叫建立空头头寸。然后，手头的合约要进行每日结算，即逐日盯市。

建立买卖头寸（术语叫开仓）后不必一直持有到期，在股指期货合约到期前任何时候都可以做一笔反向交易，冲销原来的头寸，这笔交易叫平仓。如第一天卖出10手股指期货合约，第二天又买回10手合约。那么，第一笔是开仓10手股指期货空头，第二笔是平仓10手股指期货空头。第二天当天又买入20手股指期货合约，这时变成开仓20手股指期货多头。然后再卖出其中的10手，这时叫平仓10手股指期货多头，还剩10手股指期货多头。

一天交易结束后手头没有平仓的合约叫持仓。在以上交易过程中，第一天交易后持仓是10手股指期货空头，第二天交易后持仓是10手股指期货多头。

第四章　期货交易的主要特点

期货交易具有以下主要特点：

一、以小博大

期货交易只需缴纳5%～10%的履约保证金就能完成数倍乃至数十倍的合约交易。由于期货交易保证金制度的杠杆效应，使之具有"以小博大"的特点，交易者可以用少量的资金进行大宗的买卖，节省大量的流动资金。

二、双向交易

期货市场中可以先买后卖，也可以先卖后买，投资方式灵活。

三、不必担心履约问题

所有期货交易都通过期货交易所进行结算，且交易所成为任何一个买者或卖者的交易对方,为每笔交易做担保。所以,交易者不必担心交易的履约问题。

四、市场透明

交易信息完全公开,且交易采取公开竞价方式进行,使交易者可在平等的条件下公开竞争。

五、组织严密,效率高

期货交易是一种规范化的交易,有固定的交易程序和规则,一环扣一环,环环高效运作,一笔交易通常在几秒钟内即可完成。

六、日内 T+0 交易模式

全天可对各品种各合约进行多次交易,使得做错方向的单子或者做对了的盈利可以及时平仓了结,而不用像股票一样,当天买入的股票必须持仓隔夜第二个交易日才可交易,而中国股市中很多的机构和做市商就是利用这一特点把个人投资者套入其中,当天进场的即使知道做错了,也没有机会纠错,或者当天获得纸面盈利,第二天来个跳空低开盈利就没了,所以我们认为期货交易制度更加公平、合理。

七、夜盘交易制度

夜盘交易制度使得投资者有机会在国外交易所活跃时段投资和我们国内

品种类似的商品，以达到更好地把握盈利或控制风险的作用。众所周知，目前国际上活跃的交易所有芝加哥商品交易所和期货交易所，纽约商品交易所和期货交易所，伦敦金属交易所和国际石油交易所以及东京工业品交易所等，它们活跃的交易时间多数都在我们国内商品交易所收盘阶段，那么如果国内期货没有夜盘的话，将直接造成第二天国内期货开市交易的大幅波动风险，所以现今国内三大交易所都应市场要求设置了夜盘交易，这样既让投资者有了更多的盈利交易机会，也让我们投资者参照外盘及时控制投资风险。

第五章 期货的交易特征

一、合约标准化

期货交易是通过买卖期货合约进行的，而期货合约是标准化的。期货合约标准化指的是除价格外，期货合约的所有条款都是预先由期货交易所规定好的，具有标准化的特点。期货合约标准化给期货交易带来极大便利，交易双方不需对交易的具体条款进行协商，节约交易时间，减少交易纠纷。

二、交易集中化

期货交易必须在期货交易所内进行。期货交易所实行会员制，只有会员方能进场交易。那些处在场外的广大客户若想参与期货交易，只能委托期货经纪公司代理交易。所以，期货市场是一个高度组织化的市场，并且实行严格的管理制度，期货交易最终在期货交易所内集中完成。

三、双向交易和对冲机制

双向交易，也就是期货交易者既可以买入期货合约作为期货交易的开端（称为买入建仓），也可以卖出期货合约作为交易的开端（称为卖出建仓），也就是通常所说的"买空卖空"。与双向交易的特点相联系的还有对冲机制，在期货交易中大多数交易者并不是通过合约到期时进行实物交割来履行合约，而是通过与建仓时的交易方向相反的交易来解除履约责任。具体说就是买入建仓之后可以通过卖出相同合约的方式解除履约责任，这点和股票很像，而卖出建仓后可以通过买入相同合约的方式解除履约责任，这点对于投资新手来说比较难以理解，其实也可以理解成，我们先管交易所借到相关商品卖给对手，然后再在后期买回商品还给交易所。期货交易的双向交易和对冲机制的特点，吸引了大量期货投机者参与交易，因为在期货市场上，投机者有双重的获利机会，期货价格上升时，可以低买高卖来获利，价格下降时，可以通过高卖低买来获利，并且投机者可以通过对冲机制免除进行实物交割的麻烦，投机者的参与大大增加了期货市场的流动性。

四、杠杆机制

期货交易实行保证金制度，也就是说交易者在进行期货交易时只需缴纳少量的保证金，一般为成交合约价值的 5%～10%，就能完成数倍乃至数十倍的合约交易，期货交易的这种特点吸引了大量投机者参与期货交易。期货交易具有的以少量资金就可以进行较大价值额的投资的特点，被形象地称为"杠杆机制"。期货交易的杠杆机制使期货交易具有高收益、高风险的特点。

五、每日无负债结算制度

每日无负债结算制度又称每日盯市制度,是指每日交易结束后,交易所按当日各合约结算价结算所有合约的盈亏、交易保证金及手续费、税金等费用,对应收应付的款项实行净额一次划转,相应增加或减少会员的结算准备金。经纪会员负责按同样的方法对客户进行结算。

第六章 期货与现货的区别

期货交易作为一种独特的交易方式，具有不同于现货交易的特点。与现货交易相比较，两者之间主要存在以下区别：

一、交易对象不同

现货交易，无论是即期交易还是远期合同交易，交易标的物都是实物，所以现货交易又称实物交易；而期货交易的对象不是具体的实物商品，而是由交易所制订的一纸"标准化的期货合约"。

二、交易对象的范围不同

现货交易可以用于市场上的所有商品，而用于期货交易的商品范围较窄，一般以可以标准化和耐储存的初级产品为主。具体地说，能够以期货形式交易的商品应符合四个条件：（1）具有价格风险；（2）经营者有转嫁风险的需求；（3）商品耐储耐运；（4）商品的规格和质量等级容易划分。具备这些条件的商品有小麦、大豆、谷物、棉花、原糖、家畜、有色金属、能源产品和林产品等。

三、交易主体不同

现货交易的主体主要是生产者、经销商和消费者；而期货交易的主体多为套期保值者、经纪人和投机商。

四、交易目的不同

现货交易中，交易双方以买卖商品为目的，除了出现不可抗力和极为特殊的原因，一般必须进行实物交割；而期货交易的参加者是以套期保值、规避风险或风险投资为目的，一般不进行实物交割，而是在到期之前进行对冲，以取得差价。

五、交易方式不同

现货交易一般分散进行，并无特定的场所，交易双方多以面谈的方式协商议定交易条件，交易合同内容无需公开；而期货交易是通过经纪人在期货交易所内以公开、公平的方式进行交易，交易价格经过公开竞价敲定，双方达成交易信息是公开的，任何场外交易、私下交易（如私下对冲）都是无效和非法行为。

六、交易关系不同

在现货交易中，达成交易的双方必须直接承担合同责任关系；而在期货交易中，期货合约交易的双方分别与清算所建立合同关系，他们之间并无直接的合同责任关系。

七、交易保障不同

现货交易以《中华人民共和国合同法》等法律为保障，合同不能兑现时要用法律或仲裁的方式解决。而期货交易是以保证金制度为保障，实行无负债运营，确保合约双方到期履约。期货交易所为交易双方提供结算交割服务和履约担保，实行严格的结算交割制度，违约的风险很低。

第七章 中国三大期货交易所简介

一、郑州商品交易所

郑州商品交易所（简称郑商所）成立于 1990 年 10 月 12 日，是经国务院批准成立的国内首家期货市场试点单位，在现货交易成功运行两年以后，于 1993 年 5 月 28 日正式推出期货交易。1998 年 8 月，郑商所被国务院确定为全国三家期货交易所之一，隶属于中国证券监督管理委员会垂直管理。交易的品种有强筋小麦、普通小麦、PTA、棉花、白糖、菜籽油、早籼稻、菜粕、动力煤等期货品种，通过这些年操作实战笔者发现，郑商所多数上市的品种特别是农产品因持仓规模小，主力操纵现象较多，行情表现上相对极端一些，这个投资者要留意。

二、大连商品交易所

大连商品交易所（简称大商所）（英文名称为 Dalian Commodity Exchange，英文缩写为 DCE）成立于 1993 年 2 月 28 日，是经国务院批准的四家期货交易所之一，也是中国东北地区唯一一家期货交易所。经中国证监会批准，目前已上市的品种有玉米、玉米淀粉、黄大豆 1 号、黄大豆 2 号、豆粕、豆油、棕榈油、鸡蛋、纤维板、胶合板、线型低密度聚乙烯、聚氯乙烯、聚丙烯、焦炭、焦煤、铁矿石共计 16 个期货品种和豆粕期权。2016 年大商所在全球排名第 8 位。大商所目前是全球最大的油脂、塑料、煤炭、铁矿石和农产品期货市场。该交易所的特点是工农结合，多数产品持仓量较大，行情相对稳定。

三、上海期货交易所

上海期货交易所（Shanghai Futures Exchange，SHFE）（简称上期所）是依照有关法规设立的，履行有关法规规定的职能，按照其章程实行自律性管理的法人，并受中国证监会集中统一监督管理。上海期货交易所目前上市交易的有黄金、白银、铜、铝、锌、铅、螺纹钢、线材、燃料油、天然橡胶、沥青 10 多种期货合约。上海期货交易所现有会员 398 家，其中期货经纪公司会员占 80% 以上，已在全国各地开通远程交易终端 250 多个。上期所夜盘时间最长，参与度较广。

此外，目前中国还设有中金交易所，主要针对各种国内股指债券，还有 2018 年设立的能源交易所，目前只上市了原油期货合约，该交易所为中国未来能源国际定价权而设立，意义重大。

第二部分：期货基础交易操作培训

工欲善其事，必先利其器，用好手中的软件利器是立于投资不败之地的先决条件。

第八章　软件介绍

随着期货投资的逐步普及，各个软件商都参与了进来，目前我们的软件按载体可分成两大类，即电脑软件和手机软件，那么在各类载体中我们还可以把软件按功能细分成正式交易软件、模拟交易软件和分析看盘软件。投资者初来市场开户成功后可到开户期货公司官方网站上去下载文华财经的交易软件，目前支持期货行情的看盘软件运营商有大智慧、博易大师、交易师、通达信和倚天财经等，大家可以根据以往看盘偏好来下载各自喜欢用的软件，每个运营商开发的软件都有各自的优点，比如通达信软件中的翻转坐标就比较独特，交易师的趋势通道比较好用，而博易大师的全球数据交换较快且全球市场全面涵盖，是看外盘走势的利器。笔者建议应该是把几个软件都下载并同时打开，这样互相参考弥补各自的不足。特别要说一下，期货的交易软件目前主流的是文华财经和博易大师，建议大家下载文华财经基本就足矣了，这个软件在交易和极端情况下，可靠性更高。初学者可以在下载交易软件的同时下载一个模拟软件，用于模拟实盘操作，掌握期货的操盘特性，为将来真正实战打下良好基础。此外，提示各位投资者，下载交易软件时要根据自己电脑系统的不同来选择各自适用的版本，手机软件也可分成实盘交易软件和看盘分析软件及模拟软件，同样也是根据大多数客户的手机系统划分成安卓系统和苹果系统。使用时需要根据自己手机的操作系统分别下载。

第九章 软件操作指导及使用技巧

首先，我们主要以期货正式交易软件为例向读者介绍一下交易软件的使用。期货交易软件（见图 9－1）和很多投资朋友做股票的界面不太一样，有个适应过程。同时，模拟软件交易界面和正式软件完全一样。

图 9－1 期货交易软件界面

以图 9－1 为例，软件交易框上方是行情显示，不用多介绍，重点说下交易框，即交易列表，上面明确了几个重要信息，第一是持仓品种为原油；第二是合约号，也就是当时主力合约 1809，即 2018 年 9 月的交易价格；第三是多空持仓的方向，空单；第四是数量，也就是手数，90 手。同时把今日操作和历史操作分开排放，而且上海期货交易所在交易平仓的过程中是优先平今天建立的仓单，同样，中国金融交易所和原油交易所也有这个特点，它们可以把日内开仓和历史开仓价格成本区分开，使投资者更好地了解持仓情况，而大连和郑州商品交易所没有这个功能，它们都是按先进先出的原则开平仓，所以综合开仓成本有时候会失真。

图9-2是大连商品交易所和郑州商品交易所品种的持仓。

品种	合约号	多空	总金	可用	今仓	今可用	开仓均价	逐笔浮盈	浮盈比例	损益	价值	保证金	资金占比	持仓均价	盯市浮盈	投报
焦煤	jm1901	多	5	5	5	5	1368	7500	12.18%	√	417,900	61,560	1.20%	1368	7500	投机
苹果	AP901	空	10	10	0	0	11495	43500	26.22%		1,106,000	165,600	3.23%	11060	0.00	投机
郑醇	MA901	多	120	90	60	60	3386.10	-12120	-1.99%		4,051,200	609,390	11.86%	3385.50	-11400	投机
3个			135					38880			5,575,100	836,850	16.28%		-3900	

图9-2 大连商品交易所和郑州商品交易所品种交易界面

如图9-2所示，虽然也有今仓和历史仓位一栏，但是成本是混淆的。所以不要太关注那个今仓和今可用，它只能告诉你你今天建仓了多少手。利用图9-2我们再加深一下印象，持仓共计三个品种。第一个品种是焦煤1901合约，多单，五手，今天买入的，所以今仓显示5，逐笔浮盈7500，即成本和现价的差额，浮盈比例后面的对勾是代表设置了条件止损单，比较有价值的信息就是以上这些。第二个品种苹果1901空单，10手，因为是以前进场的，所以今仓为零。郑醇1901多单120手，今仓60手，可用90，说明有30手已经挂了委托单，可以在委托栏里查到。总共持仓135手。初学者看懂这些信息不难。

其次，请注意，交易软件有一个一键下单功能，笔者建议不是特别有经验或反应奇快的老手还是不要使用该功能，容易操作失误。交易软件下方有一个交易主界面，里面会有比如持仓、委托、成交、条件单、止损单、风控单、资金、合约等选项，这些相信大家很容易理解。还有比较需要注意的是权益，它是指在当前时点上你在期货上的全部仓单价值加上可用资金的总数，旁边会告诉你可用资金是多少，那么用权益数值减去可用资金，就是你目前品种持仓的平仓价值。持仓价值除以权益，就是资金使用率，也就是你的仓位。当资金使用率大于50%的时候，系统在交易开仓时会自动提示仓位过重，当资金使用率超过90%后，你开户所在期货公司也会发短信提示风险。所以建议大家操作时候时刻注意自己的仓位控制。

当你想买多单的时候，选好品种，只需输入价格（为了尽快成交，可对手价直接挂单），然后点击"开多"即可，做空时点击"开空"，平仓就点击"平多"或"平空"，一般还是很好理解的。

27

再次，我们说下条件单的设置，软件左侧有一个交易窗口，上面是一键下单，下面就是出入金、条件单等设置的便捷按键，如图9-3所示。

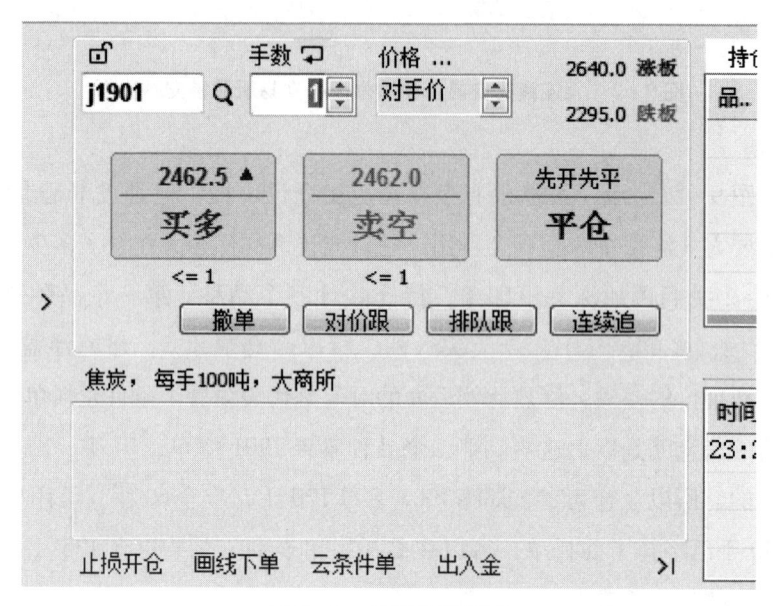

图9-3 条件单的设置

点击云条件单就会出现一个对话框，如图9-4所示。

此对话框提示当前品种可做条件单，一般情况下我们都以价格作为条件，最新价后面输入你认为触发条件单的价格，然后选择大小于号，下方则选择订单方向，触发价那里可根据你认为当时行情的需要来自己填写，当然触发价可以保证更快成交，但是可能成交价格不是你认为比较理想的。下面附加条件勾选则是为了保护你的成交价格不会设置得过于极端，一般可忽略。止损是当条件单成交后设置一个止损，有时候有必要设置保护一下，以防被行情诱骗，比如图9-4中，焦炭1901合约，投资者认为如果突破2500则可能继续上行，那么就设置一个2505.5，首先减小了主力诱多的概率，因为一般诱多只是瞬间突破一下就回来，但是如果2505也突破那么真实性就很大，同时下方设置一个限价止损或止盈，比如行情快速秒到2520时就可以电脑自动快速止盈，或跌破2498快速止损，防止短线下杀过猛被深套。

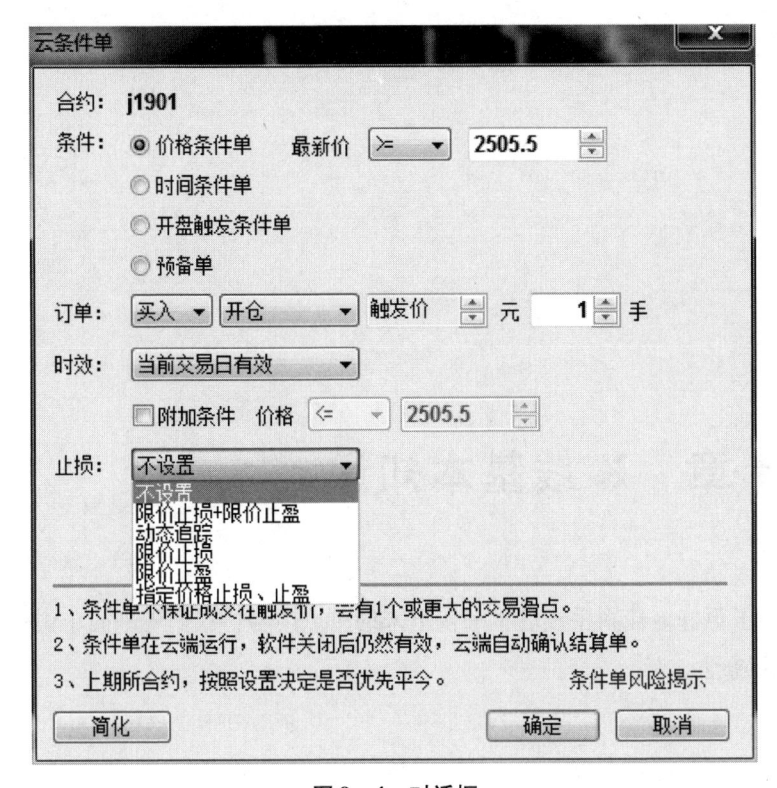

图 9-4 对话框

可能有朋友会问，如果下错了条件单的方向或者大于等于号写反会不会造成下单错误呢，首先你一定要检查清楚，其次，即使错了，系统还会提示一下，可能你的条件已经立刻触发单子成交，这时候你就知道哪里条件写错了，修改一下就可以了。

最后，建议大家没事可以点击软件右上角的账户，那里面可以查到近期的操作记录和资金盈利率等信息。要有意识定期去看一下你的资金曲线，它会告诉你，你现在处于什么状态，如果太好了，要小心乐极生悲，太差了就休息一会再开始，往往会有好转。

第十章　K线基本知识

为了更好地让新手读懂本书接下来的重点内容，我们先来简单说一下K线图的原理。

一、K线起源

K线图源于日本德川幕府时代，被当时日本米市的商人用来记录米市的行情与价格波动，后因其细腻独到的标画方式而被引入现代投资市场。目前，这种图表分析法在我国以至整个东南亚地区均尤为流行。由于用这种方法绘制出来的图表形状颇似一根根蜡烛，加上这些蜡烛有黑白之分，因而也叫阴阳线图表。通过K线图，我们能够把每日或某一周期的市况表现完全记录下来，价格经过一段时间的盘档后，在图上即形成一种特殊区域或形态，不同的形态显示出不同意义。我们可以从这些形态的变化中摸索出一些有规律的东西。K线图形态可分为反转形态、整理形态及缺口和趋势线等。

那么，为什么叫"K线"呢？实际上，在日本"K"并不是写成"K"字，而是写作"罫"（日本音读kei），K线是"罫线"的读音，西方以其英文首字母"K"直译为"K"线。

二、绘制方法

首先我们找到该日或某一周期的最高和最低价,垂直地连成一条直线;然后再找出当日或某一周期的开市和收市价,把这两个价位连接成一条狭长的长方柱体。假如当日或某一周期的收市价较开市价为高(即低开高收),我们便以红色来表示,或是在柱体上留白,这种柱体就称之为"阳线"。如果当日或某一周期的收市价较开市价为低(即高开低收),我们则以绿色表示,又或是在柱上涂黑色,这柱体就是"阴线"了。K线如图10-1所示。

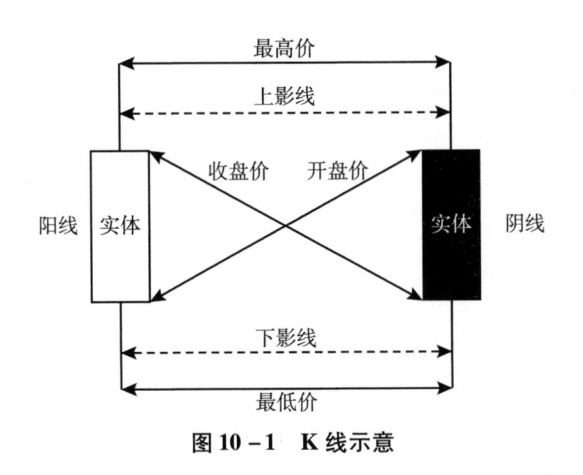

图10-1 K线示意

三、构成要素

它是以每个分析周期的开盘价、最高价、最低价和收盘价绘制而成。以绘制日k线为例,首先确定开盘和收盘的价格,它们之间的部分画成矩形实体。如果收盘价格高于开盘价格,则k线被称为阳线,用空心的实体表示。反之称为阴线,用黑色实体或白色实体表示。很多软件都可以用彩色实体来表示阴线和阳线，在国内股票和期货市场，通常用红色表示阳线，绿色表示阴线。（但涉及欧美股票及外汇市场的投资者应该注意：在这些市场上通常用绿色代表阳线，红色代表阴线，和国内习惯刚好相反。）用较细的线将最高价和最低价分别与实体连接。最高价和实体之间的线被称为上影线，最低价和实体间的线称为下影线。

用同样的方法，如果用一分钟价格数据来绘 k 线图，就称为一分钟 k 线。用一个月的数据绘制 k 线图，就称为月 k 线图。绘图周期可以根据需要灵活选择，在一些专业的图表软件中还可以看到 3 分、5 分钟等周期的 k 线。个人认为在做期货短线投资过程中，很关键的是 5 分钟和 30 分钟 K 线。

K 线形态是我们研究行情的基础，所以看懂 K 线是一个投资者的基本功。

第十一章　基本操作术语简介

一、交易操作口令

（一）开多

开多指开仓做多。是一种金融市场如股票、外汇或期货等术语。就是看好股票、外汇或期货等未来的上涨前景而进行买入持有等待上涨获利的操作行为。做多就是做多头，多头对市场判断是上涨，就会立即进行股票买入，所以做多就是买入股票、外汇或期货等。

（二）开空

与开多相反的是开空，指开仓做空。做空，又称空头、沽空（香港用语）、卖空（新加坡、马来西亚用语），是一种股票、外汇和期货等的金融投资术语，是股票、期货等市场的一种操作模式。其与做多正相反，是看跌未来并卖空获利的操作行为。我们想强调的一点是，卖空行为并不代表投资者手里一定有这个品种的持仓，他可以选择向市场融券方去借持仓，然后等低位有一定价差后再买回来还给出借方即可。

（三）平仓

平仓（close position）是指股票、外汇或期货交易者买入或者卖出与其所持合约的品种、数量及交割月份相同但交易方向相反的股票、外汇或期货的合约，了结交易的行为，简单地说就是原先买入的就卖出，原先是卖出（沽空）的就买入。

（四）委托

交易者在所从事交易的交易所内进行开仓、平仓等下单行为，我们叫委托，通常在交易软件上会有专门的委托栏查询相应委托，该委托是否成交还需在成交栏中确认。

（五）成交

交易者在市场上操作并达成交易的结果。

（六）出入金

出入金是指投资者在交易软件上进行资金划入划出的行为。一般在股票市场上出金是 T+1（当日不能划走可用资金，第二个交易日才可转出）的，而期货出入金都是 T+0 的，当天即可转入转出。

（七）加仓

加仓是指对于先前持有的品种的仓单进行追加投资的交易行为。可分为 A 加多和 B 加空。A 加多，即对于先前持有的多单进行追加投资交易的行为；B 加空，即对于先前持有的空单进行追加投资交易的行为。

（八）减仓

对于目前品种所持有仓位进行部分平仓操作的交易行为，其又可分为多单减仓和空单减仓，也就是卖出减多单，买入减空单的操作。

（九）锁仓

对于先前持有的品种的仓单在不平仓的前提下进行反方向交易的操作行为，也就是我们经常提到的对锁，对锁就是有相同数量的单一品种的多单和空单，以达到在此品种上停损或止盈的目的。（我们后面还会详细阐述如何利用好锁仓进行交易）

二、基本技术术语

（一）做多

顾名思义就是判断投资品种价格，即将上涨故买入多单等待将来上涨后卖出获利的交易手段。

（二）做空

做空与做多相反，判断投资品种价格即将下跌故卖出沽空持有空单等待将来下跌后再买入平仓获利的交易手段。

（三）看多

对投资品种后期价格看涨。

（四）看空

对投资品种后期价格看跌。

（五）翻多

前期交易该品种的方向是空单，但在某一时刻平掉空单并买入多单的行为，也就是说以前看跌该品种，现在转变思路开始看涨，所以空单平掉换成多单。

（六）翻空

反之，前期交易该品种的方向是多单，但在某一时刻卖出手中多单（平多，平仓行为）并开了空单的行为，也就是说以前看涨该品种，现在转变思路开始看跌，所以多单平掉换成空单。

（七）趋势

在金融市场上，交易品种的价格变动的方向。

（八）底部

一个交易品种价格经过一段时间的下跌后，在相对时间达到一个相对的低位的现象，也叫筑底或底部运行阶段。也就意味着该品种价格未来一段时间可能要开始向上运行了。经过长时间观察我们发现，一般在期货市场上大宗商品的底部都是要经过漫长的时间来形成的，盘底时间相对顶部形成要慢很多。

（九）顶部

一个交易品种价格经过一段时间的上涨后，在相对时间达到一个相对的高位的现象，也叫做顶、做头或顶部震荡阶段。也就意味着该品种价格未来一段时间可能要开始向下运行了。经过长时间观察我们发现，一般在期货市场上大宗商品的顶部都是很快形成的。

（十）止盈

通过无论做多还是做空操作并获利后平仓了结的行为。

（十一）止损

通过无论做多还是做空操作并亏损到达事先计划好的平仓点被动平仓了结的行为。

（十二）满仓

投资者一次交易使用上全部资金的行为，该行为带有较大风险性，在股票市场中因为没有杠杆，风险相对还可控，但在外汇或期货市场上，因为有较大杠杆，满仓意味着很容易就把本金一次性赔光，风险非常大，这是我们通常非常反对的。

（十三）重仓

投资者在一次交易中虽然只是部分使用资金，但使用资金量占到总资金的50%以上，特别是超过75%，我们即可视为重仓，同样在期货市场上，重仓风险也较大。

（十四）轻仓

投资者在一次交易中使用部分资金，且使用资金量占到总资金的50%

以下，特别是低于25%，我们即视为轻仓，在期货市场上，当行情还不是非常明确的时候，我们建议轻仓操作，风险可控且投资者心态相对平和，不容易被轻易打出止损。但是也要注意，即使轻仓，如果方向做错，不止损，可能过段时间你会发现，原来的轻仓，因为资金大幅亏损，持仓价值占权益的比重相比原来变大好多，那就成重仓了。

（十五）清仓

清仓即全部平仓的交易行为，值得提醒投资者的是，很多时候投资者总是容易混淆轻仓和清仓两词。

以上一些术语，之所以在这里讲一下，也是为了让大家提升专业度，因为当你参加一些培训课或者观看视频直播时，讲解人员的术语，你能第一时间理解并正确执行。

三、专业分析术语

（一）震荡上行

商品价格沿着某一趋势线螺旋式上升，途中会有较大回撤但总体不会破位（跌破主趋势支撑）的形态我们定义为震荡上行。这也是投资市场最常见的三种形态——震荡上行、震荡下行和反复震荡之一。

（二）震荡下行

商品价格沿着某一趋势线螺旋式下降，途中会有较大回撤但总体不会破位（突破主趋势压力）的形态我们定义为震荡下行。这也是投资市场最常见的三种形态——震荡上行、震荡下行和反复震荡之一。

（三）反复震荡

商品价格以一个区域为核心进行震荡，高低点基本一致，当然如果细分还可以分成三角形震荡、旗形整理等多种子形态，在此区间内，行情波幅虽然很大，但没有明确持续的方向，多空都有不错获利机会。

（四）头肩顶

头肩顶（head & shoulders top）是最为常见的倒转形态图表之一。头肩顶是在上涨行情接近尾声时的看跌形态，图形以左肩、头部、右肩及颈线构成。在头肩顶形成过程中，左肩的成交量最大，头部的成交量略小些，右肩的成交量最小，成交量呈递减现象。在技术分析的各种方法中，头肩顶是预判市场波段头部形成的最常见 K 线形态之一（见图 11 - 1）。

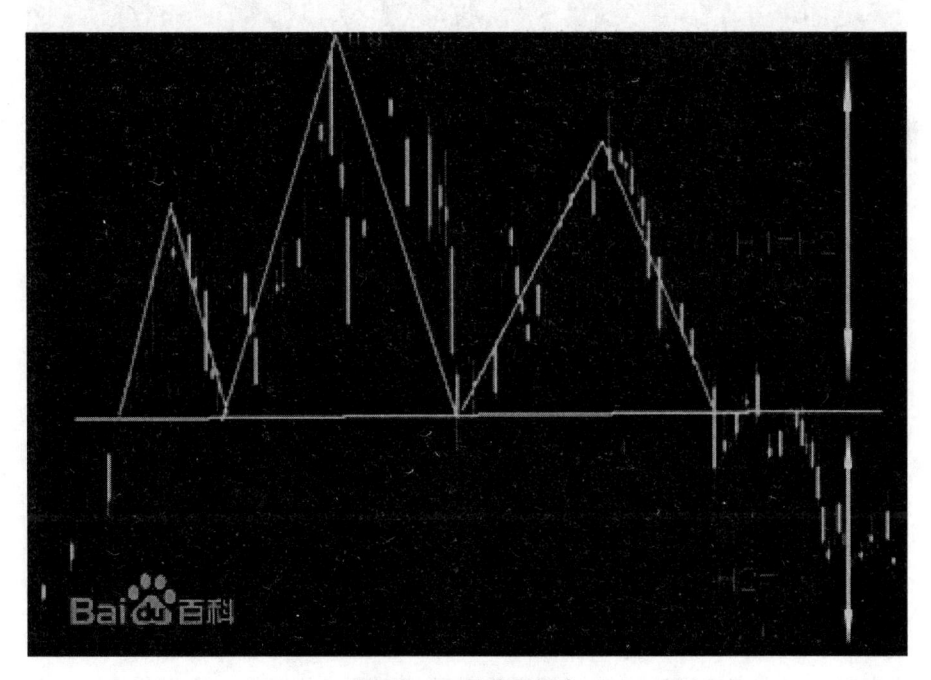

图 11 - 1　头肩顶形态

（五）头肩底

头肩底（head and shoulders bottom）是一种典型的趋势反转形态，是在行情下跌尾声中出现的看涨形态，图形以左肩、底、右肩及颈线形成。

三个波谷成交量逐步放大，有效突破颈线阻力后，形态形成，股价反转高度一般都大于颈线与最低点之间的垂直高度。在技术分析的各种工具中，头肩底是判断市场重要底部形成的最常见 K 线形态之一（见图 11 -2）。

图 11 -2　头肩底形态

（六）量度涨跌幅

一般指行情形成明显形态后，理论可以测算出来的涨跌幅度。比如上面的头肩顶和头肩底理论涨跌幅是头或者顶部到颈线位置的幅度等长。或者当行情突破前次行情25%的时候，理论涨幅就可能是50%，突破黄金分割位的时候就是到下一个黄金分割位。再比如三角形整理突破后，量度涨跌幅就是突破点加上三角形底边长度。

（七）双头

价格在头部反转的过程中，除了"单日反转"这种情况外，通常都会经过一个盘头的过程，盘头的形态有好几种，有圆弧顶、M头、头肩顶等，M头的形成是由于市场经过一段长时间的多头趋势后，价格涨幅已大，一些投资者获利颇丰，产生一种居高思危的警觉，因此，当价格在某一阶段，遭突发利空时，大量的获利盘会造成价格暂时的加速大跌。但价格在经过短期的下跌后，获得支撑又回头向上和缓攀升，在温和态势中，价格越过前次的高点，并在随后立即下跌，形成M头形态。

M头形态特色：

（1）由两个大致等高的头部所形成，又名双重顶。

（2）M头出现的时机较多，一般的整理阶段或是多头行情的末升段都可能出现。

（3）M头的左头成交量一般都会比右头的量大。

（4）M头之中也有可能出现圆形顶。

M头形态的行情研判：

（1）股票上价格跌破颈线的3%时，形态即可确立，可采取卖出策略，期货上因为有杠杆，所以没有特别严格的量化，但是如果跌幅超过3%，那肯定也是形态确立。

（2）图11-1中跌破颈线后的小反弹即为逃命波，可以加码放空。

（3）预估价格的最小跌幅，约为头部至颈线的垂直距离。

（八）双底

双底形态，指行情低迷时，经过较为漫长的过程，统计图会出现一些底部形态。双底形态是底部形态的一种，这种形态形如字母"W"，分析人士认为，底部形态一旦形成，不用多久就会上扬，此时就是投资者入市的很好时机。双底和双头形态基本在理念上相通，所以我们简要叙述一下即可。但是同时也要注意，并不是出了双底和双头就一定会转向，经常也会有失败了的双头或双顶，所以一定把M头的新高和W底的新低作为止损位。

（九）上升通道

上升通道是期货和股票市场上某品种价格上升趋势的形象化描述，由两条平行线组成。在低位买进的多单可以在市价接近或到达上侧轨道线时获利出局；市价回落至下侧平行线或接近下侧平行线时可选择进仓。

图11-3为PTA1901合约前期所形成的小时图K线上升通道。

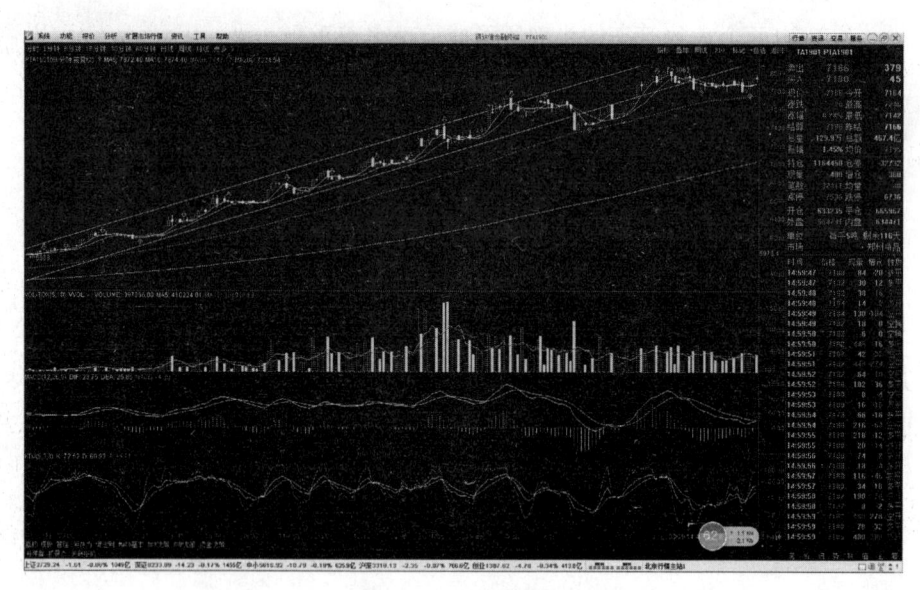

图11-3 上升通道

（十）下降通道

下降通道与上升通道原理相同，走势相反，价格在一个呈下降趋势的矩形通道内上下波动，越走越低。图11－4为焦炭1901的日线下降通道运行走势。

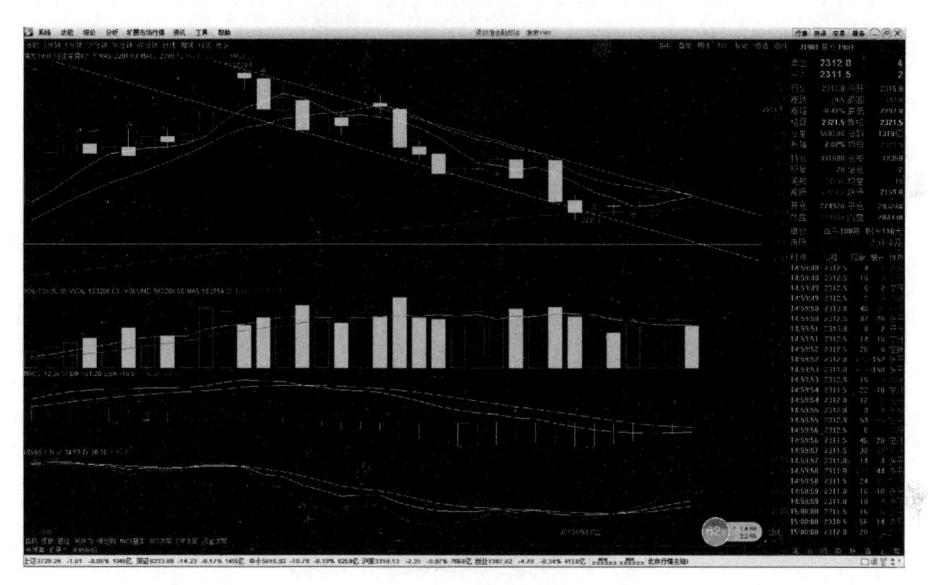

图11－4 下降通道

价格在一段时间内有规律地运行于两条平行线（或近似平行线；书本上都是说的平行线，但在实战中不必因为上、下轨不够平行就放弃操作机会）之间。在高位抛售之后，可以参照图形掌握空单平仓的时机。有些冒险的投资者，在下降通道的初始抛空之后，不急于平盘，一直让价格走几个来回才平仓获利。可以想象，通道开始与通道结束的价差是相当可观的（在后面的赵云战法里会更详尽地阐述）。

（十一）多头排列

具体指的就是价格，由上而下依次是短期均线、中期均线、长期均线，如果市场出现了多头排列行情，就说明了投资人过去买进多单的成本很低，短线、中线、长线的投资者都有一定的赚头，市场一片向上这也是非常典型的牛市，多头排列代表多方的力量非常强大，价格后市将会由多方主导行情，这种时候也是中线进场的大好机会。

（十二）空头排列

所谓空头排列，指的是价格由下往上依次分别为短期均线、中期均线、长期均线，这说明投资者做多的时候，过去买进的成本都比现在高，做短、中、长线的此时多头抛出都在"割肉"，市场一片看空，而相对应的空头均有一定获利。显然，这是典型的熊市，是中线做空的时机。

第十二章 基本技术指标及应用

在投资界很多经典指标已经被一些投资者所摈弃，他们更愿意选择一些新出来的、短期效果明显的指标，但是我们经过长时间跟踪发现，传统经典指标经过市场近百年的考验，说明其内在的长期价值经得起反复检验。本人分析行情只结合以下介绍的一些经典指标，综合研判效果很好。希望投资者朋友也能再次领悟一下。

一、MACD

（一）简介

MACD 称为指数平滑移动平均线，是从双指数移动平均线发展而来的，由快的指数移动平均线（EMA12）减去慢的指数移动平均线（EMA26）得到快线 DIF，再用 2×（快线 DIF - DIF 的 9 日加权移动均线 DEA）得到 MACD 柱。MACD 的意义和双移动平均线基本相同，即由快、慢均线的离散、聚合表征当前的多空状态和股价可能的发展变化趋势，但阅读起来更方便。当 MACD 从负数转向正数，是买的信号。当 MACD 从正数转向负数，是卖的信号。当 MACD 以大角度变化，表示快的移动平均线和慢的移动平均线的差距非常迅速地拉开，代表了一个市场大趋势的转变。

（二）基本应用方式

当某级别 MACD 在零轴之上发生金叉则一般为较可靠的买入开仓信号，反之当某级别 MACD 在零轴之下发生死叉则为较可靠的卖出开仓信号。但若某级别 MACD 在零轴上出现死叉，一般为多头平仓依据，但卖出开仓需谨慎，同样当某级别 MACD 在零轴之下出现金叉，一般作为空头平仓依据，但买入抄底往往风险还是较大。

因为 MACD 是通用指标，大家都比较熟悉，在此不过多去讲述了。但建议大家一定要参考它，很多人认为它比较滞后，但正因为其相对滞后，反而有比较好的对于较长时间的趋势把控，而且不容易轻易被主力骗线，可靠性很强，也就是说，你不一定把它当成操作依据，但是你一定要参考它。

二、KDJ

（一）基本概念

KDJ 指标又叫随机指标，是一种相当普遍、实用的技术分析指标，它起先用于期货市场的分析，后被广泛用于全部投资市场的中短期趋势分析，是期货和股票市场上最常用的技术分析工具。根据统计学原理，通过一个特定的周期（常为 9 日、9 周等）内出现过的最高价、最低价及最后一个计算周期的收盘价及这三者之间的比例关系，来计算最后一个计算周期的未成熟随机值 RSV，然后根据平滑移动平均线的方法来计算 K 值、D 值与 J 值，并绘成曲线图来研判该投资品种的走势。

（二）基本应用方式

首先它的使用和 MACD 相似，也是关注金叉和死叉的情况，同时注意后来的趋势延续性，而且在实际应用中一般它比 MACD 敏感或者说交叉出现得更早，是提前提示市场短线转向的利器。通过多年的研究，笔者认为可以把它当作 MACD 的半程指标，也就是两次相同方向的 KDJ 交叉对应一次 MACD 的交叉，或者说两次 KDJ 的明确交叉会预示后期 MACD 的相同方向的交叉。很多人迷恋一些新兴的技术指标，其实笔者个人认为，把 MACD 和 KDJ 好好研究透了，在实战中就会有非常好的效果，毕竟这些指标都是经典指标，存在一个多世纪一定有不可替代的原因。

通过图 12-1，我们看到下方 KDJ 近期出现两次低位金叉并向上发散，这时候 MACD 的金叉出现基本上是肯定的。那么后期行情偏向反弹，但因为 MACD 的金叉是出现在零轴下方，也就是说市场可能是一个连续几日的弱势反弹，做多有逆势风险，所以最好只做空单平仓依据比较可靠。

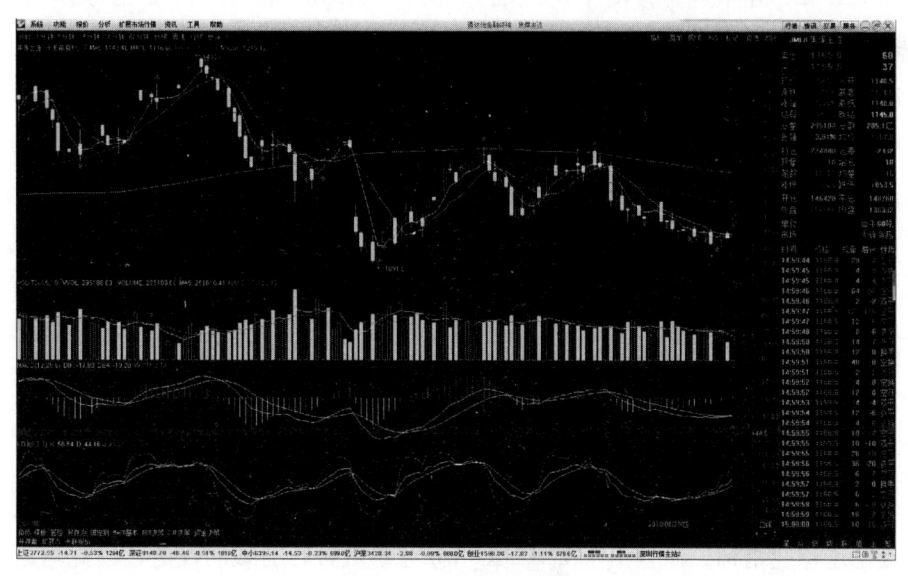

图 12-1　焦煤主连日线

三、EXPMA 系统

（一）基本概念

指数平均数也叫 EXPMA 指标，它是一种趋向类指标，指数平均数指标是以指数式递减加权的移动平均。其构造原理是对股票收盘价进行算术平均，并根据计算结果来进行分析，用于判断价格未来走势的变动趋势。EXPMA 指标简称 EMA，中文名字为：指数平均数指标或指数平滑移动平均线。

（二）原理

从统计学的观点来看，只有把移动平均线（MA）绘制在价格时间跨度的中点，才能够正确地反映价格的运动趋势，但这会使信号在时间上滞后，而 EXPMA 指标是对移动平均线的弥补，与 MACD 指标、DMA 指标相比，EXPMA 指标由于其计算公式中着重考虑了价格当天（当期）行情的权重，因此指标自身的计算公式决定了其作为一类趋势分析指标，在使用中克服了 MACD 指标信号对于价格走势的滞后性。同时也在一定程度中消除了 DMA 指标在某些时候对于价格走势所产生的信号提前性，是一个非常有效的分析指标。

我们先来看一下 EXPMA 指标的计算公式，并以此对指标的特征做进一步的了解：

EXPMA =（当日或当期收盘价 - 上一日或上期 EXPMA）/N + 上一日或上期 EXPMA，其中，首次上期 EXPMA 值为上一期收盘价，N 为天数。

实际上，从 EXPMA 指标的构造原理和它的使用原则来看，这一指标更接近于均线指标，而且由于 EXPMA 指标对参数进行有效的设定，因此可以发挥出比均线指标更为直观和有用的信息。

在技术分析软件中，EXPMA 指标由三条线构成：价格 K 线、短期 EXP-MA 线（以白色线条或其他稍浅色的线条表示）、长期 EXPMA 线（以黄色线条或其他稍深色的线条表示）。EXPMA 指标的坐标图上，纵坐标代表价格运行的价位，横坐标代表价格运行的时间，这一点也和均线指标保持了一致。

（三）特征

第一，EXPMA 指标由白线和黄线构成。当白线从下往上冲破黄线时，就代表价格会上升。因此，当白线和黄线形成金叉的时候就是买入的好时机。

第二，当一个投资品种的价格和白线远离之后，该股的股价之后很快会下降，然后再上行。由此可见，白线是一个支撑点。

第三，当白线从上到下冲破黄线时，价格通常已经发生逆转，将来就会以下降为主，因此，当这两根线交叉的时候就是卖出的好时机。

（四）注意要点

关于 EXPMA 指标的其他使用原则，可根据不同周期的指数参数设置来进一步总结。在一些技术分析软件中，EXPMA 指标参数默认为（12，50），客观讲有较高的使用价值。而经过技术分析人士的研究，发现（5，35）与（10，60）有更好的实战效果。具体还是请投资者根据自己的偏好去设置参数。

（五）应用原则

（1）在多头趋势中，价格 K 线、短天期天数线［例如（12，50）中的 12 日线］、长天期天数线（50 日线）按以上顺序从高到低排列，视为多头特征；在空头趋势中，长天期天数线、短天期天数线、价格 K 线按以上顺序从高到低排列，视为空头特征。这和均线系统等基本一致。

（2）当短期天数线从下而上穿越长期天数线时，是一个值得注意的买入信号；此时短期天数线对价格走势将起到助涨的作用，当短期天数线从上而下穿越长期天数线时，是一个值得注意的卖出信号，此时长期天数对价格走势将起到助跌的作用。以此思路，大家可以在行情寻找压力和支撑的时候用此指标做参考。

（3）一般来说，价格在多头市场中将处于短期天数线和长期天数线上方运行，此时这两条线将对价格走势形成支撑。在一个明显的多头趋势中，价格将沿短期天数线移动，价格反复的最低点一般将位于长期天数线附近；相反地，价格在空头市场中将处于短期天数线和长期天数线下方运行，此时这两条线将对价格走势形成压力。在一个明显的空头趋势中，价格也将沿短期天数线移动，价格反复的最高点一般将位于长期天数线附近。

（4）一般地，当价格 K 线在一个多头趋势中跌破短期天数线，必将向长期天数线靠拢，而长期天数线将对价格走势起到较强的支撑作用，当价格跌破长期天数线时，往往是绝好的买入时机，也就是我们经常说的"挖坑"；相反地，当价格 K 线在一个空头趋势中突破短期天数线后，将有进一步向长期天数线冲刺的希望，而长期天数线将对价格走势起到明显的阻力作用，当价格突破长期天数线后，往往会形成一次回抽确认，而且第一次突破失败的概率较大，因此应视为一次绝好的卖出时机。

（5）有个特例是：当价格 K 线在一个多头趋势中跌破短期天数线，并继而跌破长期天数线，而且使得短期天数线开始转头向下运行，甚至跌破长期天数线，此时意味着多头趋势发生变化，应作翻空处理；相反地，当价格 K 线在一个空头趋势中突破短期天数线，并继而突破长期天数线，而且使得短期天数线开始转头向上运行，甚至突破长期天数线，此时意味着空头趋势已经改变成多头趋势，应作翻多处理。

（6）价格对于长期天数线的突破次数越多越表明突破有效，第一次突破一般会以失败而告终；价格对于长期天数线的突破时间越长越表明突破有效。一般来说，在价格日K线技术指标体系中的EXPMA指标，长期天数线被价格突破之后，需要两到三个交易日的时间来确认突破的有效性。

（7）当短期天数线向上交叉长期天数线时，价格往往会先形成一个短暂的高点，然后微幅回档至长期天数线附近，此时为最佳买入点；当短期天数线向下交叉长期天数线时，股价会先形成一个短暂的低点，然后微幅反弹至长期天数线附近，此时为最佳卖出点。

（六）图形特征

（1）EXPMA指标由EXPMA1（白线）和EXPMA2（黄线）组成，当白线由下往上穿越黄线时，价格随后通常会不断上升，那么这两根线形成金叉之日便是买入良机。

（2）当一只品种的价格远离白线后，该品种的价格随后很快便会回落，然后再沿着白线上移，可见白线是一大支撑点。

（3）同理，当白线由上往下击穿黄线时，价格往往已经发生转势，日后将会以下跌为主，则这两根线的交叉之日便是卖出时机。

（七）市场意义

（1）该指标一般为中短线指标，比较符合以中短线为主的投资者，据此信号操作者均有获利机会，但对中线投资者来说，其参考意义似乎更大，主要是因为该指标稳定性大，波动性小，如果一直持有到再度交叉，那获利空间往往巨大。

（2）若白线和黄线始终保持距离地上行，则说明该品种后市将继续看好，每次价格回落至白线附近，只要不击穿黄线，则这种回落现象便是良好的买入时机。

（3）对于卖出时机而言，个人认为还是不要以EXPMA指标形成死叉为根据，因为该指标有一定的滞后性，可以超级短线指标为依据，一旦某个品种形成死叉时，则是中线多单离场或者做空信号。

（八）如何活用 EXPMA 指标

在一般情况下，许多投资者均以 KDJ 指标和 MACD 指标作为买卖的重要指示，当某个投资品种的 KDJ 指标和 MACD 指标在高位形成死叉后，他们通常会卖出。但是，由于市场的主力经常进行反向操作，所以常常导致"顶在顶上"和"底在底下"的情况发生，因此这种指标常常会失灵。

基于上述现象，许多投资者于是用移动平均线来作为买卖的主要依据（后面会讲到），意思是：当日线指标（即 5 天均线、10 天均线和 20 天均线）形成多头排列时，他们通常会买进。反之，当日线指标形成空头排列时，他们通常会卖出。但是，由于市场主力经常会进行反技术的操作，故意令价格连连破位，从而打穿上述均线，令很多人的正确持仓因此而脱手。所以，为了避免被骗线，可以采用长周期的指标数据，相对可信度高，或者就是参考 EXPMA。这也是我们在此重点介绍 EXPMA 指标的目的，该指标的主要优势是：对移动平均线进行了取长补短，同时又具备了 KDJ 指标和 MACD 指标的"金叉"和"死叉"等功能。因此该指标具有较高的成功率和准确性，对于单个品种的抄底和逃顶提供了较好的点位，是投资者采用中短线决策的好帮手。

四、MA 均线系统

（一）基本概念

移动平均线指标（moving average，MA）。移动平均线（MA）具有趋势的特性，它比较平稳，不像日 K 线会起起落落地震荡。越长期的移动平均线，越能表现稳定的特性，不轻易向上向下，必须等价格趋势的真正明朗。

移动平均线说到底是一种趋势追踪工具，便于识别趋势已经终结或者反转，新的趋势是否正在形成。移动平均线有涨时助涨、跌时助跌的特点。价格从下方突破平均线，平均线也开始向上移动，可以看成是多头的支撑线，股价回跌至平均线附近，会受到支撑，是买进时机，这是平均线助涨特性。以后价格上升缓慢或回跌，平均线将减速移动，当价格回到平均线附近时，平均线已失去助涨的特性，此时最好不要买进。MA 指标如图 12-2 所示。

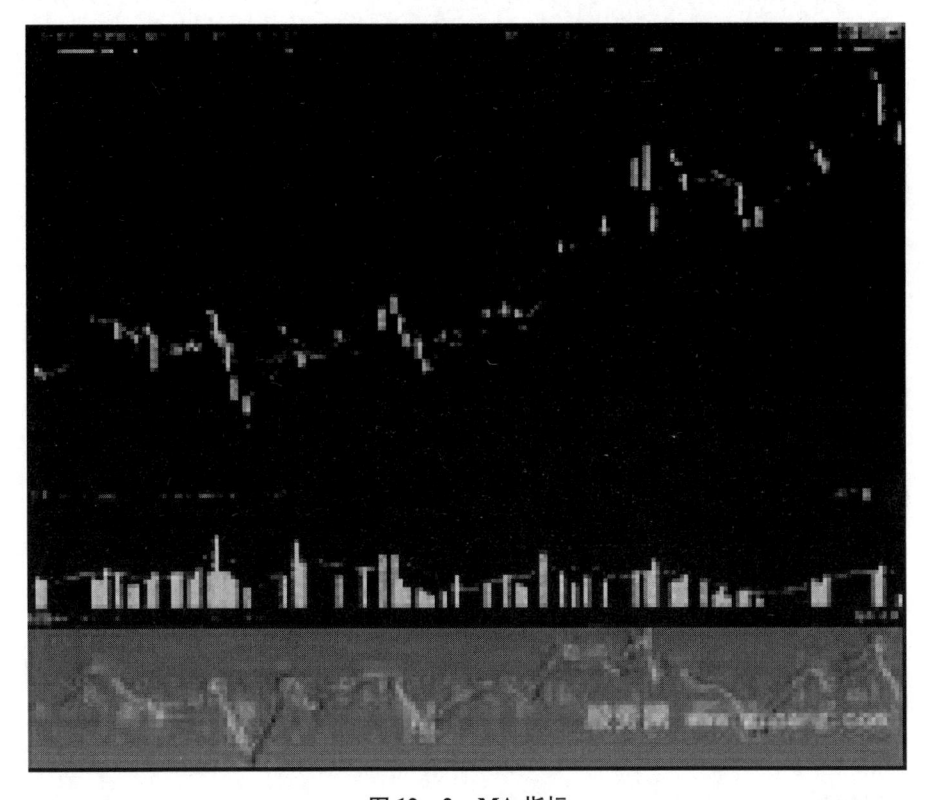

图 12-2　MA 指标

反之，价格从上方跌破平均线，平均线将会向下移动，则成为空头的阻力线，在价格回升至平均线附近时，会受到阻力，是卖出时机，这是平均线助跌特性。以后价格下跌缓慢或回升，平均线将减速移动，当价格回到平均线附近时，平均线已失去助跌的特性，此时不用急于卖出，多看看。

（二）分类

移动平均线以时间的长短划分，可分为短期移动平均线、中期移动平均线、长期移动平均线三种，综合观察长、中、短期移动平均线，可以研判市场的多重倾向。如果三种移动平均线并列上涨，该市场呈多头排列；如果并列下跌，该市场呈空头排列。短期移动平均线一般以 5 日或 10 日为计算期间，中期移动平均线大多以 30 日、60 日为计算期间，长期移动平均线大多以 100 天和 200 天为计算期间。

（三）应用法则

应用时可重点参考著名的葛兰维法则。

（1）平均线从下降逐渐转为走平，而价格从下方突破平均线，为买进信号。

（2）价格虽然跌破平均线，但是又立刻回升到平均线上，此时平均线仍然持续上升，仍为买进信号。

（3）价格趋势走在平均线上，价格下跌并未跌破平均线且立刻反转上升，也是买进信号。

（4）价格突然暴跌，跌破平均线，且远离平均线，则有可能反弹上升，也为买进时机。

（5）平均线从上升逐渐转为盘局或下跌，而价格向下跌破平均线，为卖出信号。

（6）价格虽然向上突破平均线，但是又立刻回跌至平均线下，此时平均线仍然持续地下降，仍为卖出信号。

（7）价格趋势走在平均线下，价格上升并未突破平均线且立刻反转下跌，也是卖出信号。

（8）价格突然暴涨，突破平均线，且远离平均线，则有可能反弹回跌，也为卖出时机。

对葛兰维法则的记忆，只要掌握了支撑和压力的思想就不难记住。希望大家加深印象，对 K 线和 MA 均线关系形成下意识的认知。

（四）用它作为进场时机参考

投资者在选品种进场的时候可以把移动平均线作为一个参考指标，移动平均线能够反映出价格趋势走向。所谓移动平均线就是把某段时间的价格加以平均，再依据这个平均值做出平均线图像。投资者通常将日 K 线图和平均线放在同一张图里分析，这样非常直观明了。投资者如何来把握好买卖时机？其实分析好 K 线和平均线的相互关系，并对平均线走势进行分析，这样可以对股票和期货行情走势进行一个良好的判断。一般来说，投资者不要纠结于每天的价位的细小变化，而应该从价格的长期趋势着手，怎么做呢？还是用到平均线，不同的是平均线的周期，短线可以关注 3 天、7 天的平均线，中线可以关注 10 天、30 天的平均线，长线可以关注 66 天、200 天平均线。

（五）计算公式

（1）N 日 MA = N 日收市价的总和/N（即算术平均数）。

（2）要设置多条移动平均线，一般参数设置为 N1 = 5，N2 = 10，N3 = 20，N4 = 60，N5 = 120，N6 = 250。

（六）优缺点

1. 优点

（1）使用移动平均线可观察价格总的走势，不考虑价格的偶然变动，这样可自动选择出入市的时机，以此来追踪趋势。投资者应注意价格的趋势,并追随这个趋势,不轻易放弃。如果从价格的图表中能够找出上升或下降趋势线,那么,MA 的曲线将保持与趋势线方向一致,能消除中间价格在这个过程中出现的起伏。原始数据的直接图表不具备这个保持追踪趋势的特性。MA 有助涨助跌的特性,当价格突破了 MA 时,无论是向上突破还是向下突破,价格有继续向突破方面再走一程的愿望。

(2) 平均线能显示"出入货"的讯号,将风险水平降低。其支撑线和压力线的特性,使得它在价格走势中起支撑线和压力线的作用,这可以让投资者更容易分清何时应该如何操作,避免追涨杀跌。

(3) 平均线分析比较简单,使投资者能清楚了解当前价格动向。MA 的最基本的思想是消除偶然因素的影响,另外还稍微有一点平均成本价格的含义。

(4) 稳定性。从均线的计算方法就可知道,要比较大地改变均线的数值,无论是向上还是向下,都是比较困难的,必须是当天的价格有了很大的变动。因为均线的变动不是一天的变动,而是几天的变动,一天的大变动将被几天予以分摊,分摊后变动就会变小而显现不出来。这种稳定性有优点,也有缺点,投资者在应用时应多加注意,掌握好分寸。

2. 缺点

(1) 移动平均线变动缓慢,不易把握商品价格趋势的高峰与低谷。当然,这个缺点其实也可以忽略不计,因为我们做投资如果能把一波主趋势行情吃到就非常完美了,没必要卖在最高,买在最低,我们只需"吃鱼吃中段"。

(2) 在价格波幅不大的牛皮期间,平均线折中于价格之中,出现上下交错型的出入货讯号,使分析者无法定论。同样在盘整阶段或趋势形成后的中途休整阶段或局部反弹和回档,MA 极易发出错误的信号,这是使用 MA 最应该注意的。另外,MA 只是作为支撑线和压力线站在某线之上,当然有利于上涨,但并不是说就一定会涨,支撑线有被突破的时候。对于那些特别不淡定、爱频繁交易的朋友来说,这个就是噩梦期,当然在这个时期多多参考葛兰维法则中价格对大均线的表现就可以减少错误交易。

（七）注意要点

（1）使用 MA，通常是对不同的参数同时使用，而不是仅仅用一个。按各人的不同，参数的选择上会有些差别，但是都包括长期、中期和短期三类 MA。长、中、短是相对的，可以自己确定。在国内投资市场中，常利用的移动平均线组合为 5 日（黄色）、10 日（紫色）、30 日（绿色）、60 日（白色）、120 日（蓝色）、250 日（红色）线。其中 250 日长期移动平均线可以作为牛市与熊市的分界线。笔者一般是用 5 日、10 日、20 日、66 日和 200 日均线，大家不妨参考一下。

（2）MA 与指数平均数（EXPMA）、变异平均数（VMA）和动量线（MTM）相互配合使用，可更准确地判研行情。

MTM 分析要领：

1）运用 MTM 指标应该综合其他技术指标共同分析。

2）一般，价格上升，动量值也会随之上升，在没有其他非技术影响的情况下，MTM 大体可以反映出价格变化的速度。

3）MTM 与其平均线出现交叉时使用较好，主要方法：在价格上升时 MTM 拐头向下曲线与长期 MTM 平均线上升曲线交叉时，空方力量加强，在交叉点投资者应及时卖出；在价格下降时，MTM 拐头上升并与其长期平均线下降曲线交叉时，空方力量减弱，在交叉点，投资者应做多。MTM 与其平均线配合使用时，周期一般定为 12 天。

4）MTM 由下向上突破 0 线位置为买入信号，由上向下突破 0 线位置为卖出信号。以做多为例，价格如果不断创出新高，而 MTM 未能配合上升为背离现象，行情有可能出现反转，此时注意多头平仓；价格不断探底，而 MTM 没有配合下降也是背离现象，应该注意逢低买入，或至少作为空头平仓标准。

图 12-3 是焦炭 1901 合约日线图，图中坐标点即是 MTM 金叉位置，提示进场做多。

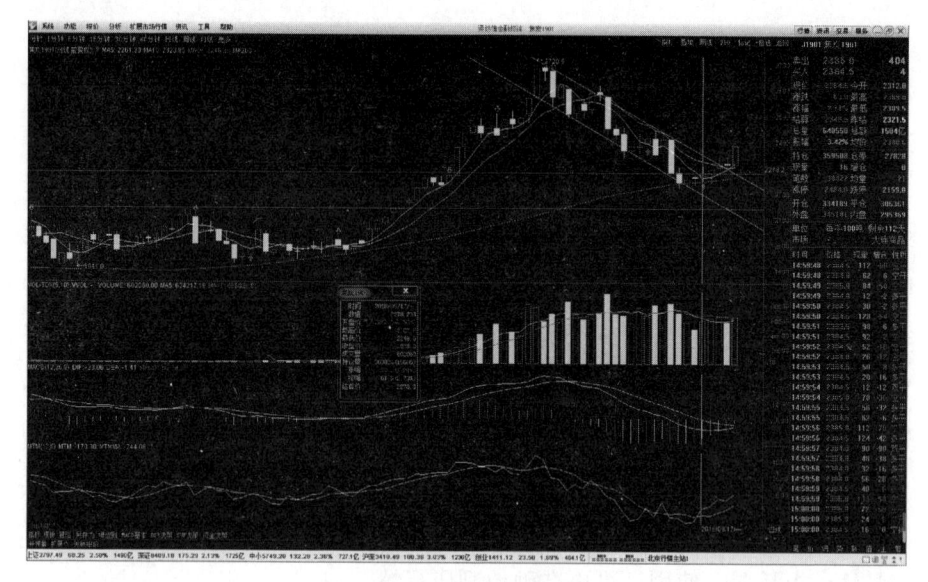

图 12-3 MTM 金叉

VMA 指标与 MA 有比较相似之处，我们只需要判断的时候调出 VMA 参考一下即可，只要与 MA 大方向不矛盾，交叉点一般是先后脚的事情，所以不过多赘述。

（3）两条以上平均线向上交叉，适宜买进，两条以上平均线向下交叉，适宜卖出。

（八）买卖时机

即由均线 MA 判断商品买入卖出时机。

1. 五日均线操盘法

（1）价格离开 5 日线过远、高于 5 日线过多，也即"五日乖离率"太大，则属于短线卖出时机。乖离率多大可以卖出，视单只品种强弱、大小有所不同，一般价格高于 5 日线 7%～15%，属于偏高，适宜卖出。若是熊市，一般价格低于 5 日线 7%～15%，适宜短线买进。

（2）价格回落、跌不破 5 日线的话，再次启动时适宜买入。一般说，慢牛品种在上升途中，大多时间往往不破5日线或者10日线。只要不破，就可结合大势、结合品种基本面，继续持仓。若是熊市，价格回升、升不破5日线的话，再次出现较大抛单、展开下跌时适宜卖出做空。

（3）价格如果跌破5日线、反抽5日线过不去的话，需要谨防追高被套，注意逢高做空或卖出。若是熊市，价格如果升破5日线、反抽5日线时跌不破的话，或者反抽5日线跌破但又止住的话，需要谨防杀跌踏空，注意逢低买回。

（4）价格如果有效跌破五日线，一般将跌向10日线或者20日线。如果跌到10日线、20日线企稳、价格再次启动，则高位卖出的筹码，可以视情况短线回补，以免被轧空。若是熊市，价格如果有效升破五日线，一般将向10日线，或者20日线方向上升。如果升到10日线、20日线附近受阻，价格再次展开下跌，则低位买的筹码，可以视情况短线卖出。

2. 十日均线操作法

收盘价在十天平均线上才可以考虑买入操作。收盘价在十天平均线下必须卖出操作。

120日均线，为大行情的启动点。

在做多行情中，大多数黑马的拉升点，就是在120日线附近。第一种，在120日下方整理后的向上放量突破。一般的整理形态是w底。第二种，围绕120日均线上下小幅振荡整理，然后向上放量突破。整理形态不很规则。第三种，在120日均线上方整理，然后向上放量突破，整理形态多为w底，或呈"一"字形态整理。配合其他指标效果更好，主要可参考技术指标KDJ、WR、MACD。

（九）拓展知识

MA均线的滞后性是均线系统的致命弱点，它使得均线系统只有在大牛市中成立，从这点来讲均线系统对股市研究并无大益。而在期货市场中则可用于双向研判。

我们当前看到的各种情况下的K线图上都有MA均线指标，并且MA的参数大多为5、10、20，其意思也非常明显，5日代表一周，10日代表半月，20日代表一个月，如果所有的人都用MA（5、10、20）为标准来看市场行情的话，只有在MA（5、10、20）正确地反映价格运行，是市场运作的客观规律的情况下才可取，否则就是缘木求鱼，越使用越坏事。笔者反对这种随大流的不假思索的判断思路。

我们来看MA的计算原理就知道，MA的值与其一定时期内历史交易收盘价有关。假设价格处于高位或低位并开始出现横盘时，每天新的收盘价与上一交易日收盘价变动不大，但MA计算中却要减去前期一个很低或很高的历史收盘价，这样就出现价格没发生多大的波动而MA指标却出现了不小的变化，也就是讲MA受到了历史收盘价的强烈干扰。这种干扰我们称之为系统干扰。这种系统干扰能否尽可能地避免呢？应当怎样去避免？回答当然是肯定的了，不然就没有必要在这里提出问题来。避免的方法就是把这个参数调整到与价格的波动周期相吻合，按价格的短、中、长期波浪的交易周期为标准。这样一来，不管什么时候的MA均线都相应地包括了一个完整的波动周期，MA就能尽可能地避免相邻周期内的系统干扰。

从当前的股市和期货分析研究来看，所谓均线的压力和支撑都在一定程度上存在并被广大机构及散户所认可。但许多时候都在一定程度上夸大了其压力和支撑作用。均线指标在指示上因其算法而存在的最大的弱点就是它的指示滞后于价格的波动。当看到所谓的金叉、托、坑、死叉和压力时价格已经上涨或下跌了一大截。MA的参数值越大，它的滞后性越强。MA指标就是用损失即时性换得稳定性。这样在大牛和大熊市时才可能有一定的指导意义。但是事先又怎样了解这一次是大牛、大熊还是反弹或回调呢？这样一来MA指标就从整体上失去了指导意义。再者，大家试想哪一次牛市启动不是冲破重重均线压力而昂头向上，又有哪一次熊市不是起源于打破层层支撑而一泻千里的？因此我们就要了解为什么均线有压力和支撑。所谓压力和支撑不是随意做一根线就行的，而且即使是相邻两个交易日，其压力和支撑也不一样。MA的本质就是代表了本周期前N个周期内的交易平均价格（如大致地认为这几个交易日内的成交量是均匀的），那么均线就代表了这 N 个交易日的参与买入者的持仓成本。也就因此而产生了压力与支撑的效应。好了，我们再回到前面的问题，既然牛市和熊市都要冲破这个压力与支撑，那么什么情况下才能更容易引发行情的改变呢？也就是什么情况下压力与支撑最薄弱，易被重重冲破？这使笔者不由地想起兵法上两军对垒时，只有在对方兵力分散时才有利于各个击破。

这就是讲各条均线和价格均匀分布时最易转势、反弹或回调。例如：用 MA(5、10、20) 的话，当 5 日、10 日、20 日均线之间及收盘价与 5 日均线之间等距离时，压力和支撑作用较为薄弱，易从此展开新行情。利用这一特点也可以弥补均线的滞后性。这样做的弱点就是在大牛、大熊中途易出现一定的误判断，但是如果再结合上面其他指标综合研判，那么准确性还是很高的，所以说高位出现断头铡刀的时候，往往是行情转势的时候，特别是此时各条短期均线或缠绕或等距并开始走横，其他技术指标在高位顶背离或钝化，转势的可靠性最高，反之在低位长阳突破，并伴随均线等距或缠绕，指标低位底背离、钝化等现象，反转的可能性也极大。

在技术指标领域中，移动平均线是必不可少的指标工具。移动平均线利用统计学上的"移动平均"原理，将每天的市场价格进行移动平均计算，求出一个趋势值，用来作为价格走势的研判工具。接下来我们再给大家重申一遍它的计算原理和应用。

计算公式：$MA = (C_1 + C_2 + C_3 + C_4 + C_5 + \cdots + C_n)/n$，C 为收盘价，n 为移动平均周期数。例如，某品种价格的 5 日移动平均价格计算方法为：$MA_5 =$（前四天收盘价 + 前三天收盘价 + 前天收盘价 + 昨天收盘价 + 今天收盘价）/5。

（十）指标应用

移动平均线（MA）的计算方法就是求连续若干天的收盘价的算术平均。天数就是 MA 的参数。10 日的移动平均线常简称为 10 日线{MA(10)}，同理我们有 5 日线、20 日线等概念。

在国内期市股市中，常利用的移动平均线组合为 5 日、10 日、65 日、250 日四条线。其中，250 日长期移动平均线用来作为牛市与熊市的分界线。但笔者在实战中把 250 日改为了 200 日均线，这不光是因为 250 是个"傻数"，更因为 250 日已经被很多书本提及了（根据后文会提的孢子理论），它的功效会大打折扣，反而会成为主力骗线的工具。5 日上穿或下破 10 日线，就是市场中常说的黄金交叉和死亡交叉。

五、OBV

（一）基本概念

OBV 的英文全称是 On Balance Volume，是由美国的投资分析家葛兰维（Joe Granville）所创。该指标通过统计成交量变动的趋势来推测股价趋势。OBV 以"N"字形为波动单位，并且许许多多"N"形波构成了 OBV 的曲线图，一浪高于一浪的"N"形波，被称为"上升潮"（up tide），至于上升潮中的下跌回落则被称为"跌潮"（down field）。

OBV 中文叫能量潮，是将成交量数量化，制成趋势线，配合股价趋势线，从价格的变动及成交量的增减关系，推测市场气氛。其主要理论基础是市场价格的变化必须有成交量的配合，价格的波动与成交量的扩大或萎缩有密切的关联。通常价格上升所需的成交量总是较大；下跌时，则成交量可能放大，也可能较小。价格升降而成交量不相应升降，则市场价格的变动难以为继。

（二）投资分析方法概述

能量潮指标（on balance volume，OBV）是葛兰维于 20 世纪 60 年代提

出的,并被广泛使用。技术分析的四大要素包括价、量、时、空。OBV指标就是从"量"这个要素作为突破口,来发现热门投资品种、分析价格运动趋势的一种技术指标。它将市场的人气——成交量与价格的关系数字化、直观化,以市场的成交量变化来衡量市场的推动力,从而研判价格的走势。关于成交量方面的研究,OBV能量潮指标是一种相当重要的分析指标之一。

能量潮理论成立的依据主要是:

(1)投资者对某一投资品种的价格的评论越不一致,成交量越大;反之,分歧小,成交量就小。因此,可用成交量来判断市场的人气和多空双方的力量。

(2)重力原理。物理原理上来讲地球有吸引力,所以上升的物体迟早会下跌,而物体上升所需的能量比下跌时多。就像飞机起飞要耗费整个行程中一半以上的油耗,那么涉及投资市场则可解释为:一方面,上升的价格迟早会下跌;另一方面,价格上升时所需的能量大,因此价格的上涨特别是上涨初期必须有较大的成交量相配合;价格下跌时则不必耗费很大的能量,因此成交量不一定放大,甚至有萎缩趋势。

(3)惯性原则——动则恒动、静则恒静。只有那些被投资者或主力相中的热门品种才会在很大一段时间内成交和价格的波动都比较大,而无人问津的冷门品种,则会在一段时间内,成交量和价格波幅都比较小。

(三)计算方法

以某日为基期,逐日累计每日单一品种的总成交量,若隔日品种所在市场的整体指数或该品种上涨,则基期OBV加上本日成交量为本日OBV。隔日指数或该品种下跌,则基期OBV减去本日成交量为本日OBV。一般来说,只是观察OBV的升降并无多大意义,必须配合K线图的走势才有实际的效用。

由于OBV的计算方法过于简单化,所以容易受到偶然因素的影响,为了提高 OBV 的准确性，可以采取多空比率净额法对其进行修正。

$$多空比率净额 = [(收盘价 - 最低价) - (最高价 - 收盘价)]$$
$$\div (最高价 - 最低价) \times V$$

该方法根据多空力量比率加权修正成交量，比单纯的 OBV 法具有更高的可信度。

（四）应用法则

（1）当价格上升而 OBV 线下降，表示买盘无力，价格可能会回跌。

（2）当价格下降而 OBV 线上升，表示买盘旺盛，逢低接手强股，该品种价格可能会止跌回升。

（3）OBV 线缓慢上升，表示买气逐渐加强，为买进信号。

（4）OBV 线急速上升时，表示力量将用尽，为卖出信号。

（5）OBV 线从正的累积数转为负数时，为下跌趋势，应该卖出所持品种或做空。反之，OBV 线从负的累积数转为正数时，应该买进做多或平空。

（6）OBV 线最大的用处，在于观察市场盘局整理后，何时会脱离盘局以及突破后的未来走势，OBV 线变动方向是重要参考指数，其具体的数值并无实际意义。

（7）OBV 线对双重顶第二个高峰的确定有较为标准的显示，当某一品种价格自双重顶第一个高峰下跌又再次回升时，如果 OBV 线能够随几个趋势同步上升且价量配合，则可持续多头市场并出现更高峰。相反，当价格再次回升时 OBV 线未能同步配合，却见下降，则可能形成第二个顶峰，完成双重顶的形态，导致价格反转下跌。

（五）应用技巧

OBV 指标的作用，主要是用来判断量价关系即 OBV 曲线是否与价格运行方向一致。尽管发明人葛兰维曾指出，"当OBV曲线向上穿过长期上升阻力线时市场势头变强，是重要的买入信号"，但是，严格地说，OBV自身并不能发出有效的买卖信号。理由如下：量价关系通常表现为"价升量增"或"价跌量减"，使得指标难以出现"长期"的背离，尤其是处于横盘整理（无趋势）或明显的下调时，而被主力控盘的品种更是为所欲为。大量的实例可以证明，某一品种升势一旦确立，即使成交量总体呈萎缩态势，价格仍有相当一段升幅，也就是说，成交量本身的萎缩不一定表明现行的趋势即将结束。特别是在中国股市，主力庄家收集完筹码后，有一个持续很长一段时间的拉高派发过程，低位量能堆积后，因高度控盘，筹码锁定良好，有可能形成因此无量持续大幅拉升的局面，直到顶部放巨量以后可能还有一波上攻才开始转势，所以使用OBV分析时，一是要参照一定时期内的成交量状况，二是看OBV所处状态及价格的运行情况。

经过较长时间的观察，投资者可以发现，OBV应用技巧主要有两点：一是借助成交量移动平均线，即OBV处于上升状态且10日上穿40日均量线（中短线投资者可使用5日与20日的组合）时，视为买入信号，OBV处于无趋势状态且短期均量线下穿中长期均量线时，视为卖出信号。若仍感到难以把握，不妨直接将OBV平滑运算纳入均线系统；二是运用趋势技术，即对OBV值也画出趋势线，对"率先突破"的品种给予重点关注，因为这类品种的运动幅度通常十分可观，这可能是需要把握的最主要的使用技巧。

如图12-4所示，以PTA主力合约为例，2018年5月15日，OBV率先创出近期新高，价格仍在整理平台内，经过短暂整理后，OBV曲线沿下方趋势线稳步上行，价格再度上扬；当年7月底，价格创新高后就再未回落，一飞冲天，两个月涨幅超过50%。通过上面的例子，我们可以发现一个启示，OBV"率先突破"时，无论是上破还是下破，刚刚出现突破时并非意味着要马上行动，而在反抽时采取行动无疑是最好的买卖时机。

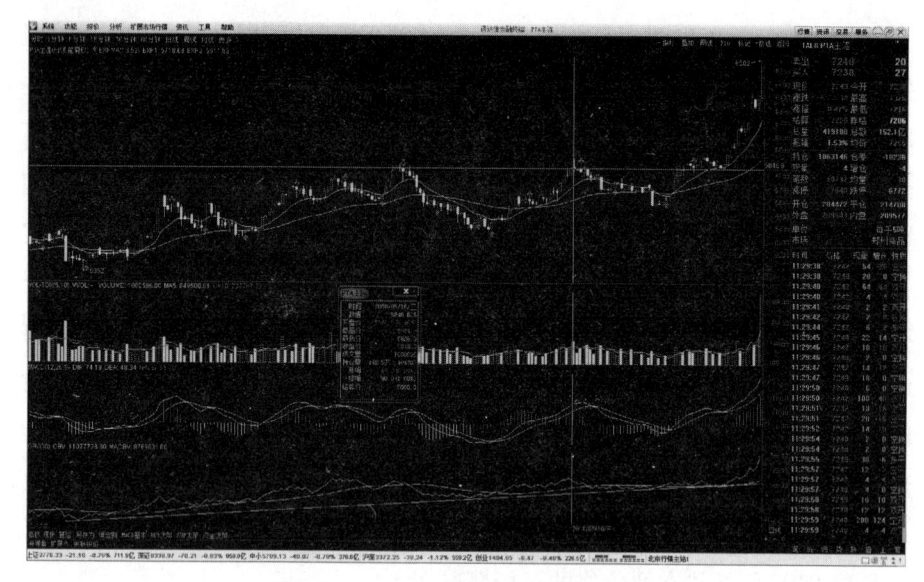

图12-4　PTA主力合约OBV示意

（六）使用手法

（1）OBV对于K线图中的双重顶形态，有着重要的判断依据。一般情况下，双重顶的第二个高峰出现之前，OBV指标配合价格的上升而上升，说明当前价格会不断地上升。相反，如果这时候OBV指标没有进行配合，反而下降的话，双重顶形态的第二个峰值可能会形成。

（2）如果OBV指标从正值转变为负值，说明当前为下跌趋势；相反，由负值转变为正值的时候，说明当前为上升趋势。

（3）OBV指标的另一大运用，就是对于震荡调整时间的价格的判断，OBV指标为后期价格的发展提供了重要的参数。

（七）优点与缺点

1. 优点

（1）OBV线系依据成交量的变化统计绘制而成，因此OBV线属于技术

(2) OBV 线为市场短期波动的重要判断方法，但运用 OBV 线应配合价格趋势予以研判分析。

(3) OBV 线能帮助确定市场突破盘局后的发展方向。

(4) OBV 的走势，可以局部显示出市场内部主要资金的移动方向，显示当期不寻常的超额成交量是徘徊于低价位还是在高价位上产生，可使技术分析者领先一步深入了解市场内部原因。

(5) OBV 线适用范围比较偏向于短期进出，与基本分析丝毫无关。同时 OBV 也不能有效反映当期市场的转手情况。

2. 缺点

葛兰维的 OBV 指标是建立在国外成熟市场上的经验总结。在国内期货上使用也是非常有效的，但对于国内股市必然要经过一番改造才行。比如价涨量增，用在内地股市坐庄的股票上就不灵了，因为中国股市基本上是单向交易市场，庄家低位放量吸筹后有一个比较长的拉高派发时期，这时股价涨得越高成交量反而越少。这是因为主力控盘较重，股价在上涨过程中没有获利筹码加以兑现，也就是经常说的筹码锁定性良好，所以此时股票会涨得很"疯"，但成交量并不增加，OBV 自然就无法发挥作用。

另外，涨跌停板的股票也会导致指标失真。由于内地股市采用了涨跌停板的限制，很多股票在连续涨停的时候，由于股民预期后市会继续大涨，往往会持股观望，导致出现越涨越无量的现象。因此，对于那些达到涨跌停板的股票，OBV 指标也无法正常发挥作用。

目前，内地股市仍有大量的"坐庄"现象存在。具体来说，对于中长线庄家而言，需要在股价处于底部的时候尽可能地吸进大量筹码，然后拉到高处派发。在底部收集筹码阶段，必然会由于庄家的买进使股价有一定上涨，同时伴随成交量放大。这时候，为了降低吸筹成本，庄家会把小幅上涨的股价向下打压，到底部后继续吸筹。如此反复，直到吸到足够的筹码为止。

这个过程反映在 OBV 上，就是股价在底部盘整，而 OBV 却一波一波走高，形成底部背离形态。需要特别注意的是，大众所掌握的分析方法也有可能被机构利用。就 OBV 而言，庄家可以在每日盘中吸筹，使成交量增加，到收盘时再把股价打成阴线，这样 OBV 就会往下走，以此来迷惑投资者。要破解这种手段，一个最有效的方法是选择 15 分钟或 60 分钟的 OBV 线，这样就可以避开庄家释放的烟雾。

综上所述，OBV 作为研判上升趋势的工具，还是不错的，只是在价格进入下降通道之后，OBV 一般是作为横盘或上升趋势减缓的指示器。

六、BOLL 通道

（一）基本概念

布林通道即布林线（BOLL）指标，是股市技术分析的常用工具之一，通过计算股价的"标准差"，再求股价的"信赖区间"。相信大多数投资者都知道布林线，但是未必知其所以然。

该指标在图形上画出三条线，其中上下两条线可以分别看成是价格的压力线和支撑线，而在两条线之间还有一条价格的平均线，布林线指标的参数最好设为 20。一般来说，价格会运行在压力线和支撑线所形成的通道中。

与 MACD、RSI、KDJ 等指标一样，BOLL 指标也是投资市场最实用的技术分析参考指标。在技术分析的诸多工具中，布林线是最常用、最直观的分析工具之一。

（二）构成

布林线由 4 条线构成，分为 B1 线、B2 线、B3 线及 B4 线。B1 线为指数（或价格）阻力线，B4 线是支撑线，从布林线的宽度可以看出指数或股价的变动区间，价格盘整时，四线收缩，称收口；价格向上或向下突破时，四线打开，称为开口。当价格向上触及 B1 阻力线时，卖点出现，向下触及 B4 线时，买点出现，当价格沿着阻力线（支撑线）上升（下降），虽并未击穿支撑线（压力线），但已回头突破 B2 线（B3 线）时，也是较佳卖（买）点。该指标计算较复杂，不用赘述，投资者可从我们的分析软件中调出，须指出的是，动态中布林线是三条线，如图 12 – 5 所示，B2、B3 线合二为一为 MB 线。

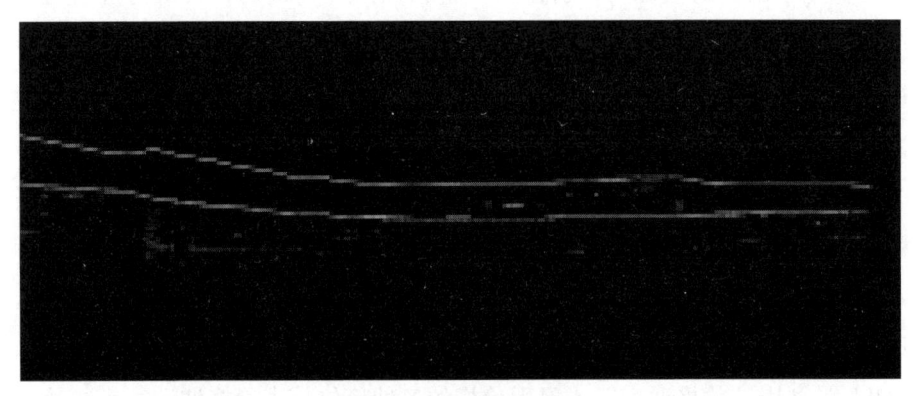

图 12 – 5　动态布林线

布林通道线的运用，通常是作为研判价格走势的辅助指标，即通过投资品种价格所处布林通道内的位置来评估价格走势的强弱，当价格线位于布林线中轨之上时，则多半为多头市场，可持仓或买入，而当价格线处于布林线中轨之下时，则多半为空头市场，介入宜小心（更适合做空），布林通道的两极为上轨和下轨，表示极强和极弱。那么，能否根据价格在布林通道中运行的轨迹寻找出一套行之有效的买卖方法呢？答案是肯定的，而且在许多种情形下，运用布林线指标进行买卖，其操作的成功率远胜于借助于 KDJ、RSI 甚至移动平均线进行买卖。巧用布林线买卖将使我们有可能避开庄家利用一些常用技术指标诱多或者诱空的陷阱，因为庄家要想在布林通道线上做手脚，几乎是不可能的。

（三）原理

BOLL 指标是美国股市分析家约翰·布林根据统计学中的标准差原理设计出来的一种非常简单实用的技术分析指标。一般而言，价格的运动总是围绕某一价值中枢（如均线、成本线等）在一定的范围内变动，布林线指标正是在上述条件的基础上，引进了"价格通道"的概念，其认为价格通道的宽窄随着价格波动幅度的大小而变化，而且价格通道又具有变异性，它会随着价格的变化而自动调整。正是由于它具有灵活性、直观性和趋势性的特点，BOLL 指标渐渐成为投资者广为应用的市场热门指标。

在众多技术分析指标中，BOLL 指标属于比较特殊的一类指标。绝大多数技术分析指标都是通过数量的方法构造出来的，它们本身不依赖趋势分析和形态分析，而 BOLL 指标却与价格的形态和趋势有着密不可分的联系。BOLL 指标中的"价格通道"概念正是价格趋势理论的直观表现形式。BOLL 是利用"价格通道"来显示价格的各种价位，当价格波动很小，处于盘整时，价格通道就会变窄，这可能预示着价格的波动处于暂时的平静期；当价格波动超出狭窄的股价通道的上轨时，预示着价格的异常激烈的向上波动即将开始；当价格波动超出狭窄的价格通道的下轨时，同样也预示着价格的异常激烈的向下波动将开始。

投资者常常会遇到两种最常见的交易陷阱：一是买低陷阱，投资者在所谓的低位买进之后，价格不仅没有止跌反而不断下跌；二是卖高陷阱，投资者在所谓的高点卖出后，价格却一路上涨。布林线认为各类市场间都是互动的，市场内和市场间的各种变化都是相对的，是不存在绝对的。价格的高低是相对的，价格在上轨线以上或在下轨线以下只反映该股价格相对较高或较低，投资者作出投资判断前还须综合参考其他技术指标，包括价量配合、心理类指标、类比类指标、市场间的关联数据等。

总之，BOLL 指标中的股价通道对预测未来行情的走势起着重要的参考作用，它也是布林线指标所特有的分析手段，特别是我们后面提到的"五虎将战法"中的重要指标。

（四）计算原则

在所有的指标计算中，BOLL 指标的计算方法是最复杂的计算方法之一，其中引进了统计学中的标准差概念，涉及中轨线（MB）、上轨线（UP）和下轨线（DN）的计算。另外，和其他指标的计算一样，由于选用的计算周期的不同，BOLL 指标也包括日 BOLL 指标、周 BOLL 指标、月 BOLL 指标、年 BOLL 指标以及分钟 BOLL 指标等各种类型。经常被用于市场研判的是日 BOLL 指标和周 BOLL 指标。虽然它们计算时的取值有所不同，但基本的计算方法一样。

在看盘分析软件中，BOLL 指标一共由四条线组成，即上轨线 UP 、中轨线 MB、下轨线 DN 和价格 K 线。其中上轨线 UP 是 UP 数值的连线，用黄色线表示；中轨线 MB 是 MB 数值的连线，用白色线表示；下轨线 DN 是 DN 数值的连线，用紫色线表示；价格线是以 K 线表示。和其他技术指标一样，在实战中，投资者不需要进行 BOLL 指标的计算。

（五）实战

其实利用布林线指标选择合适的进出场点主要是观察布林线指标开口的大小，对那些开口逐渐变小的投资品种就要多加留意了。因为布林线指标开口逐渐变小代表价格的涨跌幅度逐渐变小，多空双方力量趋于一致，价格将会选择方向突破，而且开口越小，未来价格突破的力度就越大。那么到底开口多小才算小，这里可引入极限宽指标（WIDTH），即表示布林线指标开口大小的指标。有的软件没有这个指标，可以通过以下方法计算：WIDTH =（布林上限值 – 布林下限值）/布林价格平均值。一般来说，极限宽指标小于 0.10 的投资品种随时有可能发生突破。

我们仍以焦炭 1901 合约为例，图 12 – 6 中坐标位置就是 WIDTH 小于

0.1并且均值也小于0.1时候的突破情况，后期走出一波突破布林上轨的阶段多头行情。

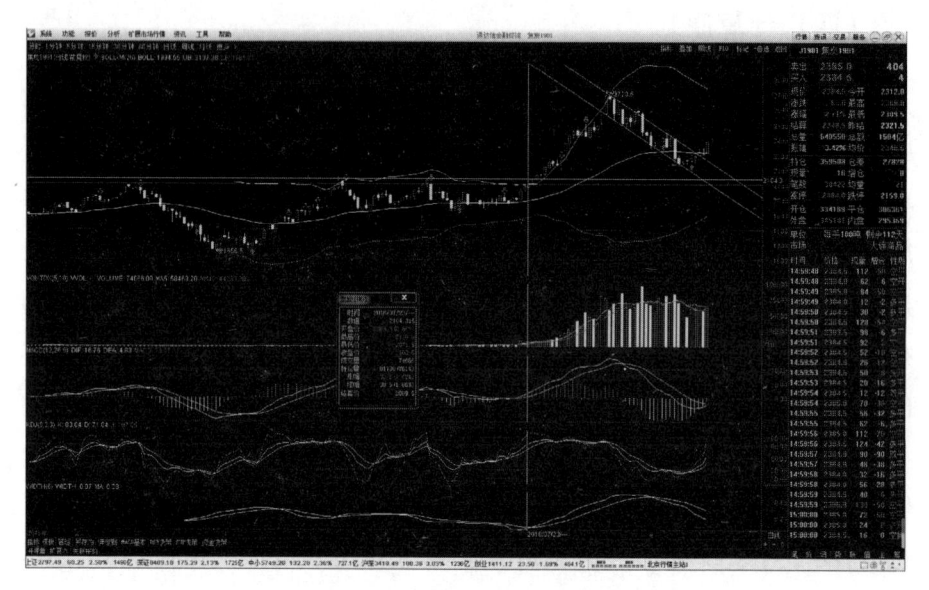

图12-6 布林线极限宽指标

布林线通道指标本身没有提供明确的卖出讯号，但可以利用价格跌破布林线股价平均线（MB）或反抽不破作为卖出信号，或者结合WIDTH指标死叉为依据，但同样有较大滞后性。

投资实战，基本面虽然很重要，但任何价格运行趋势都会在技术指标中体现出来，什么样的指标更趋前、更准确呢？笔者经过多年的实践经验发现，任何单一技术指标都有各式各样的缺陷，不能独立评判大市及单品，两项或多项指标相结合才能出奇制胜。在中国投资市场特别是期货市场实战中，布林线及乖离率的相互比较使用，可谓珠联璧合，准确率在80%以上。

布林通道线买卖策略之一：当布林线的开口在大幅放大后，随着时间的推移逐步收窄，其上轨、中轨和下轨逐步接近，当上下轨数值差接近10%之时，则为最佳的买卖时机。

在布林线收到最窄时判断价格的上下方向的方法是：（1）观察当时价

格是在中轨之上运行还是之下运行，或者有跌破中轨或明显站稳中轨的迹象，而价格向上运行应结合成交量是否在明显放大的情况下上攻，若是，则应果断介入，反之，一旦跌破中轨或向下轨运行则宜果断做卖出动作。
(2) 观察几个月以来该品种的价格运行情况，若先前曾出现一轮升幅不大的涨升即回调企稳于中轨，则再次向上大涨的可能性居大，若先前曾经历了一轮巨大的涨升，则应提防布林线的收窄，特别是在下跌中途，随后有大幅暴跌的可能。

布林通道线买卖策略之二：当价格经过一段上升之后，涨幅不太大且价格出现数日的回调，此时在布林通道图上 K 线趋势稳定向上，但在上轨附近受阻，然后又回到布林线的中轨，若连续 3 日站稳中轨可考虑介入。

对于单一品种盘中买卖点的把握常在 15 分钟布林线和 30 分钟布林线的共振点选择，例如一个强势多头品种，盘中常形成洗盘回档，如何在盘中寻找最佳买点，首先布林线形态上要保持上升通道，最好为轨道开口状。价格沿上轨稳步攀升，然后短线向下产生回落，那么打开 15 分钟布林线，寻找一下中轨的位置，再来看看 30 分钟和 60 分钟中轨的位置，基本确立了心理价位，如果出现价格的多重重合，那么在此位置必然会形成一定的共振点，此时应该是最好的买入点。

（六）作用

布林线指标的一般用法在许多书上都有讲述，这里就不多讲了。笔者主要想讲一讲布林线指标对行情的预告作用，虽然，KDJ、MACD 等指标可以通过低位向上交叉来作为买入信号或通过高位向下交叉来作为卖出信号，但这些指标都有一个缺点，就是在价格盘整的时候会失去作用或产生骗线，给投资者带来不必要的交易损失。通常在市场盘整的过程中，投资者最想知道的一定是价格要盘整到什么时候才会产生行情。因为如果太早进场，而价格却又迟迟不动，资金的利用率就会降低，而且投资者还要承担价格反向波动的风险。而布林线指标则恰恰可以在这时发挥其神奇的作用，对盘整的结束给予正确的提示，使投资者避免太早进场交易。

在选定布林线指标开口较小的品种后，先不要急于买进，因为布林线指标只告诉我们这些品种可能随时会突破，但却没有告诉我们价格突破的方向，符合以下几个条件的品种向上突破的可能性较大：第一，该品种整体的基本面要好，供大于求，现货价格较坚挺或上游原材料价格坚挺，这样主力在拉抬时，才能吸引大量的跟风盘。第二，在K线图上，价格最好站在200日、120日、60日、30日和10日均线上，也就是价格形成多头排列，日线趋势为上升趋势。第三，要看当前价格所处的位置，最好选择价格在相对底部的品种操作，对那些在高位横盘或下降途中横盘的品种要加倍小心。第四，指标W%R(10)和W%R(30)的值都大于50；指标DMI(14)中+DI大于-DI，ADX和ADXR均向上走。如觉得过于复杂，笔者建议最佳的买入时机是在价格放量向上突破，布林线指标开口扩大后即可。

（七）功能

布林线具备以下几大功能：

（1）布林线可以指示支撑和压力位置；（2）布林线可以显示超买、超卖；（3）布林线可以指示趋势；（4）布林线具备通道作用。

布林线因具备多种功能，使用起来非常有效、方便，一旦掌握则信号明确，使用灵活，受到了专业投资者的喜爱，同时也是国际金融市场上最常用的技术指标之一。

具体阐述如下：

第一，在常态范围内，布林线使用的技术和方法：

常态范围通常是价格运行在一定宽度的带状范围内，它的特征是价格没有极度大涨或大跌，处在一种相对平衡的状态之中，此时使用布林线的方法非常简单。

1）当价格触及或穿越上限压力线即布林上轨时，短期卖点信号；

2）当价格触及穿越下限支撑线时，短期买点信号；

3）当价格由下向上穿越布林中轨并站稳时，为做多加码信号；

4）当价格由上向下穿越布林中轨并反抽不破时，为做空加码信号。

第二，在单边上升行情布林线的使用方法：

在一个强势市场中，价格连续上升，通常价格会运行在布林上轨和中轨之间，当价格连续上升较长时间并上穿上轨，次日或后期又下穿上轨且进一步向中轨靠拢，带动上轨曲线，出现由上升转平的明显拐点，此时为卖出信号。反之，若价格连续下跌的弱势空头市场中，当价格连续下跌较长时间并跌穿下轨，次日或后期又上穿下轨并进一步向中轨靠拢，带动下轨曲线出现从下降转平的明显拐点，此时为买入信号。

第三，缩口的意义：

1）价格经过数波下跌后，随后常会转为较长时间的窄幅整理，这时投资者会发现布林线的上限和下限空间极小，越来越窄，越来越近。盘中显示价格的最高价和最低价差价极小，短线没有获利空间，盘中交易极为不活跃，成交量稀少，投资者要密切注意此种缩口情况，因为一轮大行情可能正在酝酿中，一旦成交量增大，价格上升，布林线开口扩大，上升行情宣告开始。

2）如布林线在高位开口极度缩小，一旦价格向下破位，布林线开口放大，一轮跌势将不可避免。

第四，布林线开口的意义：

1）当价格由低位向高位经过数浪上升后，布林线最上压力线和最下支撑线开口达到了极大程度，并且开口不能继续放大转为收缩时，此时是卖出信号，通常价格紧跟着是一轮大幅下跌或调整行情。那么这个有没有标准呢？笔者通过众多大数据分析得出的结论是，商品市场上，因为是多空交织的市场，出现极端开口放大，一般其日线级别的 WIDTH 数值不会超过 0.6，若多头行情达到这个标准，一定要注意调整即将开始，而在股票市场上，因为是只能做多的单向交易，所以往往其日线 WIDTH 数值最大可放大到 2，再出现大跌的概率才较大，同时要注意其周线、月线 WIDTH 值将更大，但是指导意义不大。

2）当价格经过数浪大幅下跌，布林线上限和下限的开口不能继续放大，布林线上限压力线提前由上向下缩口，等到布林线下限支撑线随后由下向上缩口时，一轮跌势将告结束或反转出现概率大增。

第五，使用布林线的注意事项：

1）布林线参数的设定一般为26，也有很多软件设为20。

2）使用布林线要注意判明是在常态区还是非常态区，在非常态区不能单纯以"破上限卖、破下限买"为原则，因为当走出非常态区时，价格经常沿着上下轨单边运行，这时候做反向单很容易造成巨亏。

3）动用开口缩小，在低位容易捕捉住大多头行情，同样在高位一旦缩口后，价格向下突破，也常会有较大下跌空间。

4）可将布林线和其他指标配合使用，效果会更好，如成交量、KDJ指标等。

（八）应用手法

Boll指标的三条轨线可以视为行情中的安全通道，价格一般在这个安全通道中波动，如果价格突破了BOLL通道中的上下轨道，就代表目前行情变化比较激烈，否则就代表当前行情趋于平稳状态。利用布林带的三条轨线的分布关系，可以帮助交易者分析市场行情。具体的应用方法如下：

（1）当价格分布在中上轨之间的话，代表行情中多方力量比较强，可以考虑低位买进。

（2）当价格分布在中下轨之间的话，代表行情处于空方力量强势，可以考虑适当卖出操作。

（3）当价格沿着布林带的上轨运行的话，代表市场整体行情向上，投资者可以持仓观望，坚守多单，不可盲目看空。

（4）当价格随着布林带的下轨运行，代表市场处于单边下行的状态，会有一段下跌的行情，坚守空单或持币观望。

（5）当价格沿着布林带的中轨运行的话，代表行情处于盘整的区域，投资者空仓观望为上。

（6）如果观察到布林通道的紧缩状态或者扩张的状态，则代表行情可能会在接下来的一段时间内发生比较大的转折，交易者应该严阵以待，等待交易机会的到来。但是要注意行情中出现的假突破。

（九）体验

布林线又称包络线（BOLL），是投资市场中经常用到的技术指标之一，它反映了价格的波动状况。K线图中的布林线由三条组成，上边的黄线（UP）是阻力线，下边的粉线（DOWN）是支撑线，中间的白线（MB）为平均线。当股价盘整时，阻力线和支撑线收缩，称为收口；价格向上或向下突破时，阻力线和支撑线打开，称为开口，证明价格即将产生大的波动。

布林线一般的应用规则是，当价格向下击穿支撑线的时候买点出现，而向上击穿阻力线卖点出现。而平均线是考验一个趋势（无论是上升还是下降或是盘整）是否得以继续的重要支撑或阻力。

笔者经过长时间应用的观察，发现这种规律并不是在任何市场状况中都适用，而只是在盘整或上升的趋势中有较好的指示作用，而在一轮下跌趋势中，对于下边支撑线的击穿并不是真正的买点，特别是在双向交易的商品期货市场更是如此，布林线中长期看来是一种优秀的趋势指标，当布林线由收口转至开口时，表示价格结束盘整，即将产生剧烈波动，而价格的突破方向，标志着未来趋势的运动方向。也即，价格向上突破阻力线，则是一轮上升趋势，反之，将是下跌趋势。同时，平均线与阻力线（或支撑线）构成的上行（或下行）通道对于把握价格的中长期走势有着强烈的指示作用。以上行通道为例，价格在平均线附近可以看作短期买点，价格临近或击穿阻力线可以判断是短期卖点，但是对于非短线操作者只要把握平均线的有效支撑就可以判断上升趋势是否持续。反之，下跌趋势的判断也是如此。当然随着市场操作思路的不断演化，我们也要注意反技术思路的影响，往往跌破中轨MB的时候，反而是近期低点，所以在操作时，要多观察几天K线走势再确定。

布林线除了上述的指示作用外，还有一种短线指示作用。但是投资者切记，仅限短线炒作，有一定获利应果断出局。

应用规则是这样的：当一个品种在一段时间内价格波幅很小，反映在布林线上表现为，价格布林带长期收窄，而在某个交易日，价格在较大交易量的配合下收盘价突破布林线的阻力线，而此时布林线由收口明显转为开口，此时投资者应该果断买入（从当日的K线图就可明显看出），这是因为，该品种由弱转强，短期上冲的动力不会仅仅持续一天，短线必然会有新高出现，因此可以果断介入。

图12-7是郑棉1809合约在2018年五月底的走势，布林带收窄后突然放量突破，连续大幅拉升，多头获利丰厚。

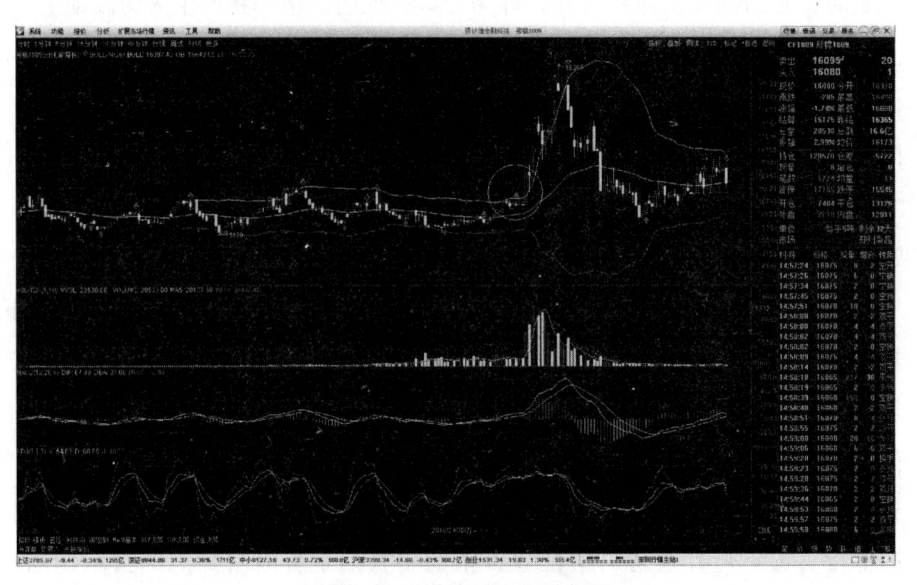

图12-7 郑棉1809合约走势

（十）抓黑马

布林线是利用波带显示价格安全的高低价位，当其易变性变小，而波带变窄时，激烈的价格波动有可能随即产生；若高低点穿越带边线时，立刻又回到波带内，则会有回档产生；波带开始移动后，将以此方式进入另一个波带，这对于找出目标值有相当的帮助。

若结合静态指标的布林线综合使用，其实际效果更佳。该指标一般动态显示为三条线，若将开关参数设为1，图形就以四条线表示。静态指标的布林线（BOLBN）是由四条线所构成，最外面的两条是该趋势的支撑线（DOWN线）与阻力线（UP线）。由带状的宽度可以看出价格变动的幅度。越宽表示价格的变动越大。它的理论使用原则是：当价格穿越最外面的压力线（支撑线）时，表示卖点（买点）出现。当价格沿着压力线（支撑线）上升（下降）运行，虽然价格并未穿越，但若回头突破第二条线即是卖点（买点）。

在实际操作中，我们将布林线参数值设为神奇数字21，参数价值较好，笔者将研究数年的规律总结如下：

（1）价格由下向上穿越 DOWN 线时，可视为反转信号。

（2）价格由下往上穿越 MB 线时，将加速上扬，是加仓买进的信号。

（3）价格在 MB 线与 UP 线之间波动运行时为多头市场，可持有多单。

（4）价格长时间在 MB 线与 UP 线间运行后，由上往下跌破 MB 线为卖出信号。

（5）价格在 MB 线与 DOWN 线之间向下波动运行时为空头市场，此时投资者应持币观望。

使用该指标的注意事项：

（1）设立 21 的参数值后，不能单纯以穿越 UP 线就卖出、跌破 DOWN 线就买入的原则为标准。

（2）若价格长时间横盘，开口收窄，以上规律不适用。而开口放大，有明确的向上和向下运行方向，使用此规律，效果较好。

（3）使用此规律，容易捕捉到中线强势品种。

（十一）巧用布林

一般情况下，运用布林线指标进行买卖，操作的成功率远胜于借助于

KDJ、RSI 甚至移动平均线进行买卖。巧用布林线买卖，能使我们避开庄家利用一些常用技术指标诱多或者诱空的陷阱，特别适用于波段操作，在以下几种情况下为较准确的买入信号：

（1）若价格在中轨之上运行，布林线开口逐步收窄，上轨、中轨和下轨逐步接近，当上下轨数值差接近 10% 之时，为最佳的买入时机。若此时成交量明显放大，则价格向上突破的信号更加明确。

布林线收窄是黑马启动的信号，而布林线开口再次放大则是最佳买入时机。

（2）当价格经过一段温和上升行情之后出现短线回调，价格在上轨附近受阻然后又回到布林线的中轨，若连续 3 日站稳中轨可考虑介入。

（3）当一个品种始终沿着布林线通道上轨和中轨之间稳步向上时，以持仓或低吸为主，因这表明该品种正处于强多头走势之中。

（4）价格跌出布林下轨或站稳中轨可考虑介入。

（十二）低吸与高抛的时机

（1）目标品种确定后，投资者可在 15 分钟 K 线图中，借助均线系统（3、21）、宝塔线及 MACD 等指标确定低吸时机。一旦 K 线组合出现拉升启动形态，宝塔线 2 或 3 平底翻红且 MACD 的绿柱在 0 轴之上翻红时，投资者应及时介入，多数情况下可以获得较佳的波段低位买点。

（2）在 15 分钟 K 线图中，当价格同时撞出 OBV 和 RSI 的峰值时，一般为平行上升通道内较佳的波段高位卖点，而当以上两个指标在日线图中也同时到达高位时，投资者就应该阶段性出局。

需要注意的是：阶段性出局后，投资者还需对该品种继续跟踪，当 60 分钟走势图中的 21 均量线反压 3 日均量线的现象得以解除后，往往预示着该品种低吸机会的再度来临。

（十三）巧用布林线

（1）作为第二买点。K 线迅速脱离中轨直冲上轨时，价格快速拉升一般配有成交量的放大，但此时已经表示超买，不可以跟进。超买后价格会回调，如果上升趋势强，价格会缩量横盘略微向下调整。由于三条轨道已形成向上趋势，使K线回到上轨内并向中轨靠拢，遇中轨再次上翘（有时略下穿一些），成交量增加，这就是第二买点。如此反复的走势可能出现若干次。但由于5分钟的时间太短，作用较小，一般用15分钟、30分钟准确性会更高。

（2）较好的卖点。利用布林线找卖点比MACD要好得多。中轨就是标准，K线跌穿15分钟线的中轨，基本上表示短线炒作完成，一旦跌穿30分钟线中轨，价格就要调整一段时间了。所以短线做多的朋友要在下穿中轨后及早地离场，等待回调后再找低点。

（十四）布林中轨攻防战

运用布林线交易是一种国际上流行的技法，而投资者一旦真正从趋势及概率意义上理解并认知这一技术工具，就可以进一步提升实战操作的能力。如果说，利用布林通道上下轨进行高抛低吸是很重要的技巧，那么通过布林中轨把握攻防节奏，正确地进行资金管理就是多数投资者盈亏的关键，而辅以参数为3、7、21的日均线系统，其胜算就能大大提高。

布林线日线参数多设为20日或26日，其中20日较为敏感，实战参考价值较大。在市场波动周期加长的今天，以布林中轨所代表的20日均线可对强势品种在2至4周以内的波段趋势及买卖点提供更强的实战指导。

具体要点如下：

（1）布林中轨经长期大幅下跌后转平，出现向上的拐点，且价格在2~3日内均在中轨之上。此时，若价格回调，其回档低点往往是适量低吸的中短线切入点。（注意，此时3日、7日、21日均线系统形成金叉并呈多头发散状）若有成交量的配合，投资者可积极吸纳，因为这种金叉往往能捕捉到黑马升幅的暴涨波段。

（2）对于在布林中轨与上轨之间运作的强势股，不妨以回抽中轨作为低吸买点，并以中轨作为其重要的止盈、止损线。若3、7、21日均线系统出现死叉并呈空头发散状，投资者要坚决出局。

（3）一段时间的价量配合较好，区间阳线累计成交量高于阴线成交量。特别是做股票的朋友，还可以结合个股的换手率进行分析。股价相对前期温和放量，单日换手在0.8%~1.2%的区间内，而价格持续性攻击时，单日换手需保持在1.5%~2%的区间内。

（4）K线组合阳线多于阴线，阳线实体长于阴线。若价格走势图有圆弧底、双底、头肩底、复合底形态则更佳。

（5）若价格上破布林上轨3天或冲出上轨过多，而成交量又无法连续放出，此时投资者要注意短线高抛了结。

在此，笔者想多讲讲布林线在股票市场上的应用，因为股票和期货市场相对还是有点区别，期货可以双向交易而且趋势性更强，而股市是个单向市场，股市中的每一轮调整都孕育着新的一轮上涨，只有在调整市里积极选股，择机买入，才可以避免在股市上涨时追涨杀跌，疲于奔命。所谓："牛市赚钱，熊市赚股"，在大势趋弱时正是铲底赚股的好时机。通常弱市中最擅长短线抄底的技术指标是BOLL和BIAS。接下来重点说明布林带在弱市中的应用技巧。

许多书籍上只要一提及布林带的应用，就少不了这两句话：价格向上穿越支撑线为买入信号，价格向下穿越阻力线为卖出信号。果真如此吗？只要打开软件就会发现，按这种方法确定买入信号的话，在股指的整个下调过程中全是买点，这是非常不可靠的。布林带在弱市中应用要注意以下要点：

（1）不能将价格向上穿越支撑线作为买入信号，而是要将个股的最低价的连线穿越布林带下轨作为可以初步关注该股的信号。

（2）出现初选信号后，一般价格会有回抽动作，如果股价回抽不有效击穿下轨，而且布林带支撑线向上拐头，这时可以初步确认为买入信号。

（3）买入信号的最终确认主要是观察成交量是否能够温和放大。

因为市场仍处于震荡阶段中，只能采用战术性短线抄底策略，要做到快进快出,如果发现研判失误时,坚决止损。如果发现有盈利时,不能贪心,有赚就走,积少成多。

(十五) 使用要领

布林通道线 BOLL 的使用要领具体如下:(以多头为例)

(1) 价格在中轨上方运行时属较安全状态,短线可持有观望。

(2) 价格在中轨下方运行时属较危险状态,短线应趁反弹中轨时离场。

(3) 价格突破上轨线后,回探中轨线时不跌破中轨线,显示后市看涨,可持仓或加仓。

(4) 价格跌破下轨线后,反弹中轨线时不站回中轨线以上,则后市看跌,要卖出。

(5) 通道突然呈急剧变窄收拢形状时,显示价格方向将会发生重大转折,这时结合其他指数技术进行行情判断。

七、济安线

(一) 基本概念

英文 JAX,它是通达信看盘软件里面的专用技术分析指标,参考 JAX 济安线对品种的入场点位进行分析,效果相当明显。当 JAX(A)线下破济安线下降到超出日 K 线的时候,也就是超出日 K 线下方的位置,JAX(A)线在日 K 线的下方形成平台之势开始上升时,就形成了买点,此时的 JAX(A)线为绿色,当 JAX(A)线上升穿越济安线时(JAX 线转为黄色,济安线转为水红色),该品种就会形成一波主升浪。激进投资者可以等 JAX(A)线与济安线交叉时点买入。

(二) 指标用法

随行情自动调整参数，在济安线上面做多，在济安线下面做空。

(三) 济安线应用

济安线如图 12-8 所示。

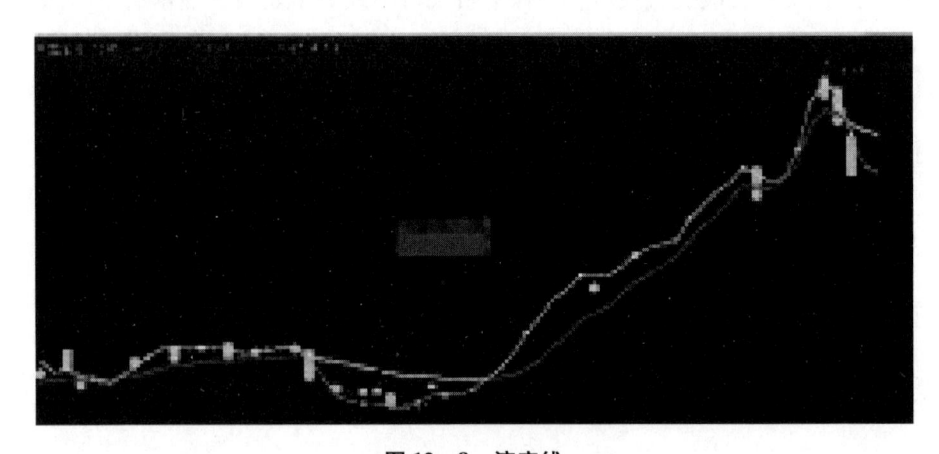

图 12-8 济安线

本人建议不能完全用此指标直接作为买卖依据，用它结合 EXPMA 等指标使用准确性更好，若 EXPMA 形成金叉而济安线也正好形成上穿态势，那么做多信号相对可靠，反之，EXPMA 形成死叉而济安线形成下穿态势，做空也相对可靠。同时，当其他几个指标提示操作之后，也可把济安线设置成止盈止损位置。也就是说济安线是一个很好的辅助指标，它可以验证 EXPMA 交叉的有效性，同时也可以作为一个止损止盈位。

以上讲了这么多指标，可能很多读者已经有点吃不消了，读者一定会说，在实战中不可能全面想到、用到，有时候用了这个，就忘了那个。这个现象很普遍，也很正常，但是笔者想说的是，人类的大脑的潜能是无限的，举两个例子，大家体会一下。第一个例子：古时候练射箭的神箭手都是要先盯着一个小物体一直看，不断地看，比如一片树叶，看一段时间你会在大脑里面形成一个全息的映像，无形之中在大脑中放大了它的体积，会感觉叶大如斗，然后再盯着树叶上的小虫子看半年，你发现那个小虫子就像一条蛇那么大，这时候只要把风速、角度这些基本物理知识掌握了，你就可以百步穿杨了。所以，多盯盘、多复盘就能熟练掌握这些指标的应用。另外一个例子：我记得我18年前刚刚开车的时候，感觉只能盯着正前方看，其他地方，我根本无暇观看，车上的一些装置比如电动窗按钮，音响空调按钮，即使知道在哪，我在开车过程中也无法操作，看见前方红灯亮时都不知道要减速刹车，开车骑着分道线走也是常事，因为我的大脑整体协调能力还没有锻炼出来，随着开车技术的熟练，慢慢的我知道起步时要先看左侧反光镜有没有车辆经过，转向灯、雾灯、音响、空调等操作也得心应手了很多，也懂得在看路的同时注意四周信号灯、交通标识的提示，几年后，我成为了老司机，开车的过程中，可以前后左右照应，即使是在车流量很大的情况下，也能把周围行车环境及车内人员照顾好，这就是熟能生巧的例子。

同样我们在使用技术指标的时候，把它们都写在本子上，逐一对照，加深印象，多看K线组合及结合各种指标综合研判，相信一段时间后，你的大脑潜意识就会提醒你，哪个指标还没参考，哪个形态以前出现过之后怎么走的，这其实才是我们做投资的基本功，把它掌握好，后面的路就好走多了。

第三部分：操盘交易和实盘分析要点

本部分要求投资者把握几个基本心态，掌握三个看盘原则。

第十三章 基本心态

一、严格执行操作计划的心态

在我们投资领域经常会说的一句话就是"计划你的交易,交易你的计划。"而在现实投资过程中,投资者往往因为市场的波动而产生恐惧或者贪婪心理,就忘记了自己的计划,或不能坚定执行自己的计划。以前我们经常讲逢低买入、逢高做空,但真的到了低点和高点时候,往往我们就会产生"叶公好龙"的心理,就是说大跌之后到了我们进场的点位附近,但盘面总会有大单砸盘,造成要破位继续下行的态势,这个时候我们前几天热切盼望回调的心理出现了扭曲,认为现在买可能会有较大风险,所以就不按事先的计划去下单,结果价格在震荡企稳后开始大幅上行,这时才明白过来,但悔之晚矣!这多么像"叶公好龙"故事里面的叶公啊。叶公自小就热爱飞腾九天的神龙,到处请画师去为他画龙,结果有一天感动了龙神,它亲自来见叶公,结果把叶公吓尿了!

各位投资者,你是不是也是这样,当一直计划盼望的绝佳买点到了之后,受到盘面恐慌气氛的影响,同时受到以往买入套牢失败的心理暗示,到了该进场的时候犹豫不决,最后错过机会。其实,大家仔细想想,当一波多头行情展开之后，日线均线系统形成多头排列，主力为了洗盘一定会用短线的抛压造成价格回调，但多头不会轻易改变，往往我们计划的二十日或三十日均线，或者布林中轨等位置就是最佳的进场点。此时你应该忘掉所有失败的经验，排除恐慌情绪，把关注焦点放到你的操作计划上并坚决执行，大不了跌破你的止损位止损，当你严格执行你的交易计划的时候（前提是你的交易计划是相对正确的），不管最终结果是止盈还是止损，我们都做了一次完美的交易。同样，当你的交易出现必须止损的情况时，更要严格执行，因为你不执行你的开仓计划，最多就是错过机会，而如果你开仓后，事情不如预期理想，你的交易出现亏损并到达事先计划的止损点位而又不执行时，你失去的就是真金白银了！所以止损在交易计划的执行过程中是十分重要的！而很多人总是有侥幸心理，总觉得几个瞬间破了之后还会回到你的止损线以内（有时候确实会回来，但是如果不回来怎么办？），所以就会拖延，结果拖着拖着你发现，被套得更深了，更不舍得出局了，最后要不以更大的亏损价格砍仓，要不就是一直套着等解套（股票这样还可以，但在期货外汇等市场中这样的话将最后一分不剩被强平掉），其实区分一个投资者是否是专业的最重要标准不是看技术，不是时间、经验和你的资金量，就是看心态，特别是对待你所做的交易计划的止损的严格度就是区分专业与非专业的最核心标准。有了这条，你在市场上将长期生存，没有它，即使以前有很好的盈利，也会一朝崩塌。本书写作之时正是这波股市大幅调整的时候，上证指数跌破 2638，一路下行，很多投资界大腕级人物，他们扛过了 2015 年股灾、2016 年的熔断，结果都折在了这次 2018 年的大跌行情上。反而，笔者有一个朋友，圈内人称"丁大反指"，其人有 20 多年股票期货投资经验，但是每每看行情总是看反，几乎一年里面对行情的把握就从来没有对的时候，所以我们操作的时候都有一个不成文的指标，就是参考他的判断，如果他操作方向跟我一致，我认为看得再准也必然放弃此次操作，或只做他不做的品种，还有很多朋友直接只做他的对手盘，一年竟然神奇般的获利翻倍，很多人戏称"丁大反指"家里是开银行的，有赔不完的资金，其实，真正看懂他操作的我，总结出来这么多年他还能在资本市场上打拼，唯一一点是严格止损,这点和某些投资大师的教诲很像,投资圣经第一条是保住本金,第二条还是保住本金,第三条是永远参考前两条。"丁大反指"严格执行其止损计划,如果方向肯定做错则止损,看不准或短期做错就锁仓(期货上),结果不管多大风浪,他每次看错只是损失一点点,但一年总会对一到两次,挣一波大钱。通过这个真实的例子,我想告诉各位,严格止损是多么重要,不管你看盘分析水平有多高,如果没有这条,错一次,就意味着游戏结束。

所以,无论你的交易计划最终是按计划止盈了还是止损了,都不重要,重要的是你坚决执行了自己的交易计划,这就足以定义这是一次完美的交易!讲到这里,给大家一个心理暗示,把刚刚制定你要执行的交易计划的"你"当成你的军事上级,你作为他军中的下属就坚决执行命令,否则军法处置。当你有这种心理暗示的时候,你就会严格执行自己的计划,无论是开仓还是止盈、止损,都坚决执行,忘掉其他!

二、心如止水的心态

在负合博弈或零和博弈的投资市场中,但凡做交易的散户投资者,因为对行情走势判断的不确定性,都容易被盘面的波动影响到自己理性的分析判断,而主力机构也正是利用了散户投资者的这种心理波动去获得利润。比如你明明看涨,但盘面抛压沉重,时不时有大单砸盘,或跌破某一重要心理关口,你就开始怀疑自己的判断,开始为你的持仓忐忑,更有甚者,明明方向正确,最后也赔得一塌糊涂,为什么会这样呢?其实道理很简单,你被自己的持仓盈亏蒙住了双眼,同时被盘面波动打得晕头转向,不会再理性看待行情了。归根到底,有两种情况造成你的心态波动、判断失误,一是你手中的持仓的方向,本来使你很中立的思路变得倾向于你的持仓,你总是看好你的持仓,对于不利于你持仓的信息选择性忽视,对于有利于你持仓的信息却过分认可,也被称为自我强化,这种情况特别容易出现在股市中,中国股市的规则造就了大多数散户都是只能买涨不能买跌,所以当你买入股票就希望它上涨，同时对于大盘的判断潜意识里也是倾向于上涨的，此时你看到的所有利空消息都会不自然地选择忽视或自动否定，所有利多消息都会让你信心更加坚定，即使盘面技术上已经破位或明显出现头部，你总会认为后期会继续向上突破或会有反抽逃命机会，同时你会忽视支撑位被跌破后的转势形态。至于消息面，你希望听到或看到的就是如货币宽松，某经济大国央行降息，经济复苏等，而会忽视经济衰退、大宗商品需求不足或通货紧缩等问题，对于上市公司基本面，你总是愿意相信公司的种种对未来的画饼和编造的故事以提升持股信心，而忽视公司财务状况每况愈下，产品滞销等问题，更有甚者，会用利空出尽是利好来安慰自己，或主观地为利空消息做辩护，并从中找到好的一面。相对于只做股票的投资者来说，兼做期货外汇和股票的投资者往往会从两个方向去考虑问题，行情在高位时不光要注意利好消息，更会注意利空消息，盘面上当出现明显破位的时候，也会及时调整仓位去规避风险，这是因为这些投资者有做空思维，他们认为机会无处不在，做多已经不挣钱了，我们就做空，照样可以挣钱，而普通股民，如果行情转而下跌了，则只能割肉或持仓不动，所以从心里压根儿就不希望失去这样的投资机会，因为如果继续持有股票，他会认为我永远有挣钱机会，如果卖了那就一点儿机会都没有。当投资者有这种明显的心理情绪后，盘面的波动会放大你的情绪，正像有位投资大师所说的，市场最大的波动因素就是投资者的情绪。

  比如一个股民，买入甲股票后，大盘已经是阶段顶部开始回落，但甲股还没有明显见顶迹象，这时的投资者往往会认为自己的股票强于大盘，或者会有补涨机会，他决定坚定持有，连续几日小幅上行更坚定了这是个大牛股的判断，心情激动，不计成本坚定加仓，结果某日大盘出现破位下行，甲股突然跌停，你会认为庄家借大盘回调之机洗盘，逢低加仓。但当连续下跌后，你已经开始浮亏了，此时很多人的心态是选择坚守，因为一部分人根本没有止损位，另外一部分人设立了止损又因各种原因（比如当时没看盘或侥幸心理）没有执行，此时的你开始有些浮躁，有些抱怨，抱怨自己高位挣钱为什么不跑（当然有些朋友挣了会跑，但没过多久又买了回来），或抱怨管理层无能，不能继续呵护市场上行，但同时你依然坚信这个股票有题材，是中线好股票，未来会有很大的涨幅，说服自己短期忍一忍。

后期的结果很多朋友都能想到，那就是跟随大盘甲股大幅补跌，主力高位放量出货，后期绵绵阴跌，而此时的你仍抱有一线希望，相信会有大反弹，果然出现反弹了，可你认为这是新一轮上涨，你心态又变得特别乐观，然后终于抑制不住激动，在强力阳线收盘阶段全部满仓买入甲股！其实可能当时该股就是沿着五日均线在逐步下跌，有两天出现强力反弹可连十日线都没有到，满仓进入之后没两天再次掉头向下，全线套牢。你又一次沮丧，因为股价再创近期新低了，而这个创新低可能是专业投资者最后的止损位，而你因亏损严重只能继续选择坚守，相信寒冬一定会过去！新低，新低，不断的新低，股价腰斩，你翻遍了公司公告也没找到利空消息（实际可能是你已经完全忽视了利空的存在），基本面没有变，你觉得公司未来很有前景，行业也是朝阳行业中的朝阳之星，怎么可能会一直下跌，一定会反弹的，此时，你最信的人就是巴菲特和他的长线投资理念，或者说你用巴菲特的理念来安慰自己（当然如果持有五年或者十年可能会有不错盈利，问题是你扛不了那么久），你的情绪已经完全控制了你，你可能已经开始借钱去补仓了，当股价跟随大盘继续下行，腰斩后再度腰斩，而且股价已经跌破净资产，市盈率也极低，此时你却开始在反思了，可能找到很多理由，比如忽视基本面利空，忽视大盘大跌的整体环境，不严格止损，你总结了无数经验并告诫自己不要再犯同样的错误，同时开始安慰自己，我已经知道我的错误在哪了，我下次一定能吸取教训，让我重新开始，我会成功的。

怎么重新开始呢？面对一个没有希望的股票你好像很难回本了，这时该股很配合地出现了很多利空，比如计提亏损，公司业绩大幅下滑等，而环顾股市，国家和全球经济都不好，处处是利空，你很奇怪为什么当初明摆着的局面你都没注意！痛下决心，割肉，换股，对未来充满希望（其实可能你真的把甲股票割在地板上了，如果你当初保持理性判断，该股跌破净资产，如果公司破产，理论上你也能比现在卖出拿回的钱多）！此时乙公司出现在你的视野中，股价不高，盘子不大，有业绩题材支撑，怎么看怎么是只潜在黑马，同时听到消息或者看到公告对该股未来的吹嘘，你终于心动了，决心用它来翻身，所以你毫不犹豫地卖出甲股，买入乙股，结果你卖出甲股没两天，甲股率先大幅反弹，而乙股还在原地踏步或下跌，可是你这时候反而认为是甲股在最后的出货，安慰自己止损是对的。接下来继续甲股大涨，乙股弱反弹，最后在一轮新的牛市中甲股果然像你所预期的一样不断创出新高，而每次上行你都只能看，不敢出手买入，怕被再次深套，守着涨不起来的乙股，并寻觅更有潜力的丙股准备换股，这样一个轮回接着一个轮回，这个投资者始终在与亏损、止损反复斗争消磨着资金。

我相信很多股民都经历过这个过程，另外我们从投资盈亏的角度也可以看出，投资者心态波动对判断的影响，当你满仓在一个品种上的时候，稍微上涨一些，你的浮动盈利就比较大，你这个时候即使认为大盘还将上涨，而且该股也是个牛股，技术面和基本面继续支撑上行，你也不敢再持有了，因为怕好不容易得到的盈利又没有了，所以当庄家此时借机震荡洗盘的时候，你会毫不犹豫地卖出，同样，当你浮动亏损非常严重的时候，你又因为亏损太大，不忍割肉，总想等反弹后亏损少一些或者完全解套再跑，但是真的反弹了，你又立马有了信心，又不卖了，结果可想而知，如果你的重仓股票继续下行，亏损越来越大，你就只能装鸵鸟，把脑袋埋在沙子里，不看外面的世界了，但终有一天，你着急用钱或者你实在忍受不了亏损的时候，把股票割在了地板上。综上所述，投资者的情绪完全在于你的持仓情况。

说了这么多，如何避免这种情况的出现呢？我觉得无碍乎两点：第一，轻仓操作，无论你的资金有多少，一只股票所占总资金的份额都不要超过30%，期货一个品种初始仓位最好只占15%的资金，这样，既让风险可控，又可以让你的心态变得相对平和，错了就是错了，对了因为盈利没有大到你承受不了的份上，只要行情趋势不变，你也能拿得住，对庄家的洗盘有了先天的免疫力，最后反而你比满仓一个品种挣得还要多好多，同时下跌被套的时候，只要没到你的止损位，你心态也会很平和，破了你的止损位你觉得亏损不是很大，占总资金比重不严重，反而会做出正确决定，及时止损等待下次机会。第二，你会相信盘面的表现体现品种未来趋势，永远顺势操作（下文我们还将具体去阐述），在股市中，当股票跌破66日均线的时候严格止损,只做均线系统多头排列和股价稳守66日均线的股票。在期货中则可以用66日作为中线的多空分水岭来把握机会。此外,最关键的一点是,我们经常会被自己账户的盈亏所左右,所以不要在意你账面上的投资收益或亏损,只要没到你设的止盈止损位,且该品种走势也没有走坏的时候,就以盘面走势为标准,不轻易改变操作,心中暗示盈亏只是个数字游戏,行情朝着正确的方向走,就耐心持有。其实这一点我们可以这样理解,做投资我们是为了赚钱,但是赚钱不是唯一目的,学习成长也是很关键的,当你的眼界只看到盈亏的时候,你是很难做好投资的。万通董事长冯仑说过一句话,我觉得很有道理,"当你的心离钱远一点的时候,钱就离你的口袋近了一点",越不在意盈亏反而越容易挣大钱。当一个投资者能够做到心如止水的时候,才是真正不会被市场和主力欺骗的时候。

在此我想再说个现象,有的投资者会有这样的问题:往往你开仓的方向也是对的,也挣了钱,但是行情没走多久就止盈了,我们经常是错误的单子拿得住,正确的单子快速平,加上手续费的损耗,这就是你资金越做越少的原因。我想起一个禅理,曾经有个得道高僧问弟子,旗杆上的幡在动,那么是幡在动还是风在动。一个弟子说是幡动,一个说是风动,老僧说其实是你的心在动。朋友们,今天你们做盘,价格的大幅波动,你会很在意,很恐惧,无论你是盈利的还是亏损的,你都会很恐惧,结果你该持有不敢持有,该止损又舍不得止损,但是实际上,不是行情在波动,是你的心情在波动,如果你顺势做单,那么,只要趋势不变就一直持有,当然,你的仓位也要控制好,往往重仓一个品种,也是很难挣大钱的,因为你心情会紧张,主力随便洗一洗,你就下车了。当然合理分配仓位的事情我们会在后文里专题介绍。

三、顺势操作的心态

做投资的朋友有没有发现一个有趣的现象,比如一波单边行情出现了,走了很久你回过头来看，醒悟地发现明明是多头行情，你却一直在逆势做空，或者明明是空头单边下跌，你却一直在抢反弹，越套越深。事实上很多人都是这样，往往很明显的单边行情，你也看出来了，可就是没有去做或者做反了，于是哀叹，投资好难，行情就像手中月、镜中花，看得到、摸不到，而我们就像猴子捞月一样，永远在去做看不到的行情，而把简单的单边行情错过了。

那么如何去改变这种状态，换句话说我们如何抓住这样的单边大行情？其实答案很简单，就是顺势操作。这句话说出来很容易，投资者也无不认可，但就是做不到，究其原因就是自身的投资心态和素养不够，纪律性不强。我们举个例子，比如郑商所近期有个别品种走出了明确的单边行情，如苹果期货。该品种自2017年12月22日上市以来先是一波阴跌下行，后于2018年2月23日春节后反转，并一直延续多头趋势运行，而每次回调都成了一次加仓或进场的好机会，但是市场上的很多投资者却在此品种上套牢亏损严重，原因只有一点，就是你在逆势摸顶。很多投资者都有一个不好的习惯，就是贪便宜，比如价格一涨再涨你就觉得可以短线空一把快进快出，但是你尝到甜头之后，就会上瘾，形成了短线的空头思维，你就不敢顺势低吸多单，反而继续逢高做空，然后被套后就逢高加仓，因为技术指标过高，你总觉得会回调，结果越套越深，直到爆仓。反之，在大空头趋势中也是如此，比如价格下跌过大的时候觉得可以偷袭一下主力，做个短多，事先也知道做短线快进快出，但是有时候特殊情况出现了，假设你第一次抢反弹很顺利，挣了一小波，那么你第二次还是想逢低做反弹，因为获利速度快，比拿趋势单来说，不用那么考验人的耐性，所以你就开始迷恋去抢反弹，殊不知你正中了主力钓鱼的圈套，给点甜头后长期套牢你。或者你抢进反弹后，因为逆势，往往向下杀的力度又快又狠，你一个没盯住就会错过止损的时机，于是浅套变深套，你又不舍得割肉，同时觉得会有反弹，就不断加仓，结果节奏一错再错，最后深套变爆仓。笔者相信很多朋友都遇到过这种情况。图13-1就是近期苹果期货的走势，堪称一个经典的例子。

第十三章 基本心态

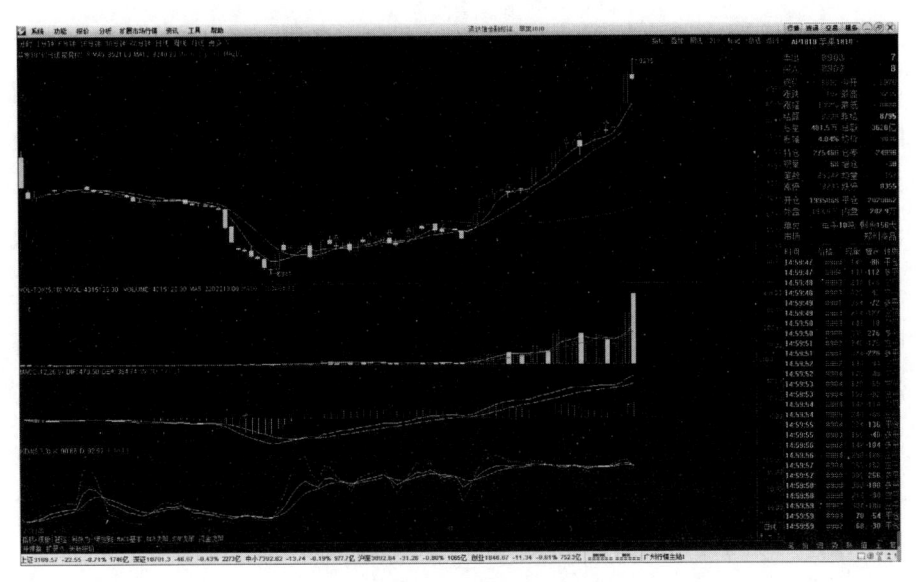

图 13-1 苹果期货走势

很多人的心理是这样的，当行情走出来一段时间，比如空头行情下杀了一波，由于犹豫你没在顶部介入，错过了最佳进场机会，这时候你又害怕反弹（恐惧心理在作怪），你更加不敢去做空了，然后结合以前的经验，你觉得或许真会出现一波反弹，这时候贪婪心理开始起作用，既然做空晚了，那不如去做多，把空头没挣到的钱用多头反弹机会补回来，结果被套。而当一个品种下杀很猛很深的时候，你觉得或许这里就是大底，你害怕像在高位一样错过难得的反转机会，于是你就去逆势抄底，可最后发现底下面还有十八层地狱。究其原因，就是你的贪心在作怪，因为你想挣别人不敢挣的钱，你想把行情从头吃到尾，最低点进场，最高点离场，可是这对于大多数人来说就是痴人说梦，而且当你过早进场后，你内心也会非常忐忑，总觉得毕竟没有转势，多单挣了不容易赶紧兑现盈利，最后冒了很大的风险，只挣了一点点利润，而那些真正稳健的投资者，一定是等市场筑底成功开始逐步形成多头排列之后再进场，虽然进场比最低点高很多，但是因为心里踏实，风险小，而且顺势拿得住，不会做惊弓之鸟，最后比最低点进了很快就止盈了的逆势抄底者挣得多了不知道多少。

97

那么我们如何避免这种情况的发生，避免后又能如何去拿住趋势单？

其实很简单，当你找到问题的关键，你就知道如何解决了。第一，我们的贪欲造成了逆势的后果，所以我们控制贪欲，强化纪律，记住，以后只顺势做单，如果趋势出来了，单边上涨开始，那就只逢低做多坚决不做空，单边下跌开始，那就只逢高做空坚决不做多。即使有再大的反向空间也坚决不参与，只有这样你才能改变自己贪婪的恶习。比如苹果主力合约，你可以在回调到上升趋通道下轨一带或者20日均线一带去做多，然后持有，破新高加仓，这样盈利是非常有保证的，大家记住，"看对行情"和"操作对行情"是两个概念，不是该品种没有调整空间，但是你即使空在最高点，要不就是平仓没平出去，要不就是破位没来得及止损，所以与其冒险逆势，不如不做，耐心等待回调支撑做多，这样挣钱又轻松又快。

请记住一句话叫：将军赶路，不追小兔！

路边的野花你不要采。

我们不要为了小利而迷失自己投资的大方向。

第二，养成一个好的分析习惯，即上涨行情只找支撑位逢低做多，或破支撑平多观望，下跌行情中只找压力位逢高做空，突破压力平空观望。这样，一波大行情你最大的遗憾也就是少挣一部分波段，但绝不会被套或形成大亏损。

相信以上内容说到很多人的心坎里了，仔细阅读三遍，同时严格执行，不久的将来你会有所不同。

四、克服恐惧的心态

恐惧会让你成为主力的俘虏。

记得有一位股票市场投资大师这样描述行情变化："先是一只动物受惊吓，感到恐惧，开始奔跑，接着其他动物跟着跑动，到最后整群动物向一个方向飞奔。"当你做多的品种出现下跌，你会非常恐惧，内心觉得它肯定还会下跌！实际上，许多暴跌皆因投资者心理因素造成，也许并不是商品本身的价值出现了贬值而促成了下跌。相反，行情暴涨有时也未必是商品生产成本或者需求上升造成的，也许是人们牛眼看市、人心思涨造成的，而且很大程度上正是由于非理性形成的共振作用导致的结果，又往往出乎人们的预料。

　　无论什么原因，往往机会是跌出来的，危险是涨出来的！当你发现手中的期货商品品种图形走好，觉得期货市场挣钱非常容易，实际上最可怕的时候很快就要到来。这时你对自己满意，也就是骨子里已经开始嘲笑别人。事实上，任何事情，当你开始嘲笑别人那样做非常笨时，过不了多久，你自己必然也会那样笨。如有些股民，当与别人谈论股票时，甲股民讲，后悔死了，买了一只股票挣了一倍的利润没卖出，现在反而被套了一半。你往往心里会认为他为什么那么笨，不懂得挣了那么多钱卖出。而你过了一些时候，买了一只股票上涨了许多不仅没卖出，反而比他还笨，等再过一些时候，当你卖出这只股票时，反而是历史最低点。

　　因此，投资市场永远是"后悔"的世界，本应该最高点平多或者做空，但实际没有成交。为什么？因骨子里的贪婪性人们认为它还会上涨，反之也如此。当然我们不是让你逆势交易，也不是要在顶底最高最低价格做反向单，那是神仙才能做到的，而是要在行情开始反转的时候做对。同时不要去假设反转，而是走出来之后，哪怕少挣一些，也要等转势再操作，这样我们前面讲的顺势操作才能真正做到。

　　庄家最怕你不贪婪、不恐惧，因为过度的贪婪和恐惧是庄家战胜你的武器。

　　在主力让你感到恐惧时，你若真的产生了恐惧感，实际主力的力量已经对你起到不利作用。反之，你心态平和，先让他们去厮杀，主力总有累趴下的时候，到那时，你虽然是弱小的代表，但也可毫不费力地战胜它，成为真正的主角。

　　我们常常会陷入某种摆脱不掉的窘境，你看好并买进一个品种，希望它马上飞涨，可是它却往往不会上涨，并且长期横盘，甚至下跌，然后击穿你的止损位，而当你按计划止损或者反手做空时，它却又会马上飞涨。碰到这种事，我们会说，下次等它回调再买入或者平空吧。当你又发现另一个目标的时候，你会对自己说再等等，它可能会回调。于是你等着，可它却牛气十足拒绝回调，于是你又一次感到失落，如此反复多次，你的信心开始动摇。你开始怀疑自己的技术水平太差，于是你拼命地学习，结果是使自己原本不多的资金又少了许多，当你学习到了新的交易技巧时，你恍然大悟原来是因为之前的操作技巧太差了。于是你又信心十足地回到市场，可是好景不长，你又一次被套牢，此时主力不仅套牢你，而且还会充分利用市场上大众的恐惧心理在很低的价位逼迫你交出廉价的筹码。你20元买入，下跌到18元你卖不卖，再跌到15元你还不卖……此时你真正地感觉到了"地狱"般的痛苦，因为爆仓了，而且，当人在恐惧的时候，又往往会变得非常愚笨，这时你一定会做出错误的决定。投资如人生，只有经历震荡才能走向平和，做期货只有经历盈亏才能步入成熟。

实际上，当市场本身出现过度恐惧的时候，正是赚钱机会到来的最佳时候。你本来手握着一个好品种，但由于市场上不断的折磨或恐吓使你始终生存在迷茫中，明明手中持有的品种能得到可观的收益，却又在最不该平仓的时机平仓。相反，在商品价格处于极限位置时，主力又会充分调动市场人士的贪婪心理，打开他们的想象空间让其继续追单。

选品种就像驯马，你一旦骑上它，开始的时候它是不会听你话的，它一路狂跑，忽快忽慢，时上时下，折腾到你非常沮丧时方才罢休。但你只要不为之所动，它便不攻自破，当你要割肉平仓或没有赚到钱准备更换另一热点品种时，请你再等上三天，只要你能静心，一切干扰你的因素往往又会烟消云散。但是前提是你的大方向是顺势！

五、任凭风吹浪打，胜似闲庭信步

前面我们讲了下如何做好顺势操作和应有的几个基本心态，接下来当你

第十三章 基本心态

能够有正确的心态去投资的时候，你就能做到"任凭风吹浪打，胜似闲庭信步"的投资境界。所以，在本章最后，我们再系统地、综合地、总结性地讲一讲当你方向正确的时候怎么能够淡定持仓，不被主力洗出去。

很多投资朋友，总是错误的单子死拿，正确的单子挣点就跑，结果错过了后续的大行情。诚然，有人会说，商品期货行情机会多多，这个挣点、那个挣点也不错，但是大多数人会发现，你做对五次赚的钱不如做错一次赔得多。最后变成资金总是稳步下行。那么，如何改变这种投资习惯呢？以下几点希望大家能够牢记，前面我们也都说过，但是我想再给读者加深遍印象。

一是仓位控制要牢记。当我们发现一个开始趋势性行情的品种时，因为贪婪的心理，大多数人都是重仓杀入，因为觉得现在进场能挣得更多，很多人都追求"神仙单"的成本效果，殊不知，主力在启动行情前一定有个大力度洗牌的过程，当你仓位很重时，你设置的止损一定不会很大，所以很容易被洗，主力的反向运动会让你认为你看错了方向，让你出局，然后当大多数散户跑路以后主力又重新启动行情，这时候即使你认为你当初受骗了，你也不敢轻易进场了，因为你怕再次受伤，但是当你迟疑犹豫几天后，你发现行情已经走了很远，到时候你的心理变成了"那么好的点位我都没进，我现在进不是太亏了，不如再等等"，结果一次趋势性行情就与你失之交臂了。所以，一切失败的原因是你的仓位太重，并设置了一个不合理的止损。所以，我们做盘一般是采取倒金字塔式的建仓模式，当趋势开始时我们只是一成半仓位进场（这正是前文我们提到的一个品种起始仓位不要超过总资金的15%），这样首先你可以设置一个离你开仓成本稍微远一点的关键点位做止损，即使被洗出去，你总体亏损不大，不伤筋骨，如果主力没有把你震出去，开始向你预想的方向前进的时候，在突破了一个重要支撑或者压力时是你加仓到5成的好机会，同时整体提升你的止盈位，比如多头趋势启动后，我们就以跌破60日均线作为止盈位，这样即使行情不是单边走势，你总体也能有一定盈利。那么如果行情继续前进，到时候就看你自己是想继续扩大战果加仓到8成，还是保持原仓位稳健获利了。主动权在你自己手中。

二是学会淡定持仓。前文我们举过禅理的例子，试想一下，当你所持有的商品价格上下翻飞，你的实时盈亏一会红一会绿，你的心情能否平静应对这一切呢？古往今来成大事者，都有一种"任凭风吹浪打，胜似闲庭信步"的气度，之所以有这样的气度，是因为有宽广的胸怀，并且经历了太多的大起大落和坎坷，同样，做投资的人，如果没有一种豁达的态度，没有经历过大亏损大盈利，当你遇到一定亏损的时候你就会难以承受，想一想，我们不是只在这个市场上一两天，我们是可以用时间跟主力去斗争的，所有的亏损只是浮亏，在没有兑现的时候只是个数字而已，而主力在市场上兴风作浪，只要不有效突破你的止损位，那一切都只是虚无的幻象。举个不恰当的例子，就像鬼魂，你看到它会很害怕，但它并不能伤害你，它只能用你对他的恐惧去让你做伤害自己的事情，其实这个市场的主力就像这个看得见、摸不到的鬼魂，因为最后投资交易决策是你自己做的，你只要不被他的恐惧所控制，他就不能对你怎么样。很多人事后就很奇怪，我那一刻为什么把不该平的仓平了，不该开的开了，像是中了邪一样，其实那就是主力用你的恐惧控制了你。所以当行情不利，你心生恐惧的时候，再多看一会，多想一想你当初下单时候的理由，坚定信心，很可能就没事了。只要不触及你事先设置的止损位，就淡定持仓。同时，当行情不利于你的持仓，且大方向没有错误的时候，如果你担忧你会赔钱，就会被打出止损。给大家讲个真事。抗战时期，有个日本兵抓住一个老方丈，问他，我要杀了你，你怕不怕？老和尚从容对答说，如果因缘决定你要杀我，我必死，怕也没用，如果因缘决定你不杀我，那我就更没有必要害怕了，最终日本兵向老方丈行了个礼就走了。所以，操盘的时候，担忧害怕是没有用的，如果行情不如预期，真把你打到止损了，你担忧也不会改变这个局面，但当行情没有把你打到止损，你担忧就更没有意义了。

三是摆脱"叶公好龙"的心理。我们做投资的朋友也经常有这样的情况出现，我们经常说逢低做多、反弹做空，那么当行情价格真如你预期达到理想的开仓点位时，我们往往就又犹豫了，因为觉得反向势头太猛，怕进场就被套或者被打出止损。当然，以前我们可能有过这样的教训，按照计划做单后亏损，但是请大家记住一点，合理的计划，错误率很低，比任意开仓平

第十三章 基本心态

仓的成功率要大很多，如果你能一直计划你的交易，交易你的计划，你在这个市场上绝对将是无敌的！错一次不可怕，止损永远是对的，错了之后不敢做单才是最可怕的，投资市场没有常胜不败的，但是如果每天活在回忆中，每天只会去疗伤而不敢在伤口上撒盐，你永远成长不起来。在此，我送给大家意大利著名球星罗伯特•巴乔的一句话：学会和伤痛做情人。当你学会总结并勇往直前，未来的成功就是你的。很多朋友在投资市场上失意、落魄，觉得永远抬不起头，其实没有必要，亏损只是暂时的，连巴菲特、索罗斯都有巨亏的时候，但是他们善于总结，最后迈向了成功。金融界不是真正的战场，真正的战场上你被敌人打死就永远没有翻身的时候，而金融投资领域没有硝烟，被敌人打败还可以崛起，真正可怕的是一蹶不振，所以记住一句话：从来没有失败，只有暂时的停止成功！（有点像心灵鸡汤了）

在投资过程中，我发现很多朋友有一个痛点，我借用一个投资者自己的经历来详细描述一下：一开始的操作并没有想象得那么顺利，进入之前也一再告诉自己，一定要小心，要好好地操作，但是还是不断发生亏损，什么技术也不灵，不知道主要的依据是什么，该做长线还是短炒、合理的仓位应当是多少、止损止盈怎样设置，应当要注意哪些环节，总之各方面都很粗糙，很模糊，就像素描的开始一样，整个很不清晰，甚至一个大致的轮廓都没有建立。每次操作纯粹是临时起意。一会做长线，一会做短线，本来做长线的又变卦做短线，本来做短线的又变卦做长线，本来是追随趋势的思路可是又去抄底，一会大仓位操作，吃了几次亏后又小仓操作，小仓操作几次后发现盈利太慢又改成大仓位，一会觉得集中一个品种持仓来得简便，一会又认为分散持仓安全，一会又发现分散持仓倒不如独钓一个品种来得精神集中，一会认为止损设得小好，一会又认为止损设得小反而容易震出局而多次亏钱。想捉住一个波段不理会小回档，但是仓位大，害怕刚刚一出来第二天又涨上去了，最终走出一波行情，于是怪自己胆小，可是当下次试图坚持下去时，回档成了转势一路下跌，可怜的资金根本又吃不消。于是认为长线并不可靠，看得准拿不住，看错了损失相当大，想做短线可是几回合下来，亏得比波段还厉害。

我相信很多人都有这样的苦恼。其实做大级别的行情，依据哪些技术分析，持多少仓位，盈亏规模设定多大等众多环节都要无数次反复试验调整才能摸索到一个稳定的相互关系，即所谓系统优化。一套系统不仅仅指技术分析方面的系统，而是一个整体，各方面互相要和谐，包括与性格配合都要纳入进去。光说这些就能把许多人的头绪搞乱了，何况要理出个思路来最终构建一个稳定的系统了。构建一个稳定一致性的系统，并不像建筑大楼那样先画好图纸，然后把需要的材料一一装上去就行，这个系统的建立是反复对各个材料从正反或多个角度尝试后，理解了它们各自适用的场合，然后互相结合作为对方的场合，再与更多的环节结合，自然也要反复更改调整，经过无数次的尝试后，最后才构建起来，这些就像自然界万物的形成一样，并非早就造好的，而是在自然条件下无数次碰撞结合，最后一个有机体便产生了。至于最终形成什么样的生物，只能是具体的环境说了算。稳定、一致的操作系统自然也是极端个性化的。我想通过此书逐步帮大家开启创建适合自己的交易系统的思路，当然，我也会拿我的交易系统来给大家做参考，但未必就一定适合大家。最重要的是，当这个系统能给你带来一个稳定收益你就要坚定地执行，很多时候我们发现一个交易系统，前段时间盈利很多很有保证，而接下来的时间就不太管用，频繁让你止损，我觉得这和市场波动不规则性有关，只要坚持一段时间你发现又回到正轨就可以了，真正稳定的系统每年给你带来36%以上的收益就非常不错，因为时间复利会让你挣得很多，而如果这个系统让你受益一年超过36%，而且超过得越高越要小心，系统最终容易失效（后文会谈到孢子理论）。

最后我想说的是，老子在《道德经》上讲过的一句话：明道若昧，进道若退。这可是真理啊！往往光明的道路，看起来是阴暗的；往往前进的道路，看起来是后退的。本节的题目是毛泽东同志的一首诗词，想当年红军在第五次"反围剿"中失败，大撤退，最后北上陕北，所有的人当时都认为红军要失败了，走上了后退的道路，但是到了陕北后经十三年即一统天下。这就是进道若退！所以各位投资朋友，当你认为这条路走不下去，当你认为你失败了，当你认为前途灰暗的时候，恭喜你，你离成功更近了一步，因为你可能在这个时候有个蜕变的过程，蜕变是痛苦的，但是不成功亏钱更痛苦！只有改变自己的投资恶习和心态，才能真正成功！

综上所述，我的交易理念大家应该有所认知了，一般情况下在期货市场里面，当我看到大机会的时候，仓位控制在一成半进场，然后方向对了我就逐步加仓，不管持有时间是中线还是短线，只要持仓合约离到期还有十五个交易日以上的交易时间就行，在到期一个月前这个时间，做多的时候，当日线跌破30日均线我会平仓出来观望，做空同样突破站上30日均线我也会离场观望。这样，在行情初期，因为只有一成半仓位，就不会害怕亏损，主力就不会让我恐惧，然后按照我自己的操作计划，严格执行，该加仓就加仓，该止损就止损，心如止水，当心态平和后，就能够做到"任凭主力风吹浪打，胜似闲庭信步"的境界，大家可以参考我的思路，具体操作可根据我后面提到的战法，你可以参考我的操作理念制定针对自己的投资原则，相信到那时你就会发现期货市场挣钱并不难，战胜了自己也就战胜了市场！

如果真正想在期货商品市场成功，不要贪婪，不要耍小聪明，挣自己该挣的钱，挣自己看得懂的钱，挣符合自己价值观的钱（顺势单），来到这个市场上的人都认为自己比别人聪明，都认为自己能把握更多的机会，所以才会想来赚别人的钱，但是反过来想，这么多的聪明人都赚钱，那谁会赔钱，主力去赚谁的钱？所以说如果你比别人单纯一点，傻一点，与众不同一点儿，有的钱能挣也不挣的时候，你是不是会有不一样的战绩？所以请你一定谨记，趋势出来一定顺势做单，只做一个方向，再好的逆势短线机会也要放弃，同时从容不迫，淡定持仓，不要轻易平掉手中方向正确的仓单。当别人自认为聪明都跑的时候，你再淡定地看一看，可能就扛住主力的洗盘，拿住你顺势的单子了！

第十四章　三个看盘时候的原则

一、看盘时要气定神闲

千万不可带着情绪去操作，特别是有些朋友刚喝完酒或者和人吵架等，情绪很容易冲动，就会做出不理智的投资来。如果你燥热到不得不解开你衬衫最上面的纽扣，你最好清仓；如果电话铃声让你心烦意乱，你最好清仓；如果你已经超过了合理的时间，还持有没被证明正确的仓位，你也最好清仓。此外，也不要把自己的投资环境搞得过于舒适，太舒服你就会过度放松，这时候当盘面有不利于你持仓的变化时，你很容易反应不及时，出现大的亏损。交易神经可以平静，但不能放松！

二、往往盘面的变化都是主力的障眼法

只有用大周期分析才能不会被盘中骗线，所以在操作的时候，一定要看看该投资品种中线大的格局和走势是什么样的，可能有人要问，我做的是超短线，没必要看日线或者周线的投资趋势。但是当你对大趋势

有信心的时候，你才不会被主力短线打懵，同时当你顺势操作的时候，你的短线交易成功率也会极大地提升。多头趋势中，主力经常在卖出价上方摆很多大单，让你觉得很难突破，下跌的时候也会在买入价放很多买入大单造成跌不下去的假象，所以越是遇到这种情况，你越要留意市场要往大单压制的方向突破，此时如果你的单子是和大单方向相反，反而会安全，若一致，最好注意风险。当然这个不是绝对的，大家可用于参考。

三、欲涨先跌，欲跌先涨

诱多诱空是主力做盘前经常要用的手法。那么何为预涨先跌，欲跌先涨呢？由于散户交易的随意性，特别是喜欢追涨杀跌是散户的最大特点，所以往往主力在要向上拉升之前先要往下砸，清洗短线浮筹，很多散户看到开盘后股价快速回落，担心今天出现大跌，这时最容易抛出手中筹码，待主力发现抛压从多变少，也就是愿意跑的都跑了，这时候就会开始拉升，让短线平仓的散户或场外观望，或高位追进去，反之同样道理，主力想打压价格的时候（无论是出货还是压单吸筹），一般都会先出现小幅拉升，造成今日要上攻格局，这时候等散户追进之后再快速下杀，套牢短线筹码。此手法一般有几个特点：第一，开盘时候出现的概率较大，因为散户很多人有关注开盘定势的特点；第二，一般这种诱多诱空行为反映在涨跌幅上一般不超过3%，如果超过，就有可能是真的上涨或下跌，这点要特别注意；第三，期货最喜欢用此种方法，因为期货是双向交易，所以当在开盘诱多的拉升过程中，不光有散户追高，还有散户会止损空单，然后突然大幅下行，平仓空单的散户可能会再开回空单或追着做空（做空属于卖出方向），同时还会有很多拉升做多的散户纷纷止损卖出，这样就是两股力量共同推动行情向下，主力反而砸盘会轻松很多，这就是为什么期货市场行情波动较大的原因，反之同理，当开盘诱空下杀过程中，会有散户止损多单或追空，当大幅拉升起来的时候，追着做空的可能就要去平仓止损（空单平仓是买入方向），同时还有很多散户会追涨，这样也是两股力量汇合去拉抬价格，主力在向上攻击时同样省心省力。所以说，期货的主力喜欢用这个方式做盘。

第十五章 经典 K 线语言

一、螺旋桨 K 线

螺旋桨的概念是指那些在 K 线组合上经常出现 K 线实体较小,上下影较长,但一段时期的走势具有独立性的品种。在股票市场上,具有螺旋桨特征的品种,如果其绝对价位不高,基本面还可以,没有股本扩张的历史,被称为螺旋桨王。一般情况下,螺旋桨王是盘整市中机会较大的个股。而在期货市场中,笔者只关注在相对高位或低位的螺旋桨 K 线,其实螺旋桨 K 线也是星型 K 线的一种变种,形态接近于纺锤线,但因为其重要及可靠的指导意义,本章拿出来单独介绍。

(一)原理解释

在当日的交易中,多空博弈激烈,盘中波幅很大,但是最后收盘接近于开盘价。单一 K 线看上去很像一架老式飞机的螺旋桨。往往出现这种 K 线,我们要注意主力操作痕迹较强,后期做盘意愿很大,特别是在接近历史高低位的时候参考意义更大。有时候螺旋桨 K 线会有一定变异,实体较大的看上去像纺锤形，或实体偏向于哪一边，比较像锤头线。或者结合两日（或两个 K 线单位）K 线来看，一天长上影或者长下影，另外一天和前一天形成反向的长上下影 K 线，我们也可以看作是一种变异的螺旋桨 K 线。

需要说明的一点是：这里的 K 线对阴阳无要求。

（二）实战演化

在实战中应注意螺旋桨图形的品种有一个重要的判断时间关口，即每年底这一段时间，会有相当多的机会。

1. 螺旋桨法则的判断条件

（1）它出现在下跌的行情且累计下跌幅度比较大，一般在中晚期。

（2）缩量，不满足 135 日均量线。

2. 形态

从图 15-1 可以看出，螺旋桨的基本形态是具有一根非常长的上下影线的一种 K 线。但也有一种个别形态：价格跳空低开（甚至以跌停开盘）后再大幅拉起（甚至于从跌停拉至接近涨停或涨停），此为"螺旋桨法则"中的一种"变形形态"。对此法则的操作同等有效。

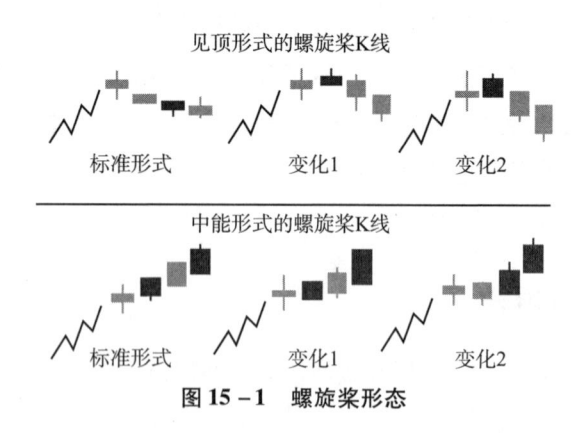

见顶形式的螺旋桨K线

标准形式　　变化1　　变化2

中能形式的螺旋桨K线

标准形式　　变化1　　变化2

图 15-1　螺旋桨形态

3. 三天法则

（1）先确定出"二分位"，找出中轴线（即最高价与最低价的中点——中间价）。后三日K线交易重心在螺旋桨中轴线之上运行，则后期向上旋；在中轴线之下运行，则向下旋。

（2）或者说连续三天价格均在二分位之上收盘，则后市看涨。

（3）三天后当价格突破螺旋桨的最高价，同时放量满足135日均线，则涨势确立。

注：若价格在三天内跌至二分位以下补掉了螺旋桨的下影线，则可判定此K线并非螺旋桨，如果此时已经进场，则需要及时止损。反之亦然。

4. 目标价位

设螺旋桨出现时当日最高价为A，最低价为B，未来目标价位为N，其未来交易品种的价格可用下列公式计算：

$$N = (A - B) \times 4.5 + B$$

即：（最高价－最低价）×4.5＋最低价＝目标价位

同样出现在高位的螺旋桨K线，向下看空的计算空间也是如此，但是公式的计算方式有所改变：最高价－（最高价－最低价）×4.5＝目标价位。

注：公式中的4.5为固定涨幅系数。但是笔者在此也想重申一下，实战建议系数按3.5计算更好。

5. 操作要点

（1）螺旋桨的出现是在下跌中。下跌的幅度一定要大，且在一波空头行情的中晚期。跌幅越大，其报复性的反弹力度就越大，操作的成功概率也会越高。反之同理，无论是股票或期货，一旦大幅上涨后，出现这样的K线，且随后几根K线在其中轴线下方部位运行，那么头部就基本形成了，继续下跌的可能性就非常大，应果断止损多单或反手！但如果以后的K线在它的中轴线上方部位运行，它有可能是上升途中的过渡形式，是一种上升中的中继形态，多单投资者应继续持仓等待，但新开多单则要保持谨慎态度！

（2）螺旋桨出现时，能量一定要萎缩，其缩量的标准是不满足于135

日均量线。

（3）一旦螺旋桨法则确定生效，则应大胆杀入，仓位可逐步加大。因螺旋桨出现后的行情往往爆发力强，时间短，稍纵即逝，只有跑步进场，顺势加仓，才能获得丰厚利润。

（4）遵循"三天法则"要灵活，若不到三天价格就突破高点，要立即果断介入，不可贻误战机。

（5）通常，在螺旋桨法则中，未来的涨幅一般都在所测算的目标位之上。因而，若涨幅不到目标位，则坚决不出。

提示一点：如果在螺旋桨之后以横盘形式出现几个小阴、小阳线，可结合5日均线变化情况再观察2~3天再做决定。

二、星型K线

星型K线根据所在的位置不同可细分成射击之星（shooting star）、黄昏之星和启明星等，我们先简单说下各种形态，这几种星型K线也是要结合价格走势在相对高低位才能定义。

1. 射击之星

主要反映逆转的K线图表的价格模式，该模式形成一个锤头形状的K线。之前价格本来就处于相对高位，K线实体很大。发生射击之星现象的当天开盘价（通常情况下）将高于前一天的收盘价，经典形态是带有跳空缺口，之后价格攀升到高点但最后以低于开盘价的价格收盘（这一点是区分仙人指路的重要标志之一）。

（1）简介。

射击之星又称为"倒转锤头"，形如枪的准头，是以有此称谓。射击之星一般是阴线，少数也有高位阳线，但实体比较短小，上影线较长，其位置主要出现在某只品种的顶部，是一种十分明显的阶段见顶信号。这一形态的形成是开盘价比较低，多头组织力量向上攻，一度急升，但尾市卖压加强，收市价又回落至开盘价附近。射击之星因为光芒短暂又被称为"流星"。射击之星与后文提到的吊颈皆出现在市场阶段性顶部区域，都为见顶下跌的转向形态。虽在上升趋势末端出现，形态上却恰好相反，射击之星类似于"⊥"，吊颈类似于"T"，相反的形态却有着相同的金蝉脱壳转势作用。

（2）特征。

1）此前存在一个明显的上升趋势。

2）在价格上升过程中出现一根带上影线的小实体并向上跳空高开。

3）上影线的长度至少是实体长度的两倍；下影线短到可以认为不存在。

射击之星形态如果在高位出现，行情下跌的可能性较大。

（3）指导意义。

"射击之星"的技术形态是一根带长长上影线的K线，其位置主要出现在某个品种的顶部，是一种十分明显的阶段见顶信号。

从出现射击之星技术形态的品种的连续K线形态可以看到，当这类品种的价格一直向上攀升，达到了一个相对高的位置时，主力往往会在顶部做一次加速向上的突破拉升，但收盘时，价格会回落至原位，这时的K线形态在顶部出现了一根带长上影线的K线。这根K线的实体可以是一根阳线，也可以是一根阴线，诱多完成，后期下行。有时候第二天直接低开回落，那样后期杀伤力巨大，而有时候就像图15-2一样还有数次短线冲高但都不破前高后再回落。

再次举例说明：

2018年2月26日，铁矿主连在高位出现射击之星形态，后期延续半年的下跌行情，跌幅超过20%，如图15-3所示。

1）射击之星这个指标主要是能够有效地指导多头投资者成功地逃顶，或者逢高止损，以免越套越深。

2）某个品种如果出现射击之星，当天的高点一般是阶段性高点，一段相当长的时间内将难以再见此价位。

图 15-2 沪镍主连"射击之星"形态

注：上图是沪镍主连在 120000 处形成的射击之星的形态，行情阶段顶部出现。

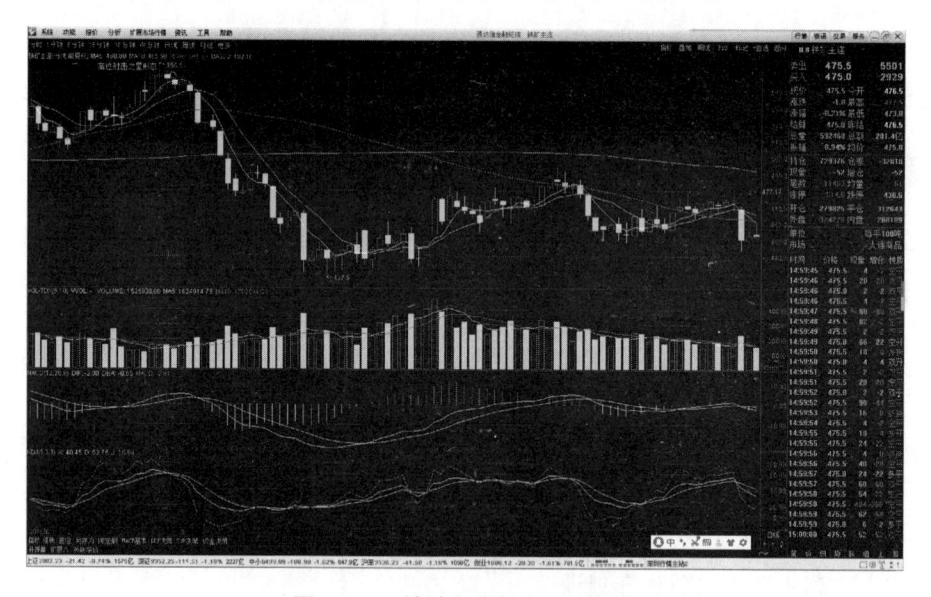

图 15-3 铁矿主连射击之星形态

3）形成射击之星的主要原因是这类品种在创了新高之后，就走出了一波比一波低的调整形态。

（4）操作策略。

对于射击之星类品种，大家不应该有所犹豫，应该坚决平多单，否则日后会被越套越深，难以解救。技术上来讲，在一轮升势后出现射击之星表示市势已经失去了上升的持久力，多方已抵抗不住空方打击，价格随时可能见顶回落，因此，投资者在价格大幅上扬后，见到射击之星应退出观望为宜，激进者可反手轻仓做空。

（5）判断。

一根K线要成为射击之星，必须满足以下两个基本条件：第一，K线实体要很小，阴线、阳线均可，但影线要很长（是K线实体两倍以上）。如若有下影线，也是很短。第二，出现在上升趋势中，通常已有一段较大的涨幅。

特别提示：

1）在K线图中，射击之星如果是阴线的话，后期波动趋势有较大的可能会发生反转；而如果是阳线的话，后期调整完继续大幅上行概率较大，也就是说后期阳线射击之星K线演变成仙人指路概率非常大。

2）射击之星形态中，上影线的长度和趋势反转的可能是成正比的，也就是说上影线越长，后期下行力度越大。

3）射击之星近似于"⊥"，射箭一完成，多头能量就衰竭了，发出可能见顶的信号，但可靠性低于黄昏之星。所以，如果在射击之星出现的同时，黄昏之星也出现的话，通常情况下，后期的行情就会下跌。

4）射击之星与倒锤头在形态上如出一辙，区别在于出现区域的不同，射击之星在上升趋势的顶部出现，倒锤头则在下跌趋势的底部出现。虽没有对K线性质的硬性规定，不过如为阴线的话，转势的可能性往往要比阳线高。典型的射击之星要求"⊥"当日以缺口形式向上跳空高开，但这仅是理想的K线组合，实战中并无强制要求。由于以一根K线来研判，射击之星为次要转势信号，在实战中要结合趋势与次交易日涨跌进行综合研判。如果射击之星出现在上升趋势末端时，才具有看跌的意义；如果射击之星出现后,次日价格向下跳空或者收出一根阴线,其转势向下的信号就较强。

2. 启明星

"启明星"的技术形态也是一根带长长上影线的K线,但其位置主要出现在某个投资品种的底部,是一种十分明显的见底信号。启明星和射击之星的构造位置刚好相反,它的构造之处是在底部,当主力在某品种的底部建仓时,该品种会因此而上扬,但聪明的主力为了不留下市场记号,在收盘前又会故意将该品种的价格压至原先位置,这时该股在底部便会呈现一根带长上影的K线。这根K线既可以是一根阳线,也可以是一根阴线,当然阳线要更好一些,有时候出现比较标准的十字星也可以按启明星来看待,特别是第二天K线不破前低且突破前日高点。所以我们一般判断启明星要看三根K线的组合,即第一天大阴线下行后第二天低开收启明星,然后第三天长阳反转。

2017年10月12日,甲醇主连经过前期一波调整后,在启明星左侧收一根中阴线,然后第二天见底收出了一根带上下影的小阴星线,第三天中阳上行,所以可以断定该K线组合为启明星,可以逢低介入。自此以后,该品种走出了慢牛行情,涨幅超过25%,如图15-4所示。

图15-4 甲醇主连"启明星"形态

（1）市场意义。

1）启明星这个指标主要是能够有效地指导投资者成功地抄底，或者是逢低介入，以免踏空。

2）某只品种价格 K 线出现启明星当天的低点一般是阶段性低点，一段相当长的时间内将难以再探此价位。

3）形成启明星的主要原因是这类品种在尾市故意打压，以便次日再次吸筹。

（2）操作策略。

对于启明星类个股，大家应该逢低分批介入，不要犹豫不决，免得以后被轧空。

3. 黄昏之星

黄昏之星表示价格回落，是卖出信号，应伺机抛货。黄昏之星，指的是在高位跳空高开，并且形成一个上下影线都很长的十字星形状的 K 线，通常如果遇到的是阴线，并且放量，那么黄昏即将到来。

（1）概述。

黄昏之星又称"暮星"，是一种类似早晨之星的 K 线组合形式，可以认为是后者的翻转形式，因此黄昏之星在 K 线图中出现的位置也与后者完全不同。

黄昏之星的情况同早晨之星正好相反，它是较强烈的上升趋势中出现反转的信号。黄昏之星的 K 线组合形态如果出现在上升趋势中应引起注意，因为此时趋势已发出比较明确的反转信号或中短期的回调信号，对于我们来说可能是非常好的卖空时机或中短线平仓多单的时机。同时如能结合成交量的研判，对于提高判断的准确性有更好的帮助。

（2）原理。

黄昏时太阳就像一颗红色的泪珠，从西山之巅缓缓滚落。在夕阳的余光之中，黄昏之星就像魔鬼的特使君临市场。市场在持续的涨势之后，已激情不再，就像再好的筵席也有散场之时。黄昏之星的图形，预示市场趋势已经见顶，卖出的时机悄然来临。

黄昏之星是由 3 根 K 线组成：

第一天，市场在一片狂欢之中继续涨势，并且拉出一根长阳线。

第二天，继续冲高，但尾盘回落，形成上影线，实体部分窄小，构成星的主体。

第三天，突然下跌，间或出现恐慌性抛压，价格拉出长阴，抹去了前两天大部分涨幅。

黄昏之星充当顶部的几率非常之高，在牛势的后期，要特别警惕这种反转信号。

当市场出现一条大阳线后，通常会产生跳空高开的情况，有时会出现十字星或类似十字星的小阴线（小阳线）。另一种相反的启明星情况是出现在一条大阴线后。在这两种情况下形成的类似十字星的 K 线都称为"星型线"，当该形态出现在一段上升行情当中，就很容易形成所谓的经典 K 线形态——黄昏之星。

具体量化：

第一日：在升势中出现一支大阳线，价格大幅上扬，幅度较前一日高出 4%。

第二日：第二日 K 线较昨日跳开，收盘同样在缺口之上。线性实体狭小，实体长度小于 1%，有上下影线；当日的最高价为 20 天以来的最高价，表示相对的高位。

第三日：阴线，回落到头一天 K 线下，开盘价小于昨日收盘价，今日的阴线实体长度大于 4%。

（3）举例阐述形态特征。

上文说过，黄昏之星是由三支 K 线组成的转向利淡形态，通常在一个上升趋势后出现。

图 15-5 左面圆圈内的 K 线组合即是黄昏之星形态，当然创出 565 新高后，第三天开始下行，而右侧圆圈的射击之星对后期行情的杀伤力更大。

1) 第一个 K 线为承接前期上升走势的阳线，买盘强劲，显示升势持续。

2) 第二根 K 线可为出现在裂口高开后的十字星或纺锤。此信号显示买方压力逐步得以舒缓，价格大有可能已见顶。倘若第二支根 K 线有着与射

图 15 - 5 黄昏之星形态

击之星相同的上影线,利淡转向信号的可靠性更大为提高。

3) 第三根 K 线为沽盘强劲的阴线。此时市况已发生根本的转变,跌势一直持续到收市,且阴线幅度越大信号越强烈。

大家可对照上面的图形来体会。

三、穿头破脚

穿头破脚即第二根 K 线将第一根 K 线从头到脚全部穿在里面了。穿头破脚有两种形态,一种是在顶部出现,另一种是在底部出现。两者呈相反形态。有时候也称为孕线或子母线。

(一) 运用范围

穿头破脚的两种形态如图 15 - 6 所示。

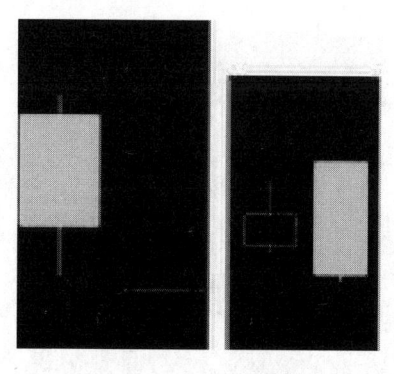

图 15-6　穿头破脚

（二）顶部

穿头破脚（穿头破脚阴包阳）的特征是：

（1）在升势末期出现。

（2）第二根 K 线，即阴线实体的长度必须足以吞吃掉第一根 K 线即阳线的全部（上、下影线不算）。

（3）在升势末段中出现穿头破脚，趋势逆转的可能性较大。

（三）底部

穿头破脚（穿头破脚阳包阴）的特征是：

（1）在下跌趋势末期出现。

（2）第二根 K 线，即阳线实体的长度，必须足以吃掉第一根 K 线即阴线的全部（上下影线不算）。

（四）技术意义

从技术上说，穿头破脚一般会提示后市强烈的走势。

底部穿头破脚：提示价格强烈回升的信号。开盘空方因短期获利卖盘，多方见价格回落后急于求成，包吃了之前的上下阴线实体，迫不及待地进行拉升，可说明多方资金强大，空方无力。

顶部穿头破脚：提示价格强烈下调的信号，将由原来的升势转为跌势，可相对对比底部穿头破脚，此时空方急于抛盘，多头资金大量逃出。

图 15-7 为棕榈油主连在 2018 年 7 月 16 日做出的明显穿头破脚底部形态，后期涨幅可观。

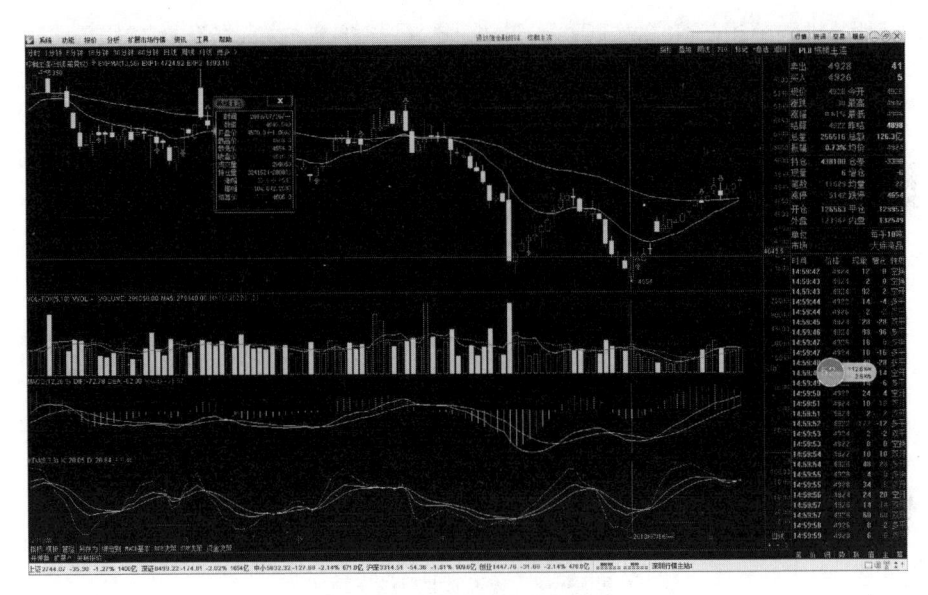

图 15-7　穿头破脚底部形态

一般说来，无论是底部，还是顶部的穿头破脚，都是转势信号，即由原来的跌势转为升势，或由原来的升势转为跌势。

通常这种转势信号的强烈，与下面的因素有关：

（1）穿头破脚两根 K 线的长度越悬殊，转势的力度就越强。

（2）第二根 K 线包容前面的 K 线越多，转势机会就越大。

（3）若连续两个或者更多穿头破脚出现，则后期形成趋势力度将更大。

值得注意的是，穿头破脚 K 线组合不一定要求必须是一阳一阴，有时候也可以同为阳线或同为阴线，在实战中，我们也要注意主力为了更好地骗线出货，可能刻意去在高位做阳包阴，低位做阴包阳，这时候应结合第三天走势去研判。

比如图15-8中，焦炭经过连续大幅下跌后，在2017年10月23日构筑了一个穿头破脚的阴包阳，且结合前一天的阴线构筑空方炮，但是如果再观察后两天走势就可以看出阶段性底部，所以在出现K线组合时，我们要观察价格在什么区域再定。

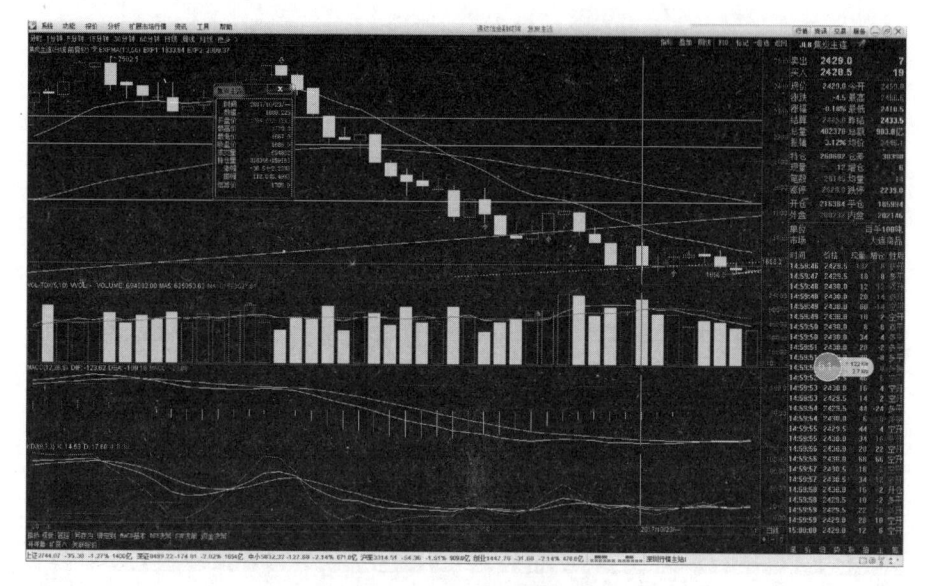

图15-8　穿头破脚顶部形态

四、正反锤头

K线形态像一个锤头，出现的位置不同，意义也不同。

（一）倒锤头线

倒锤头线解读：

（1）出现在下跌途中。

（2）阳线（亦可以是阴线）实体很小，上影线大于或等于实体的两倍。

（3）一般无下影线，少数会略有一点下影线见底信号，后市看涨。实体与上影线比例越悬殊，信号越有参考价值。如倒锤头与启明星同时出现，见底信号就更加可靠。值得注意的是，如果倒锤头线出现在上涨后相对高的位置，则属于看空信号，就是我们前面讲的"射击之星"。

1. 图示解析

倒锤头图示及解析如图 15-9 所示。

（一）　　（二）　　（三）

图 15-9　倒锤头线图例

图 15-9 中，单根 K 线（一）是我们常见的倒锤头：光脚，实体小阳线，长上影线；K 线（二）和（一）相比有点下影线；K 线（三）和（二）相比下影线稍长，实体阳线更小，类似"十字星"。

以上三根 K 线的共同点是：（1）阳线；（2）长上影线，下影线很短或没有；（3）上影线和影线之外部分的比例大约为 3:1。

解析：该图形形成通常是开盘之后中间有个迅速上拉，之后高位遇见抛压后逐步回落，但收盘价格高于开盘价格。

2. 指导意义

（1）图形出现在一波大跌之后，或者从底部有一定反弹后的短期高位。

（2）成交量和前一日比较不要相差太大，有放量表现。

（3）当天振幅 > 6%，实体阳线的振幅 < 2%，也就是上影线和影线之外部分的比例大约为 3:1。

3. 分析要领

（1）出现在一根大阳线之后，或者短期的高位。该价位已经积累了部分获利盘，后期继续拉升可能导致获利出逃对主力资金形成承接压力，需要洗盘。

（2）要形成长上影线需要资金（主力大单）短时间集中进入，价格迅速上涨引起跟风盘进入，在价格的高位主力抛售，价格稳步下跌。

（3）阳线是涨，阴线是跌。大部分散户看到阴线之后都不敢买入。形成阳线的目的只是为了人气不散。

（4）快速上涨并且涨幅很大，会引起散户的跟风，同时也会有大量的获利盘出逃，尤其是在涨幅的最后阶段，有很大的成交量。主力高位抛出之后价格一路下滑，会有更多的获利盘出逃。伴随这根K线当日会有比较大的换手。通过分析发现，股票市场更多出现这种K线形态，我们都知道股票交易是t+1，也就是说今天买入明天才能卖出，这样当主力拉升进入的资金明天才能出局，那么在高位的时候主力大量卖出的筹码是前一日进入的或者是底仓。大的波动能促进交易，当日可以看作是一次强力洗盘，促使获利的出局，新入场的被套。收一根阳线收盘价格只是在当日主力资金进入的成本附近。当日并不能看作是出货，因为按此操作方法主力的仓位没有变化，当日进入的资金在高位又获利出来。

4. 结论

（1）该股有主力存在，关键是主力近期活跃。

（2）主力经过如此操作仓位并没有降低。

（3）主力换手获得部分可观利润，同时导致筹码集中于现价周围，当日震盘大多数不坚定分子都被洗出局，后期若拉升不会遭受底部进入的获利盘抛压，同时顶部也有大量被套筹码，后期若继续出货，会有被套投资者补仓接货。

（4）主力在盘中拉升，当日并不担心获利盘的抛售，证明对该品种价格坚定看好。

5. 操作指南

主力采取的策略，以做多为例：

（1）主力在强力洗盘之后，若主力准备继续拉升必定会在洗盘的同时利用小单吸收部分散户抛出筹码。后一日可能大涨阳线覆盖当日下跌部位。

(2) 主力若仓位未变,后市可能继续震荡洗筹,振幅变小,让没有耐心的筹码出局。后一日收盘价格高于当天收盘价格,主力需要让自己的仓单处于盈利状态把握主动。后市看涨。

(3) 如果是准备短线获利套现,后市可能继续减仓让价格下行,后面出现连续下跌走势,但不会低于主力底仓进入的价格。通常3~4天调整到位。该情况第二天盘中会出现高于主力当日进场的成本1%~2%的价格。

投资者应对策略：

(1)（激进短线客）当日收盘前低位买入。第二天高于收盘价格大约2%左右考虑价格出现的时间以及之前成交的情况针对"主力策略(1)"可以选择继续持有,若是"主力策略(3)"选择获利了结。

(2)（中线稳健型）关注第二天走势,收盘价格若高于前一日收盘价买入中期持有（盘中价格能企稳在前一日收盘价格之上可以提前进入）,该情况符合"主力策略(1)"、"主力策略(2)"。若收盘价格低于前一日收盘价,符合"主力策略(3)"继续关注,到锤头出现后大约3~4个交易日可以买入。

(二) 正锤头线和上吊线

所谓正锤头就是锤头在上、影线在下的K线形态。一般认为属于底部反转形态。在正锤头线之前,必定先有一段下降趋势（哪怕是较小规模的下降趋势）,这样锤头线才能够逆转这个趋势。

而出现在高位,有一定涨幅以后的正锤头线,我们叫它"上吊线",这个叫法也比较形象,同时预示着后期多头行情要逆转。普遍原则：上吊线的实体与上吊线次日的开市价之间向下的缺口越大,那么上吊线就越有可能构成市场的顶部。在上吊线之后的交易日,如果市场形成了一根阴线,并且它的收市价低于上吊线的收市价,那么,这也可以看作上吊线成立的一种佐证。

锤子线和上吊线如图15-10所示。

图 15-10 锤子线和上吊线

1. 对于正锤头和上吊线特征的判别

（1）它的实体是处于整个价格区间的上方，接近于顶端的位置。其本身的颜色是无所谓的。

（2）下影线的长度至少达到实体高度的 2 倍。

（3）这类 K 线是没有上影线的，就算存在上影线也是极短的。

在看涨的锤子线的情况下，或者在看跌的上吊线的情况下，下影线越长、上影线越短、实体越小，那么，这类 K 线就越有意义。虽然锤子线或者上吊线既可以是阳线，也可以是阴线，但如果锤子线的实体是阳线，其看涨的意义则更坚定几分；如果上吊线的实体是阴的，其看跌的意义则更肯定一点。如果锤子线的实体是阳线，就意味着在当天的交易过程中，市场起先曾急剧下挫，后来却完全反弹上来，收市在当日的最高价处，或者收市在接近最高价的水平上。这一点本身就具有小小的看涨的味道。如果上吊线的实体是阴线，就表明当日的收市价格无力向上返回到开市价的水平。这一点或许就有潜在的看跌意味。

当上吊线出现时，一定要等待其他看跌信号的证实，这一点特别重要。为什么呢？当中的缘由要从上吊线的形成过程说起。通常，在出现这种 K 线之前，市场充满了向上的冲劲。突然，上吊线出现了。在上吊线这一天，市场的开市价就是当日最高价（或者当日的开市价接近最高价）。之后市场一度剧烈下跌，后来再上冲，最后收市于最高价的水平，或者接近最高价的水平。从上吊线的价格演化过程本身看来，未必令人联想到顶部反转形态。然而，这个价格变化过程预示着，一旦市场遭到空方的打压，就会不堪一击，迅速引发市场的向下突破。次日，如果市场开市在较低的水平，那么，凡是在上吊线当日的开市收市时做多的投资者，此时，统统背上了亏损的头寸，被"吊"在上面。综合上述分析，我们就得到了关于上吊线的一条上述的普遍原则，那么，这也可以看作上吊线成立的一种佐证。

换一个角度，其实上吊线就是我们后文要讲的仙人指路形态的镜像表现，只不过一个向上指明方向，一个向下指明方向。

正确地区分和理解锤子线与上吊线市场所要传递和表达的信号，便会让手中的胜券多几分把握，不至于被突如其来的形势弄得措手不及。

2. 指导意义

（1）激进型投资者见到下跌行情中的锤头线，可以试探性地做多；稳健型投资者可以多观察几天，如果价格能放量上升，可以适量做多。

（2）锤头实体与下影线比例越悬殊，越有参考价值。如锤头与启明星同时出现，见底信号就更加可靠。通常，在下跌过程中，尤其是在价格大幅下跌后出现锤头线，价格转跌为升的可能性较大。这里要注意的是：锤头线止跌回升的效果如何，与下列因素有密切关系：

1）锤头实体越小，下影线越长，止跌作用就越明显。

2）下跌时间越长，幅度越大，锤头线见底信号就越明确。

3）锤头线有阳线锤头与阴线锤头之分，作用意义相同，但一般说来，阳线锤头力度要大于阴线锤头。

3. 锤子线的实战应用图解

锤子线的实战图解如图 15–11 所示。

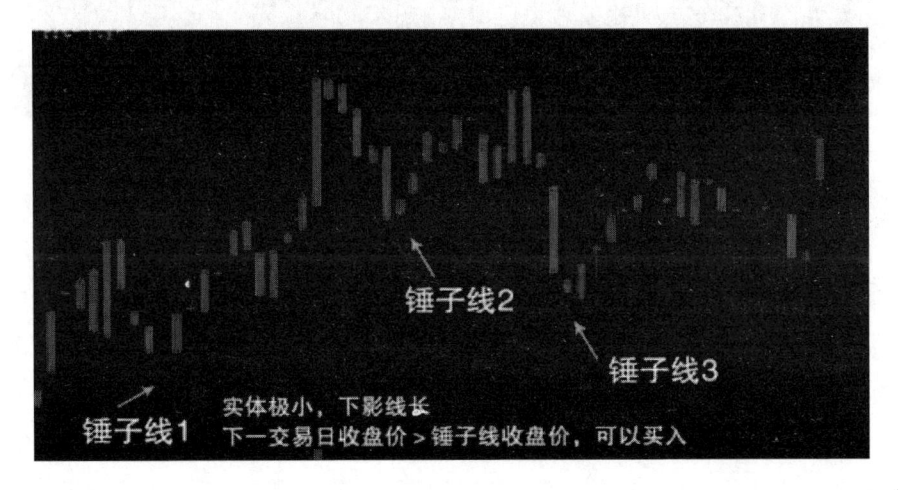

图中标注文字：

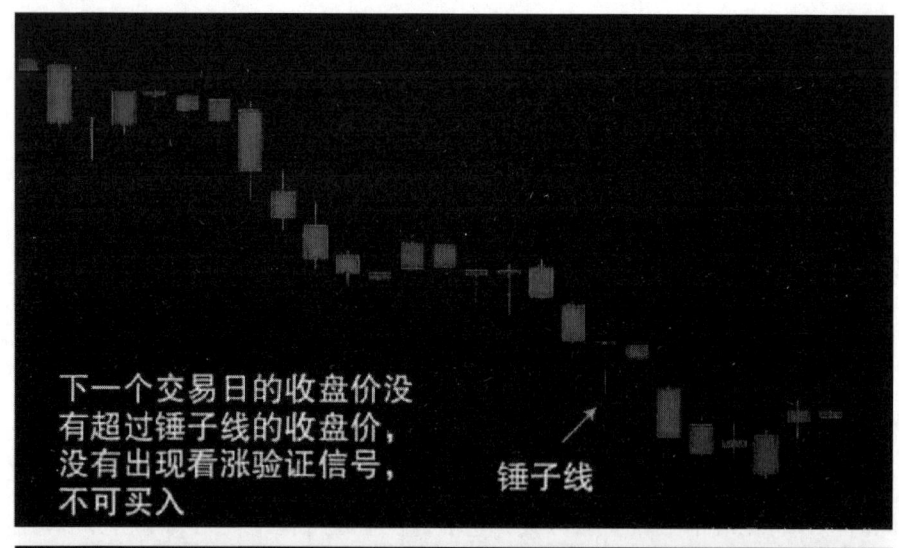

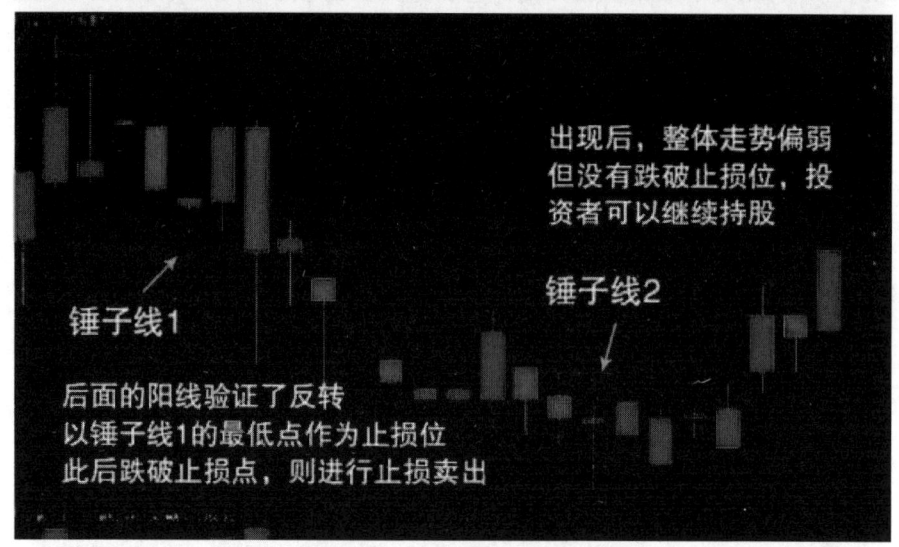

上图：
下一个交易日的收盘价没有超过锤子线的收盘价，没有出现看涨验证信号，不可买入
锤子线

下图：
锤子线1
后面的阳线验证了反转
以锤子线1的最低点作为止损位
此后跌破止损点，则进行止损卖出

锤子线2
出现后，整体走势偏弱但没有跌破止损位，投资者可以继续持股

图 15-11　锤子线实战图解

锤头线的出现通常代表着价格的触底反弹。市场在经过一段时间的下跌之后，处在非常看跌的行情之中，开盘之后，价格会继续下跌。这时的市场，依旧是空方发挥了关键的作用。不过就在交易马上就要结束的时候，市场上的多方力量开始强势的反击，并且市场上的成交的价格也会涨到价格波动幅度的上限水平。这时 K 线图上便产生了拥有较长的下影线和较小的实

体的形态。这时候的市场上多方已经取代了空方占据了优势,投资人可以根据第二个交易日价格的波动情况来对锤头线形状进行判断。如果仍旧是上涨趋势的话,就说明市场上多方已经占据了主导的地位,价格触底反弹的可能性非常高。

4. 上吊线或吊颈线实战图解

上吊线是指出现在上升趋势末端的这样一根K线,下影线较长而实体部分较小,近似于"T",通常情况下下影线长度至少应是实体部分长度的两倍。吊颈可以由阴线或阳线构成,如果由阴线组成,表示收盘价已乏力回升至开盘价位的水平,见顶回落的可能性往往比阳线高。实战中,如下影线越长,超过实体部分两倍以上,则见顶的可能性越大;K线为阴线,则见顶的可能性也增大。由于以一根K线来研判,吊颈为次要转势信号,要结合缺口与次交易日进行综合研判,在吊颈出现后,第二天价格跳空低开出现缺口,反映出吊颈日买入的投资者已经被架空,成为名正言顺的"吊颈"。如果次日价格没有出现缺口,但只要拉出一根阴线,收盘价低于吊颈形态的收盘价,也可认为见顶。

图15-12豆粕主连走势是典型的吊颈线,大幅跳空套住了当日进场多

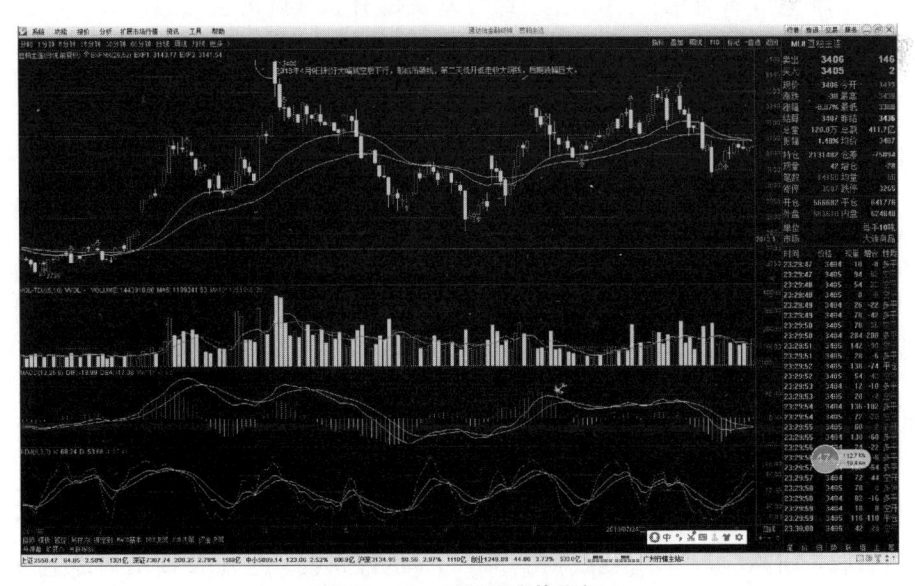

图15-12 吊顶线实战图解

头，后期下杀若不止损多单则损失巨大，场外投资者见第二日继续下行跌破上吊线下影 3285 后跟进空单，也能有非常丰厚的获利。

五、仙人指路

仙人指路是 K 线的一种特殊形态，一般出现在大调整阶段的中期低位，拉升阶段的初期或者中期。由于价格当天放量高开高走，冲高之后主力开始打压盘面，而价格在盘中反复震荡盘跌，最后形成带长上影线的小阳或者小阴 K 线而收盘，而且收盘一定要较前一个交易日有所上涨，形成仙人指路 K 线。仙人指路 K 线有其运用条件和特征，在应用实盘指导操作时一定要判断其处于什么时期什么阶段。

（一）形成时期

出现在阶段性的中期底部（高位其实也有非常好的参考意义，即上吊线看空），这是主力展开向上攻击性试盘的动作。意在测试盘面筹码的稳定度，同时发出进一步加大建仓力度的操盘信号指令。如果当天反复盘跌的即时图形中，出现典型的冲击波型结构，则是主力打压建仓的重要特征。

若出现在拉升阶段的初期，主要目的是测试盘面筹码的稳定度和上档阻力，即攻击性试盘，同时暗中发出进一步攻击指令。价格在经过短期调整后，再度展开总攻的时间已经十分逼近了。因此，在当天反复盘跌的过程中，主力通过打压洗盘，为即将到来的正式拉升做好充分的蓄势准备。

若出现在拉升波段的中期，这是主力在盘中展开强势洗盘的操盘动作。价格当天攻击接近涨停时，随即主力利用大单在卖价位置阻止价格上涨，并展开回头波方式打压价格。全天反复震荡盘跌，最终以带长上影小阴阳 K 线报收。价格收盘时仍然保持在 1%～3% 的涨跌幅。这种 K 线结构是主力拉高洗盘的重要操盘手法，属于极强势的操盘特征。洗盘完成后，通常还会出现更大更猛烈的涨幅。

（二）应用条件

仙人指路K线一般在价格拉升中应用，它的安全性和可操作性较其他K线形态强。仙人指路K线形态的出现，一般是多头主力洗盘，以提高短期成本。因此，其运用的条件是特定的，并不是所有的带上影线的小阳或小阴线都是仙人指路。在操作中仙人指路的最佳运用条件是在追强势上涨品种上面。其条件是：

（1）上涨的角度出现超过45度的运行态势。

（2）出现仙人指路的K线位置最好是在前期的重要压力区间位。

（3）在出现仙人指路K线形态前，市场的获利程度不要超过15%，并且有一定时间的横向震荡。

（4）仙人指路前一天的阳线最好是超过5%以上的大阳线，并伴有近期较大成交量。

（5）仙人指路K线出现时，量能要出现连续放大。

（6）仙人指路K线出现后，传统意义上讲，在后面一天必须出现高开高走，或低开高走，绝不能出现高开低走的现象，这是决定主力是否开始继续上攻的重要标志，也是仙人指路K线形态能否成功的主要条件。但是随着操盘手法的进化，目前很多仙人指路的形态也会出现第二天或接下来一段时间的调整，然后再拾升势。所以，短线做多被套的也不用太紧张，中线来说还是可以获利的。

（三）结构特征

仙人指路K线的特征是投资者确认其形态的主要依据，有三个主要特征：

（1）仙人指路形态通常出现在阶段性底部中期、拉升阶段初期和拉升波段中期。

（2）价格以一根带长上影小阴阳 K 线报收，收盘时仍然保持在 1%～3% 的涨跌幅。

（3）股市中，个股当天量比 1 倍以上，换手率在 5% 以内，振幅在 7% 以上，而期货市场上对此不做要求。

图 15-13 是焦炭主连 2016 年 9 月 22 日形成的仙人指路 K 线，后期连续大幅拉升。有几个需要注意的地方：一是因为是阴星，故很容易让人联想到射击之星，所以必须观察第二天的行情，如果是继续上行的，再跟进更安全；二是此 K 线上影线部分正好触及前期平台压力位置，主力借机洗盘恰到好处；三是从阶段低点反弹到上影线部分正好 10% 左右，符合条件。

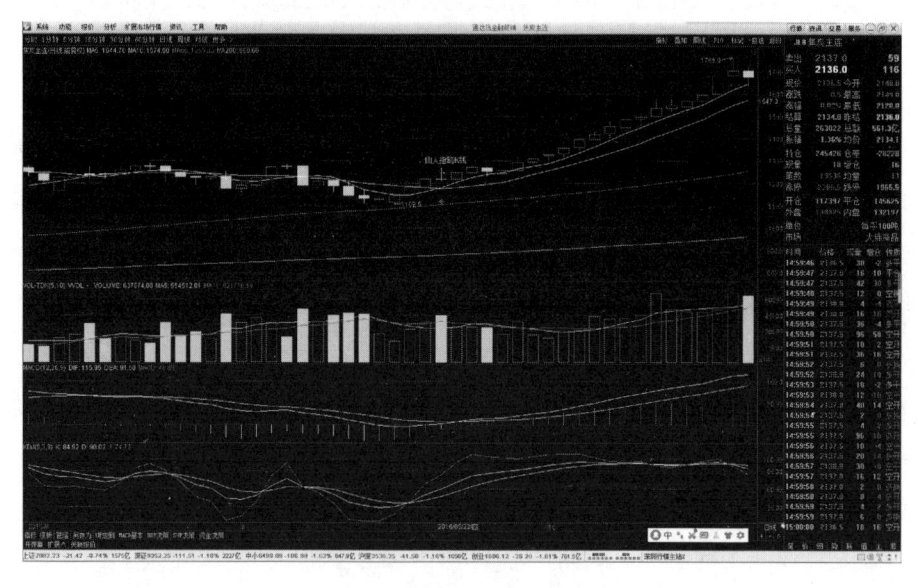

图 15-13　仙人指路 K 线

（四）实战指导

1. 真假仙人指路 K 线的识别法则

（1）价格处在下降通道中，当天出现长上影小阴阳 K 线不属于仙人指路特征，可能只是主力临时做反弹诱多而已。

（2）当天量比达到 5 倍以上，换手率达到 10% 以上的巨量长上影阴阳 K 线，短期不属于仙人指路特征，但是后期可能经过一段时间调整后再次拉起。

（3）当天收盘时下跌至昨日收盘价之下，跌幅达到 5% 以上，不属于仙人指路特征，至少短期不是。

（4）价格处在下降阶段的反弹行情中，当天出现长上影小阴阳 K 线不属于仙人指路特征。

2. 仙人指路 K 线的最佳出击时机

（1）短线投资。价格处在拉升波段行情中，出现仙人指路特征时，临盘应在收盘时或次日果断狙击。

（2）中线投资。价格处在阶段性底部时，出现仙人指路特征，临盘应在次日展开中线建仓计划。而价格处在拉升初期时，则要及时加仓。

同样我们再次提醒大家注意反向的空头市场中的仙人指路，也是有很强的指导作用的。它的形态跟多头仙人指路形态几乎成镜像效果，也就是一般多为长下影线的小阴或小阳，而此时价格多在一波上涨后的尾端高位震荡。即我们在前文提到的正锤头线或上吊线、吊颈线。

通过长期实战观察，笔者发现有时候一个射击之星随着时间的推移、行情的演化，最后都有可能会变成一个仙人指路的形态，特别是这个射击之星不是历史高点的情况下，通过一段时间的打磨，百分之百会变成仙人指路，也就是说后期一定有高点，故在出现射击之星后做空只能是波段，将来等突破射击之星的上影高点，我们可以当成仙人指路，顺势做多。

六、苏秦背剑分时形态

此战法（这是笔者的独创战法）为寻底摸顶的逆势战法，不建议稳健投资者使用，只适合那些风险偏好较强的激进分子轻仓操作，增加投资乐趣。

苏秦是战国时期的名士，曾经挂六国相印，领导六国合纵抗秦，但终因天下大势分久必合，最终被张仪的连横策略击败。历史上，苏秦留下了很多掌故，比如"头悬梁，锥刺股"等，而在剑法上，有一招苏秦背剑则流传后世至今。其形态如图15-14所示。

图15-14 苏秦背剑

即把剑走到身后，招架敌人从背面的进攻。同时反守为攻，在挡住敌人进攻后出其不意进行反击可一招制敌。

而在投资实战上，笔者发现苏秦背剑的形态经常发生在即时图上。当然需要我们大家有一点点想象力，就像天文学家给星座命名的时候，凭借几颗恒星的连线发挥想象力给星座命名。

图15-15就是一个典型的苏秦背剑形态，2015年12月4日焦炭盘中杀出历史低点后展开了一波大牛市行情。我们借助图15-15来分析一下苏秦背剑的几个特点：

第一是在做底部之前现有一波反弹或急拉，说明低位多头进场积极，或者前期空头纷纷离场止盈。

第二是在反弹一波之后有个快速急杀，杀得越狠越好，也就是主力再做最后的诱空挖坑。

第三是一般右脚比左脚低，也就是形成双底或者多重底，但是低点不再被击穿，说明空头处于强弩之末。

第四是收盘前行情开始反转向上，反弹力度越大越好。

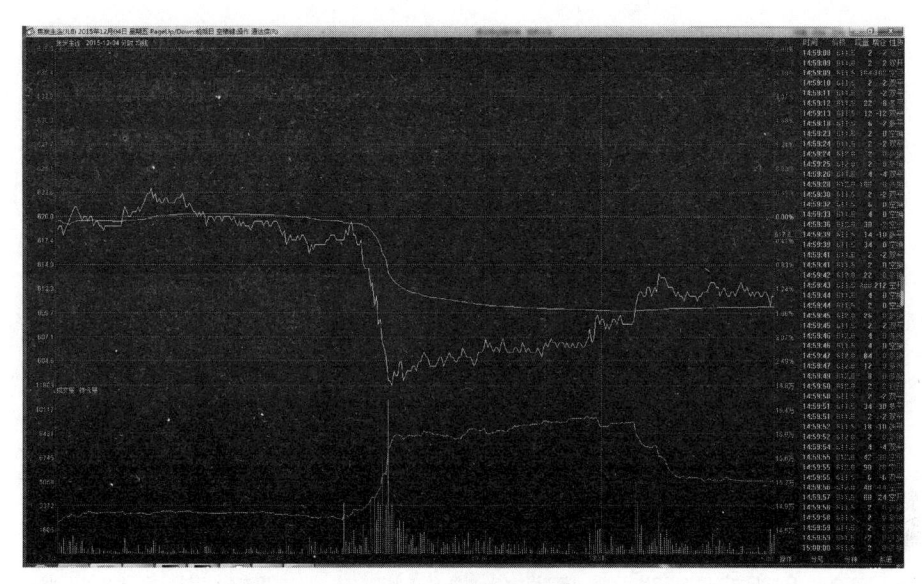

图 15-15　苏秦背剑形态

出现图 15-16 这种形态，后期一定更加强势。图 15-16 是焦炭主连 2016 年 9 月 21 日日内即时图，后期大家自己看 K 线就知道上涨力度有多大了。

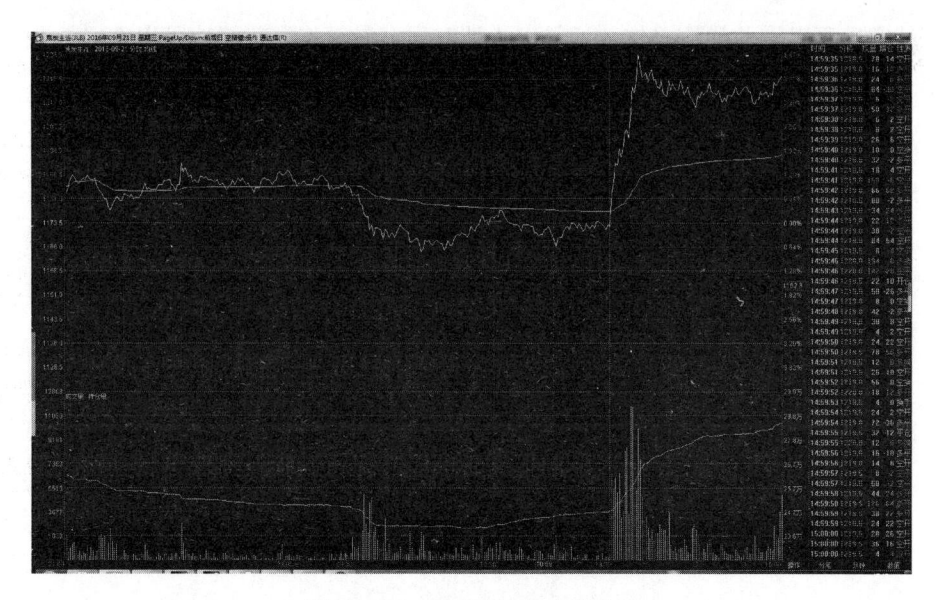

图 15-16　焦炭主连日内即时图

所以，形态要点就是要有头、肩和脚，尾盘急拉幅度是衡量后期力度的有效标准，即从当天所形成的左脚到最高点波幅乘以10。比如图15-16低点1163，高点在1229，66点乘以10，后期即可按收盘价加660点，理论涨幅至少到1900点左右，而后期这波单边拉升最高上涨到了2276.5点。

通过苏秦背剑操作，大家谨记几个操作要点：

（1）它是一个逆势寻底摸顶战法，就像苏秦本人，在秦国强大一统天下已成定局之时，偏要合纵抗秦，结果只是一时风光，最后落个被刺身亡。

笔者的战法也是在大空头趋势中寻底，故必须设置一个小的止损位，这个止损就以跌破日内低点向下1%为标准，即图15-16如果在第二只脚1165进场，那么止损位一定是1163向下1%，也就是1151。

（2）因为其是短线寻底战法，故操作时仓位一定要轻，错了及时止损，对了则在上行过程中逐步一点点逢高止盈，直到量度涨幅到位全平即可。后期如果确实已经转势，我们再按顺势战法操作即可，不要妄想从最低拿到最高。

（3）在行情逐步转好，形成多头排列后也会出现苏秦背剑的盘中形态，其实也可以按此战法操作，但是因为那时候会有很多顺势战法可以选择，为了避免大家弄混，不如就用其他顺势战法更好，因为顺势的时候你会更坚定，心态更好。总之，请大家记住一点，苏秦背剑的精髓是防范敌人的背后偷袭，也就是说苏秦背剑形态出来的时候就是多头防范空头背后袭击（而且很可能是最后一击）并且进行了成功反击，如果反击失败，那么必然后期继续破位下行，如果成功，即右脚高于左脚并继续上行，我们就应该轻仓参与多单。

（4）在高位其实同样也可利用苏秦背剑操作，只不过就是上面即时图反转过来的形态出现后，也就是说前期出现下跌后再次上攻，但上攻后右脚不再高于左脚，有见顶迹象，我们可以轻仓试空。

（5）如果结合笔者的弯弓搭箭战法一起使用，将可极大提升成功率。

七、弯弓搭箭 K 线

所谓弯弓搭箭（另一独创战法）就是说 K 线组合上像一个弓上弦的形态，即近期 K 线图形成一个类似圆弧底或者圆弧顶，在其间一定要出现一到两根接近光头光脚的长阳或者长阴，而这根长阳或长阴 K 线就是箭，圆弧顶底就是弓，遇到这种形态往往预示着行情在未来将有极大的变化。具体来说就是出现圆弧底中间夹着一根或两根高开低走的长阴线，高开低走的幅度越大后期行情就越大，理论涨幅可能会达到波幅的三倍，反之如果出现圆弧头中间夹着一根或两根低开高走的长阳线，那么后期行情将向下拓展空间。

比如渤海商品的动力煤，前期大跌后形成空头趋势，在 2012 年末走出一个圆弧顶配合一根低开高走阳线，如图 15-17 所示，后期我们再通过苏秦背剑战法可以寻找一个相对好的做空点开仓，将会有一波非常不错的空头行情收益。

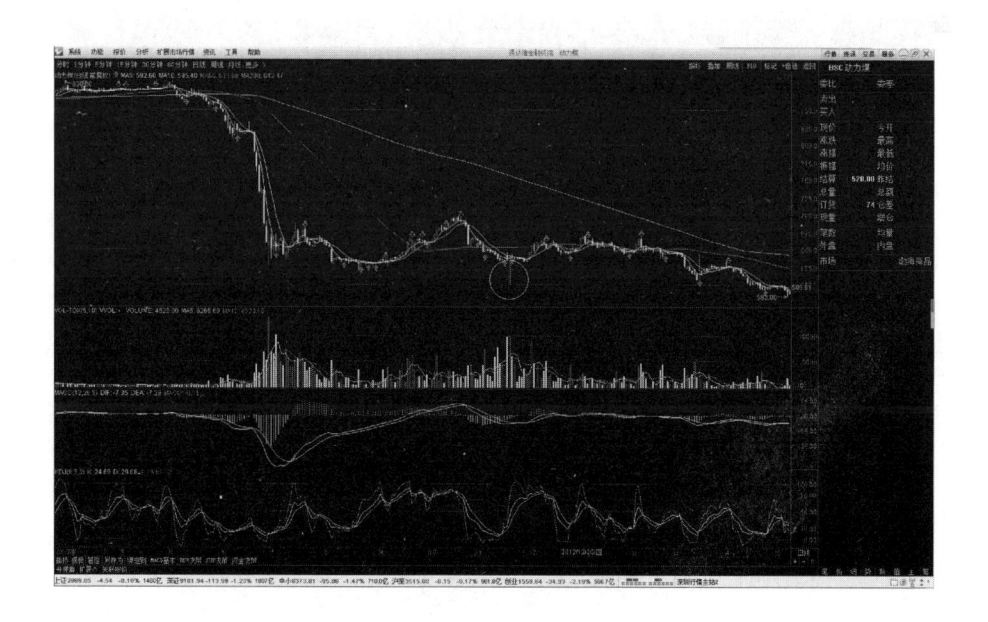

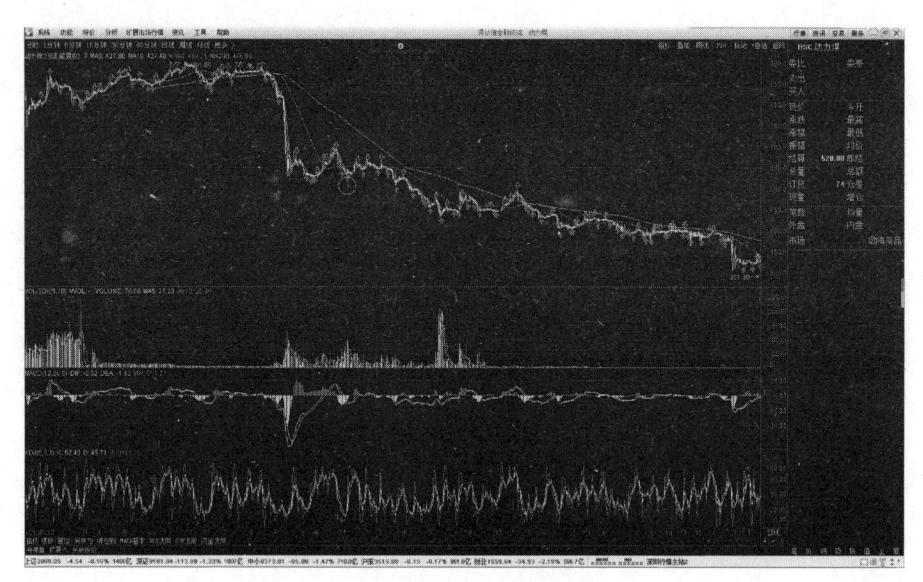

图 15-17　弯弓搭前形态

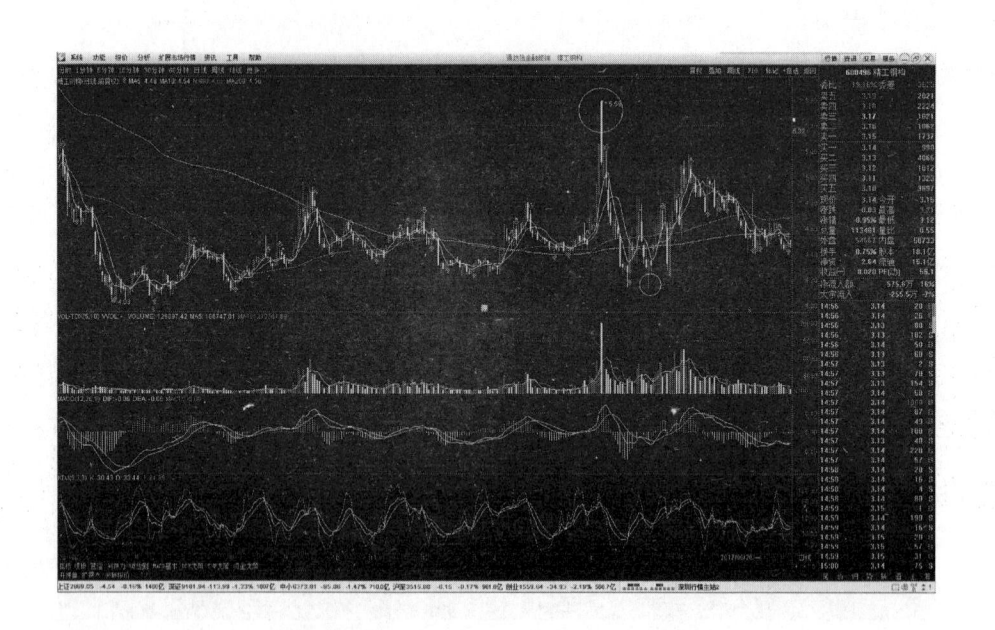

图 15-18 就是弯弓搭箭与苏秦背剑结合的经典战例，后期涨幅最高点 6.26 几乎和理论涨幅 6.33 相差只有七分钱。

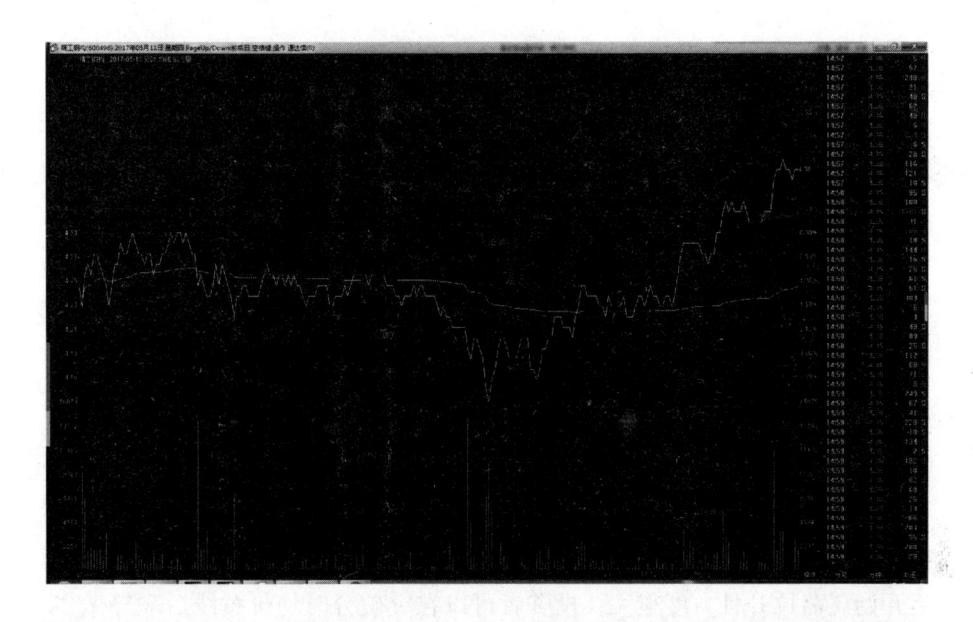

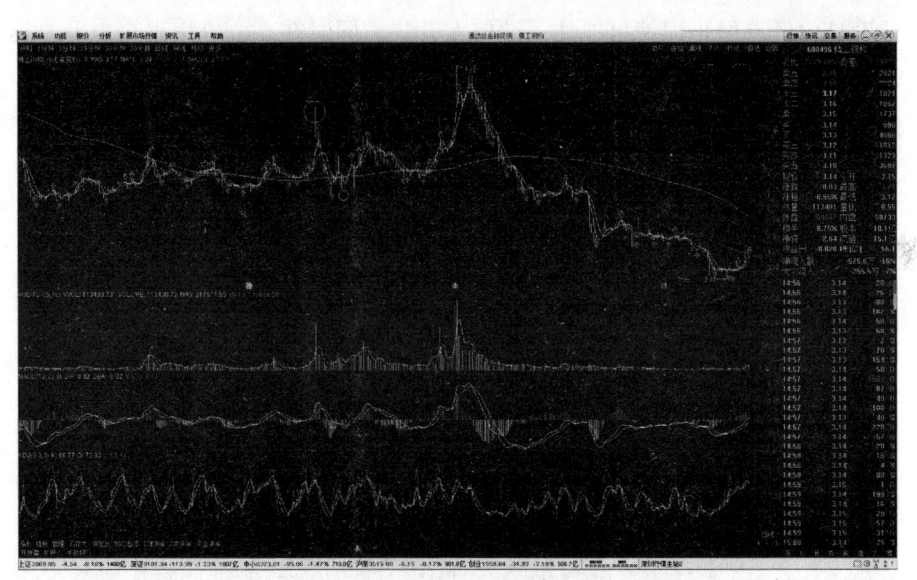

图 15–18　弯弓搭箭与苏秦背剑相结合形态

八、潜龙出海分时形态

潜龙出海分时形态（独创战法）在 K 线图上和即时图上都可以使用。形态上看似一条龙在水下游走，即潜龙在渊，然后突然某一时刻启动，潜龙出海。这种 K 线走势后期涨幅巨大，可谓"不鸣则已，一鸣惊人"。

下面我们用图片来讲解（见图 15 – 19）：

图 15 – 19 为 2018 年 8 月 8 日焦煤 1901 合约日内走势，可以看到在夜盘时焦煤一直低位震荡横盘，但价格一直不破 1240，且量能萎缩，这时候说明空方打压不动，分时均价线逐步走平，第二天上午价格突破分时均价线后开始震荡拉升且力度很大，投资者可以在突破分时均价黄线后顺势做多，并设日内低点做止损就可抓住一波较大升势。同时在高位价格再次走平，很难再创新高，此时就是平仓时机，尾市急杀，说明龙飞累了要回水面歇一歇，就形成了一个蜻蜓点水的形态，后期可能将继续走强。

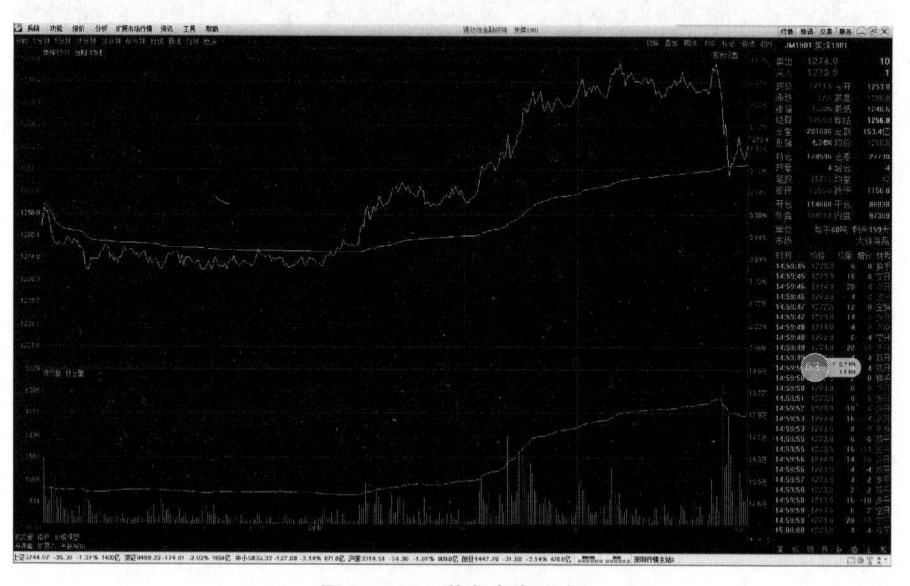

图 15 – 19　潜龙出海形态

图 15-20 是棉花 1901 小时图,我们可以清晰地发现前期一直在横盘,且围绕大均线上下震荡,并成为一个箱体,直到 2018 年 5 月初才寻机向上突破,我们可以等待突破回踩确认有效后进场,后期获利颇丰。

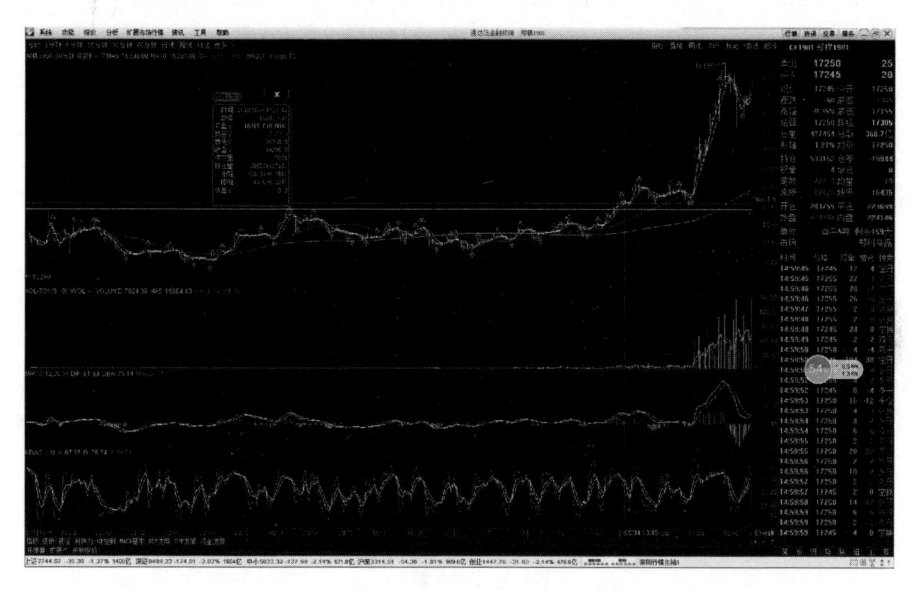

图 15-20

通过上面的图形我们初步知道了什么是潜龙出海,它的指导意义就是让我们在突破后第一时间介入以获取极其丰厚的收益。有几个要点需要注意,无论是在即时图上还是在 K 线上,价格横盘时间越长,突破力度越大,横有多长,竖就有多高。价格波动上沿就是海平面,突破回踩不破或突破超过 1% 就顺势跟进。若突破失败,破箱体下沿止损。提示大家注意,不要先预测要突破就进场,这样失败后止损概率非常大,而突破后止损概率非常小。

九、墓碑形态 K 线

顾名思义,墓碑意味着死亡,也就是原来的行情要反转了,它的 K 线形态像个墓碑，当然多年来实战发现，有时候有个变异形态，就是接近于十字架型的星形K线，但不管什么形态，它必须出现一段时间高位或者低位横盘，或圆弧顶底配合，一起构筑一个标准的墓碑线形态。图15-21中，在750处铁矿1901比较明显形成空头墓碑线，后期多头全部埋葬。

图15-21 墓碑形态

十、多方炮和空方炮K线

（一）多方炮

K线形态是一个两阳夹一阴的模样，同时配合量能是阳线放量、阴线缩量，这种形态如果出现在相对低位，那一般都预示着后期会有一定上涨。它有一个变异形态就是三阳夹两阴，也算是多方炮。

K线在经过长期下跌后横向盘整（或经过一波行情上涨后的横向盘整），并有底部抬高的迹象，此时应怀疑价格随时有可能向上突破盘整带。由于长期的下跌或盘整，人心涣散，投资者习惯于稍涨即抛，上档压力较重，对于下跌末期后的上涨，压力来自于前头部套牢盘，对于上涨中继式的盘整，压力来自于底部获利盘。当出现放量阳线突破平台时，第二根K线往往上升乏力走出高开低走的阴线或带有较长的上影线，第三根K线继续收集筹码使价格继续上升，有时甚至收出光头光脚的阳线。这五根 K 线的前三根 K 线图组成了两阳夹一阴，被称为"多方炮"，具有向上攻击的能力。第四根、第五根的阳线被称为"多方开炮"，如图 15-22 所示。

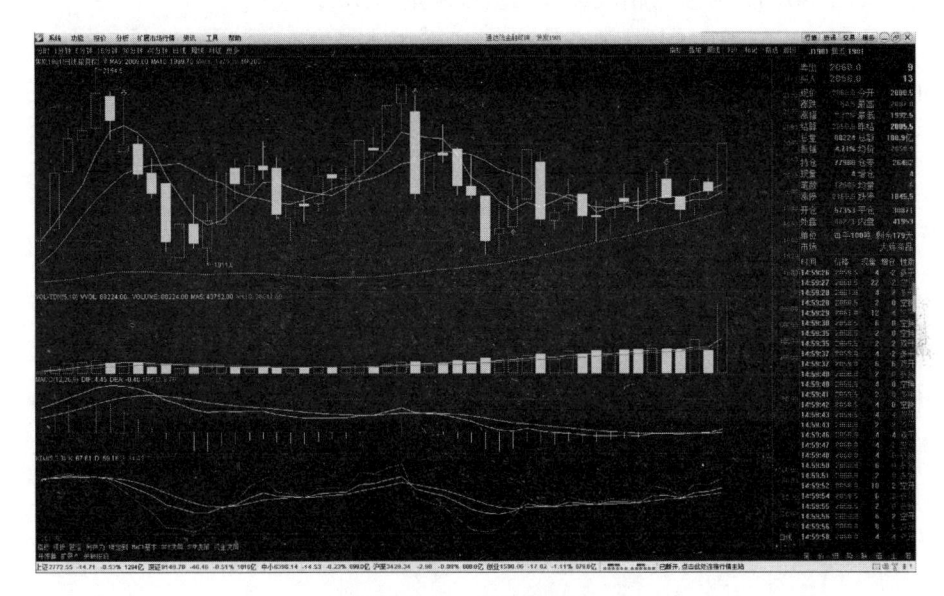

图 15-22 多方炮形态

当多方炮形态出现后，价格未必一定上涨，而接下来的走势十分关键：如果接下来价格出现跳空上行或继续放量上攻的情形，表明多方炮的技术意义有效，这时称之为"多方开炮"，两阳夹一阴的 K 线组合亦称"炮台"，表明后市价格将有上升空间。如果接下来价格没有出现跳空向上涨升或继续放量上攻的情形（也就是说无法持续向上攻击的势头），多方炮将变成哑炮，形成多头陷阱，价格将回落到原来的整理区间继续盘整，甚至出现向下破位的情形。所以，并不是看见一个两阳夹一阴就认为它是多方炮，因为哑炮很多！

为此，研判多方炮，尚需把握以下要点：

（1）多方炮须出现在一轮明显的下跌行情之后，价格有一个低位止跌横盘的过程；

（2）第一天放量阳线须是突破中期均线（如：30 日线）或创近期新高；

(3) 第二天出现的阴线，成交量必须萎缩，而价格不可再回均线之下；

(4) 第三天阳线的收盘价应高于第一天的收盘价，且须比第一天放量，但不可是巨量；

(5) 第四天必须为稍放量（匀量或温量）阳线；

(6) 第一天阳线是上攻，但由于上方存在套牢盘，下方存在获利盘，因此第二天主力故意收阴线让抛压抛出，只不过主力并未出逃，所以成交量呈现萎缩。第三天主力再次上攻，多头占据主导。

（二）空方炮

空方炮的 K 线形态是三根 K 线呈下跌之势，中间较两边短，两阴夹一阳的 K 线组合。

空方炮后一般是空方力量的爆发式的出现，短期下跌的可能性极大，又称空方开炮。图 15-23 中为两阴夹一阳的 K 线形态，两阴夹一阳的 K 线组合形态由两根较长的阴线和一根较短的阳线组成。阳线夹在阴线之中。

图 15-23 空方炮形态

走势强劲的两阴夹一阳特征是：三根K线呈下跌趋势，阴线的顶部尽量低，阳线的实体尽量短。图15-23中沪镍在绿色箭头部分组成一个空方炮形态，且第四天继续跳空下行。

在多空双方的力量对比中，空方取得支配地位，多方虽有反抗，但力量微弱，明显不敌空方，后市看跌。

两阴夹一阳的K线组合图形既可以出现在涨势中，也可出现在跌势中，在涨势中出现，是见顶信号；在跌势中出现，继续看跌。

在涨势已持续很长时间或股价有了很大涨幅后出现两阴夹一阳，是头部信号。第一天阴线可能是庄家大量出货，将股价压低，由于长期的上涨使人们逢低即买，第二天买入盘涌入收阳线，第三天庄家见高价再次大量出货，再收阴线。这样，价格会在大量抛售的情况下继续往下跌。

两阴夹一阳出现在跌势中，继续看跌。此时多方的力量已经十分微弱，下跌途中虽有反抗，但却改不了下跌的大局。

操作注意：

（1）价格在高位区域出现两阴夹一阳K线组合形态时，应立即卖出手中多单，以回避头部风险，激进者也可轻仓尝试做空。

（2）两阴夹一阳K线组合形态中的阳线也可以是"十"字小阳线。有时出现两根大阴线夹数根小阳线，且第二根阴线把前几根小阳线全收复的K线组合形态时，同样具有看空意义，应平掉手中空单。

所以，对于空头炮一定要做空，也就是说只要见"两阴夹一阳"坚决杀跌！无须看量！

十一、岛形反转K线形态

岛形反转是投资形态学中的一个反转形态，就是说这种形态出现之后，价格走势往往会转向相反方向。投资者看到这种形态应及时做出卖出（顶部）或买入（底部）决定。岛形反转分为顶部岛形反转和底部岛形反转。

这是短期强烈反转的信号。

（一）定义

某投资品种价格在经过持续上升一段时间后，某日出现跳空缺口性加速上升，但随后价格在高位徘徊，不久价格却以向下跳空缺口的形式下跌，而这个下跌缺口和上升向上跳空缺口，基本处在同一价格区域的水平位置附近，使高位区域的数根K线在整个K线图表上看来，被分成了两大块区域，就像是一个远离海岸的孤岛形状，左右两边的缺口令这岛屿孤立地立于海洋之上，顾名思义，这就是顶部的岛形反转形态，如图15-24所示。岛形反转是一个孤立的交易密集区，与先前的趋势走势隔着一个竭尽缺口，并且与之后的价格趋势相隔着一个突破缺口。在一波价格走势后，价格在过度预期中跳空，形成竭尽缺口，在整理一日至数日后，价格反向跳空，使整理期间的形态宛如一个孤岛。

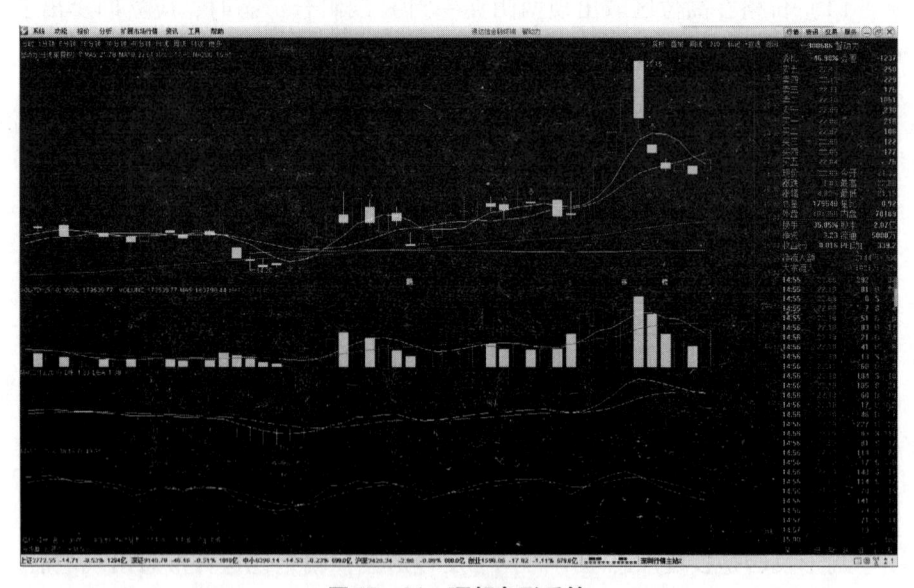

图15-24　顶部岛形反转

价格在持续下跌过程中也会出现岛形反转形态，价格在经过持续下跌一段时间后，某日突然跳空低开留下一个下调缺口，随后几天价格继续下沉，但下跌到某低点又突然峰回路转，价格向上跳空开始急速回升，这个向上跳空缺口与前期下跌跳空缺口，基本处在同一价格区域的水平位置附近，使低位区域的数根K线在整个K线图表上看来，也像是一个远离海岸的孤岛形状，左右两边缺口令这岛屿孤立地立于海洋之上，这就是底部的岛形反转形态，如图15-25所示。

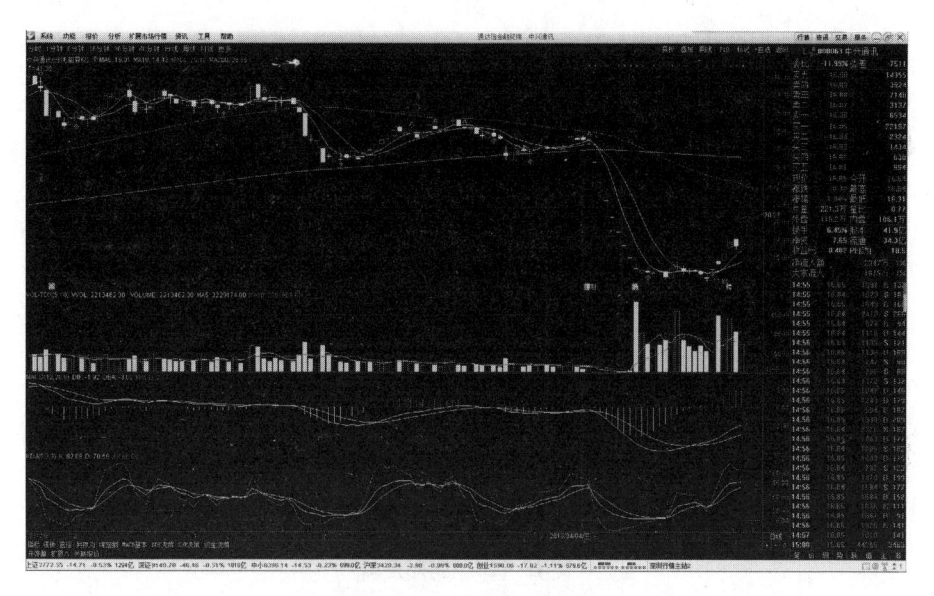

图15-25　底部岛形反转

（二）形成机理

价格不断的上升，使原来想在低位买入的投资者没法在预定的价位吃进，持续的升势令这批投资者难以忍受踏空的痛苦，特别是如果此时有突发的利好消息使市场一致看多，这部分投资者终于忍不住不计价位地抢入，于是形成一个上升的缺口，可是价格却没有因为这样继续快速向上，在高位区域明显出现放量滞涨的横盘，说明此时暗中有着巨大的抛压，经过一段短时间的多空博弈后，多头主力和先知先觉的投资者大量出逃，价格终于没法在高位支持，有朝一日下跌引发市场信心的崩溃，出现缺口性下跌，下跌缺口之上套牢了大量的筹码，价格也开始了漫长的下跌。价格在不断地持续下跌之后，最后所形成的底部岛形的市场含义和升势时形成的顶部原理一样。岛形形态常常出现在长期或中期性趋势的顶部或底部，表示趋势的逆转。

（三）形态特征

（1）岛形的左侧为上升消耗性缺口，右侧为下跌突破性缺口，是以缺口填岛形反转补缺口，这两个缺口出现在很短的时间内，说明市场情绪化特征明显，如图 15－26 所示。

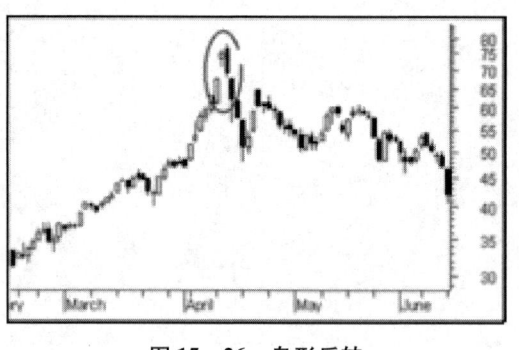

图 15－26　岛形反转

（2）高位岛形的顶部一般是一个相对平坦的区域，与两侧陡峭的图形形成鲜明对比，有时顶只是一个伴随天量的交易日构成，这是市场极端情绪化的产物，其顶部开始成交量呈递减状，并且左侧量为形态中天量；价格在前期上涨时留下一个向上跳空缺口之后，继续上行，但走势已明显转弱并逐渐转化成向下。当下行到前期的向上跳空缺口位置，突然以一个向下跳空缺口，展开加速下跌态势，形成顶部岛形反转。顶部岛形反转为极强的见顶信号。

顶部岛形反转一旦确立，说明近期价格向淡已成定局，此时持有多头方向仓单的投资者只能平仓出局,如果继续持有必将受更大的损失。而空仓的投资者近期最好也不要再做多,或可适当做空,即使中途有一定反弹,也只可做空操作。

(3) 底部岛形反转常伴随着很大的成交量,如果成交量很小,这个底部岛形反转就很难成立;底部岛形反转是个转势形态,它表明价格已见底回升,将从跌势转化为升势。虽然这种转势并不会一帆风顺,多空双方会有一番激烈的争斗,但总的形势将有利于多方。通常,在底部发生岛形反转后,价格免不了会出现激烈的上下震荡,但多数情况下,价格在下探上升缺口处会戛然止跌,然后再次发力向上。投资者面对这种底部岛形反转的品种,应首先想到形势可能已经开始逆转,不可再看空了。激进的投资者可在岛形反转后向上跳空缺口的上方处买进,稳健的投资者可在价格急速上冲回探向上跳空缺口获得支撑后再买进。当然如果价格回探封闭了向上跳空缺口不要买进,应密切观望。一般的(其他形式)向上跳空的缺口被封闭后,后市就会转弱。值得注意的是有很多品种,底部岛形反转向上跳空缺口被封闭后,价格并没有重现跌势,不久又会重新发力上攻。这可能是底部岛形反转的向上跳空缺口与一般的向上跳空缺口的不同之处。因此,投资者对那些填补向上跳空缺口之后,再度发力上攻跃上跳空缺口上方的品种要继续密切加以关注。持有多头仓位的仍可继续持有,持有空头仓位的一定及时获利了结,空仓的投资者也可适时跟进。当然这里要注意的是,对填补向上跳空缺口后,价格还继续下沉的品种就不可再看多了,可能此时只是下跌中继,投资者应及时止损离场观望。

(四) 操作策略

下面详细说明岛形反转在实战中的操作技巧:

(1) 在顶部岛形反转形成期间成交量十分巨大,因为多空双方在此期间大量换手,但最终却成为多头制造的最大多头陷阱即多杀多;而在底部岛形反转时对成交量没有太大要求,因为弱势阴跌的末期过程中很难会出现大量割肉盘，不过在底部岛形反转向上突破中要求放量上攻。

（2）二个缺口间隔时间短则为一天，亦可能长达数天至数个星期左右。短时间如一两天内出现岛形反转，往往结合典型见顶的K线组合一同出现，如穿头破脚、黄昏之星、射击之星等；长时间如数周内出现岛形反转，往往结合典型的其他形态一同出现，如头肩形、圆顶（底）、平顶（底）等。其中顶部岛形反转的顶一般是一个相对平坦的区域，与两侧陡峭图形形成鲜明对比，有时顶只是一个伴随天量交易日构成，这是市场极端情绪化产物。

（3）岛形形态最佳的买卖点为跌破上升或下降趋势线和第二个缺口发生之时，因为在这之前无法确定发展的方向，而一旦形态确立操作上要快刀斩乱麻，坚决做多或做空，不要迟疑。

（五）要点提示

（1）在岛型前出现的缺口为消耗性缺口，其后在反方向移动中出现的缺口为突破性缺口。

（2）这两个缺口很短时间内先后出现，最短的时间可能只有一个交易日，亦可能长达数天至数个星期左右。

（3）形成岛型的两个缺口大多在同呈段价格范围之内。

（4）岛型以消耗性缺口开始，突破性缺口结束，这情形是以缺口填补缺口，因此缺口已是被完全填补了。

（5）岛形反转的两个缺口之间的总换手率（可以是短时间内的大量换手或长时间内的微量换手）越大，其反转的信号越强。

（6）如果是短时间内的巨量换手，则成为岛形与"V形反转"的复合形态，其信号非常强大。

（六）指导意义

岛型反转不是最重要的反转形态，因为它形成的时间相当短，不足以代表主要趋势的意义,不过它通常是一个小趋势的折返点。其理由明显,因为前一个跳空发生后,不久便发生反向的跳空,显见原来既有的趋势在过度预期后,发生后继无力的现象。既有趋势的力道在后继无力下突然间消失,因此反向势力便乘势而起,便发生反向的跳空。这是多空势力在短时间内鲜明的消长结果。

所以,当反向缺口没有马上被填补时,便代表多空势力消长确立,成为趋势的反转信号。

由于岛形反转形态是由两个跳空缺口组成,很多技术分析人士在总结该形态的时候,常常习惯于在谈趋势的时候,探讨完缺口理论后顺便提及这种形态,所以我们也要熟练去掌握它的应用。

十二、纺锤线

所谓纺锤线是一种实体相对较小、影线很长的线形,它既可以是阴线,也可以是阳线。也可以是实体和影线各占一半长度,形态上像古时候纺线用的纺锤,比较对称。纺锤线代表市场缺乏进一步上升和下跌的力量,处于一种均衡状态。在一波急涨之后出现的纺锤线代表多头后继乏力,先前的涨势因此停顿,反之在一波急跌之后出现的纺锤线代表空头后继乏力,先前的跌势因此停顿。但是市场是否反转还需要市场走势进一步证明。带有巨大成交量的纺锤线其市场指导意义更加重要。

(一)纺锤线的技术含义

众所周知,长阳线代表多头控制交易过程,长阴线则由空头起主导作用。如果实体的长度很小,上下影很长,多空双方正处于拉锯战中,多空的力量大致维持均衡。这种实体很小的线形称为纺锤线,代表价格缺乏上升和下降的力量,表明市场正在休息调整并正在酝酿后期更大的行情。

纺锤线是一种预警信号，表明市场正在丧失方向，如果纺锤线发生在价格高位区，在急涨的走势之后，表明多头后续乏力，先前升势可能因此停顿。

K线图最重要的优点之一是可以与其他的技术分析方法一起使用，能非常形象地说明市场发生的一切。如果把单一纺锤线与成交量一起使用，就能判断市场的内部运作，发现主力是收集筹码还是在获利了结。

我们以多头行情为例，主力收集多头筹码肯定要发生在低价区，成交量放大而价格停滞。如果成交量放大，则代表买方不断买进筹码，投入大量的资金。但是停滞的价格显示空头无法压低价格，空头所投入的筹码已被多头承接，结果是一波升势。派发筹码与搜集筹码正好相反，多头出货发生在高位区，成交量放大而价格停滞不动。在这种盘势中，主力正将手中的筹码转交给其他买盘。由于卖方供给的筹码足以应付买盘的需求，所以价格无法挺进。因此，在高价区出货应该视为顶部信号，结果很可能是一波跌势。主力在搜集与派发筹码时有一个共同的特征，即价格几乎停滞不动。这时的纺锤线便是这种情况下的标准线形（开盘价与收盘价比较接近）。所以，在高价区纺锤线出现时，只要观察成交量的变化，就可以判断是在搜集筹码还是派发筹码。纺锤线无论是出现阴实体或阳实体，它们所代表的意义都是一样的。

（二）纺锤线操作要点

"纺锤线＋阴线"。核心技术关键词是：升势遇阻—纺锤星线—阴线—短期趋势转跌。当市场连续出现了3天的阳线之后，如果第三天的阳线短小，像一个纺锤形或星线，那么这是一个涨势遇到了麻烦的K线组合形态。倘若随后又出现一条阴线，这就更进一步明确了短期的走势很可能会出现一个逆转。它表明市场在"喘息"。既然市场累了，那它就会有回撤，就会去走一条先整理再上攻的路线。

操作要点：我们以多头行情举例，当市场连续小阳线上行后，在某日出现纺锤线，且量能放大，我们就要注意后期调整，多单一定要降低仓位并谨慎观望后期走势。

（三）纺锤线形态讲解案例

1. 纺锤线形态讲解案例一

图 15-27 是沥青 2018 年 8 月初走势，8 月 7 日放量创新高，注意，量能放大很多，第二天虽然缩量，但已经明显滞涨，第三天更是直接跳空低开最后组成高位三只乌鸦，并终于在 8 月 16 日放量跌破平台支撑。

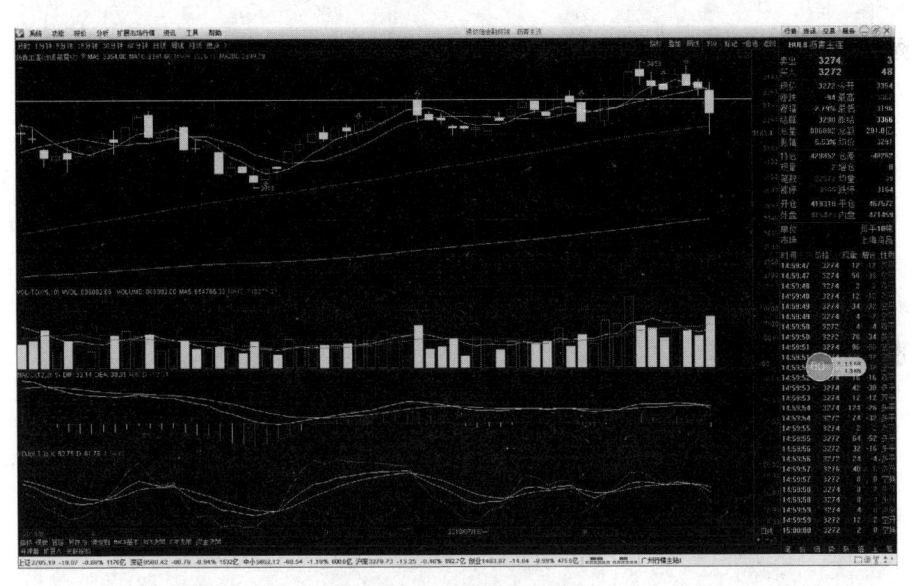

图 15-27 纺锤线形态一

2. 纺锤线形态讲解案例二

图 15-28 是焦煤 1901 合约在 2018 年 4 月 17 日所形成的纺锤线形态，可以看到在前期大跌后，行情于当日止跌收阳纺锤线，但因当时该合约还不是主力合约，所以交易量较小，但纺锤线还是对后市起到了指引作用，后期升幅也相当可观。

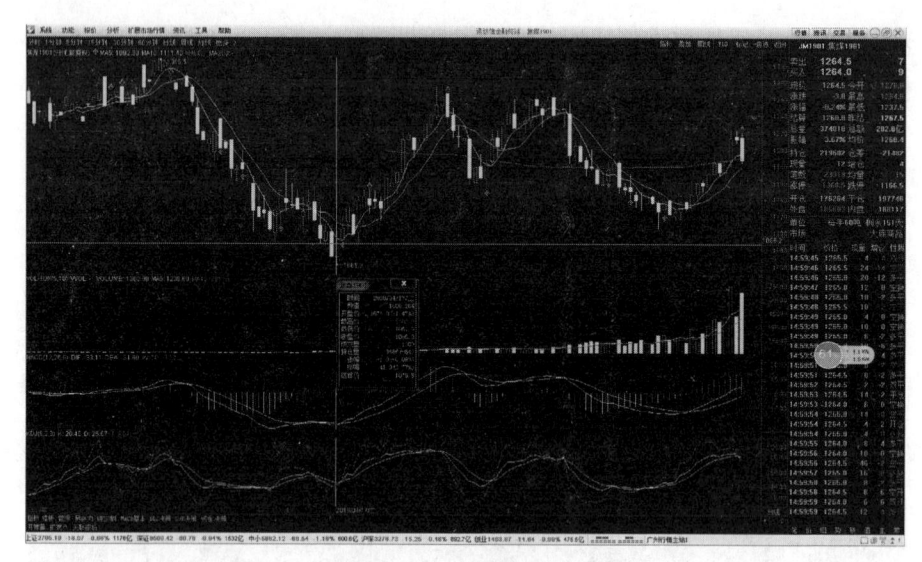

图 15 -28 纺锤线形态二

3. 纺锤线形态讲解案例三

图 15 -29 是甲醇主力的走势图，2018 年 8 月 20 日出现了一个极其标准的阳纺锤线，此后行情一个多月以来一直在纺锤线高低点所形成的箱体内进行震荡。

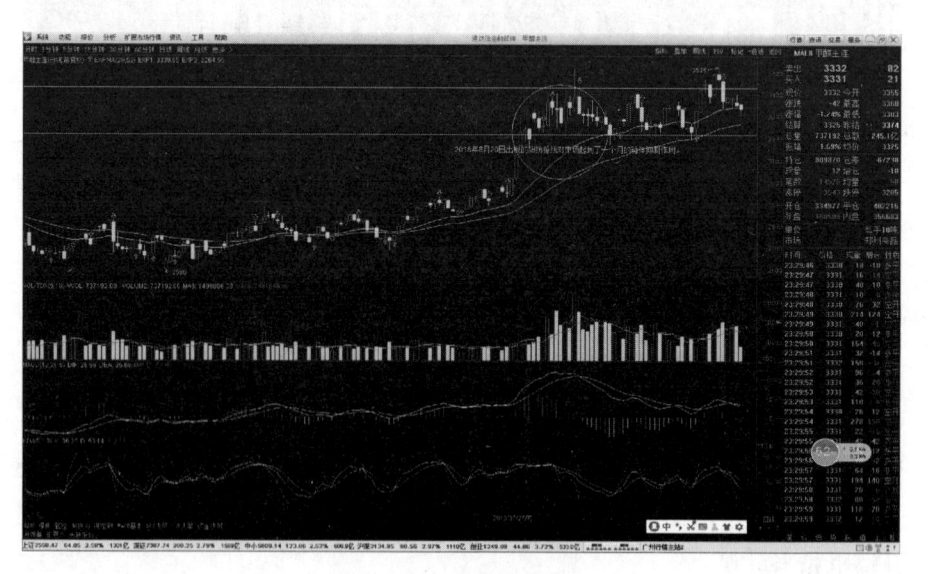

图 15 -29 纺锤线形态三

案例三给我们延伸出一个重要的看盘思路，就是一旦出现极其标准的纺锤线，那么就要注意其上下影线所构成的箱体对后期盘面的影响，由于图 15-29 中甲醇是多头趋势行情，所以我们完全可用在 3212 箱体下沿处去做多，然后上轨附近抛出，但不轻易做空，这样来回也会有非常丰厚的多单盈利。直到行情有效突破箱体后才可能形成一波新的趋势机会。

（四）注意要点

第一就是在高位出现纺锤线，一定要放巨量或者天量，当然其前后两天放量也可以，总之高位成交量持续放大做头概率较大，低位不一定放巨量，缩量止跌也很正常，但纺锤线前后几日整体成交量一定要有所放大才好。

第二就是如果在上涨中位区出现纺锤线放量，对于后期价格研判也有指导意义，就像三角形整理一样，后期一般都是沿原方向继续前进，纺锤线出现后可能价格会有一段时间整理，但是整理的高低点一般都是在由该纺锤线上影线和下影线构筑的小箱体之内运行，一旦某日突破，则可能行情开始突破变盘。

图 15-30 是苹果 1901 走势图，在 2018 年 5 月 23 日形成阴线纺锤线，但是量能大幅萎缩，前期多头没有离场，但上涨后需要修复指标，所以后期几日价格一直在纺锤线内侧进行震荡，直到 6 月 8 日向下假突破后再反身向上，开始了一波上攻行情。再次还要讲一下，判断纺锤线在中位区还是在高位或低位区，我们一看量能，二还可以通过历史价格走势来判断，有时候可以拿现价和前期价格比较，如果只是达到历史高价的二分位附近或者前期压力平台，往往后期还是继续上行的，此时的纺锤线建议以中期整理看待，反之在空头行情中也是如此。

第三就是无论高位还是低位出现纺锤线后，请大家一定要关注后期走势才可确定，不能见纺锤线就认为要转势，要参考其他 K 线形态和技术指标多重判断才能提升准确性。特别是在期货投资中，见到此种 K 线可以把它作为减仓依据而不是开仓依据。减仓减错了大不了就是少挣钱，如果开仓错了，那就意味着要赔钱了。

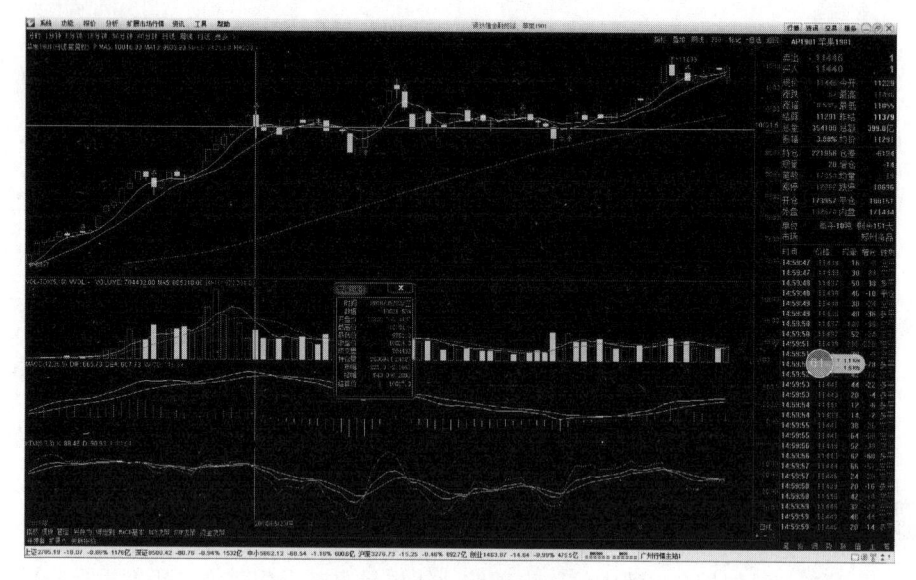

图 15-30　苹果 1901 走势

　　第四纺锤线的特殊变种是高浪线，它是指上下影线都非常长的一种线形。它是纺锤线和十字线的变体，代表多空胶着的状态。高浪线一旦出现，说明市场目前丧失了方向，趋势随时可能发生变化，研判高浪线的意义最好以随后市场产生的变化作为依据。高浪线就是平时说的"螺旋桨"，具体详见前面 K 线之螺旋桨 K 线。

十三、金钟形态

　　金钟形态（个人独创的一种 K 线形态）顾名思义，整个大区间内的 K 线组合构筑一个大钟形态，往往该形态一出就容易出现较大下行态势，但是在字面上千万不要把它和单独一两根 K 线组合的倒扣金钟弄混，虽然那也是看跌形态。同时再次提醒大家在形态上可能更像头肩顶，但是不一样的地方在于，它一般发生在一个长期下跌后突然很突兀地形成一个反弹钟形形态，后期继续下行，而头肩顶却可以发生在长期横盘或者上升末端。

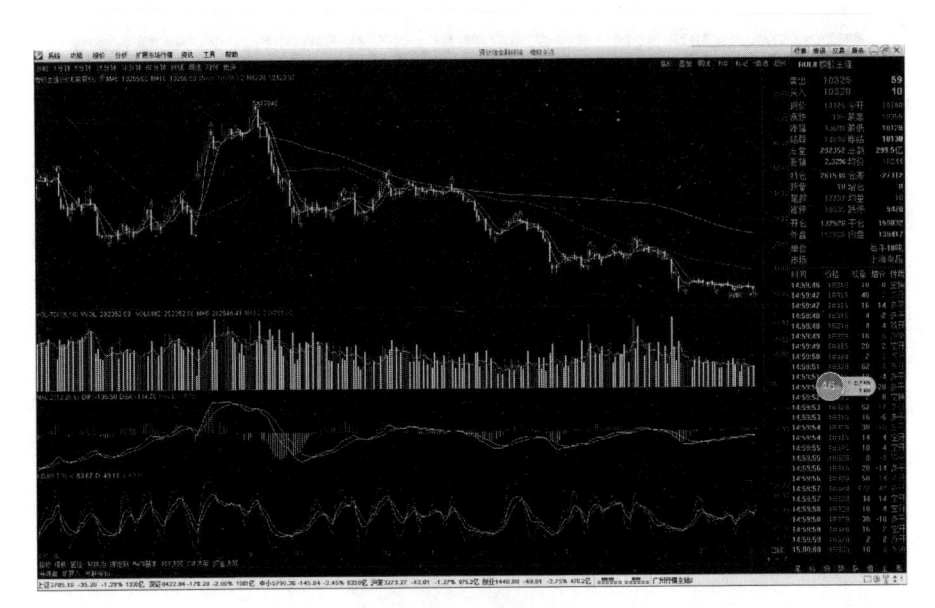

图15-31就是一个典型的钟形K线组合，后期下杀空间还是很大的。

图15-31　金钟形态

图15-32是棉花主连日线走势，比较明显的是在19250高点左右形成一个头肩顶，但是明显的肩部和非常突兀地快速拉升做左肩还是反弹构筑右肩能很好地区分于钟形。这种头肩顶经过长期震荡后可能会形成老鸭头形态，因为它是明确突破了前期箱体上沿的压力。但是如果一旦把上升趋势线或者长期均线跌漏，则就形成了明确的下杀走势。

技术形态意义：经过一波下跌后，价格在超跌情况下展开反弹，以达到修复技术指标和等待上方长期均线跟上的目的，往往反弹力度还是较强的，但是往往反弹到此轮下跌的二分位附近开始横盘震荡调整，然后再次向下破位杀跌。所以可以说是"破烂溜丢一口钟"。

故我们要清楚，钟形形态是一个顺势操作形态，而头肩顶或头肩底是逆势形态或反转形态。钟形倒过来我们也可以看作是挖坑，股市上很多人特别注意黄金坑的形态，因为他们追求的是抓住最低价的机会进场，也就是俗称的十八层地狱，但是其实在期货上那种坑，有时候未必就一定是大底，后期往往还有下跌空间，但是在价格企稳上行一段之后出现的倒钟形参与做多反而更加安全。

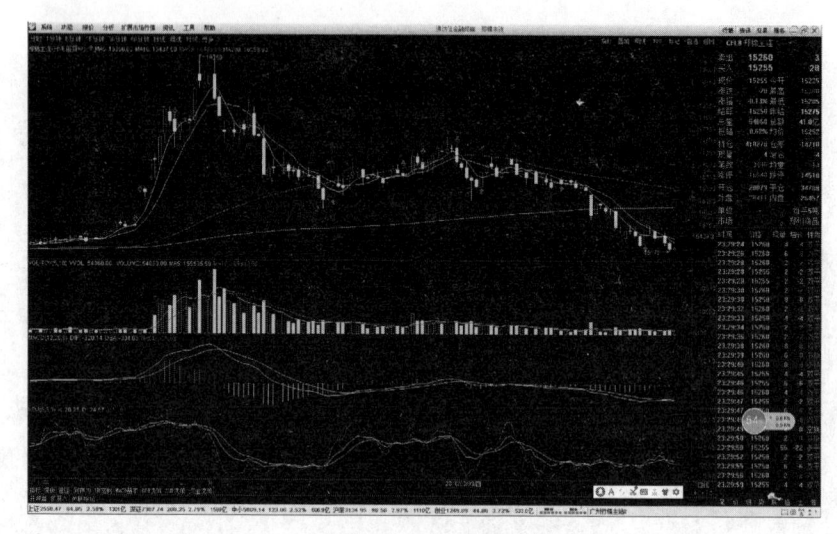

图 15-32　头肩顶形态

如图 15-33 铁矿在 2018 年 8 月初构筑的这个钟形组合，是在前期一波上行后，回踩到长期绿线支撑后做分时圆弧底后拉升，此时在图中鼠标位置就是最好的进场点。做单我们不追求最高或者最低，追求进场最安全且获利最快。

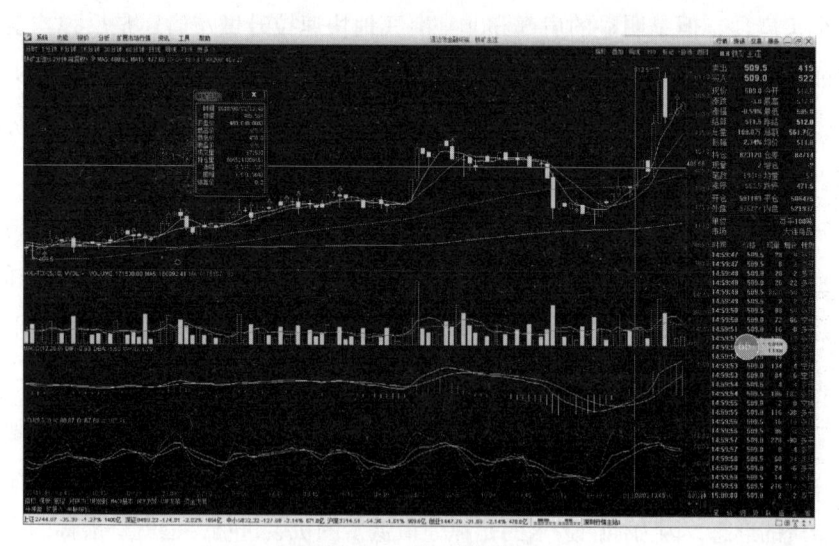

图 15-33　铁矿钟形形态

所以无论是正钟形还是倒钟形,当价格 K 线走到钟形的右侧边缘处突破且回抽确认有效的时候进场最安全,进场时若有近期新高或新低则更加安全。

十四、老鸭头形态

老鸭头是主力建仓、洗盘、过鸭头顶拉高等一系列行为所形成的经典形态。

(一)形态特征

(1)采用 5 日、10 日和 66 日参数的价格平均线。当 5 日、10 日均线放量上穿 66 日平均线后,形成鸭颈部。

(2)价格回落时的高点形成鸭头顶。

(3)当价格回落不久,5 日、10 日均线再次金叉向上形成鸭嘴部。

(4)鸭鼻孔指的是 5 日均线死叉 10 日均线后两线再度金叉时所形成的孔。

(二)市场意义

(1)当多头主力开始收集多单筹码,价格缓慢上升,5 日、10 日均线放量上穿 66 日平均线,形成鸭颈部。

(2)当多头主力震仓洗筹价格开始回档时,其价格高点形成鸭头顶。

(3)当多头主力再度建仓收集筹码时,价格再次上升,形成鸭嘴部。

(三)操作方法

(1)在 5 日、10 日均线放量上穿 66 日平均线形成鸭颈部时买入。

（2）在鸭嘴部附近成交量芝麻点（期货上不要求）一带逢低加仓或没有赶上前一次入场点时可买入。

（3）当价格放量冲过鸭头顶瞬间时加仓或进场。

鸭头顶离开66日均线要有一点距离，乖离较大，否则说明主力在这个老鸭头处建仓意愿不强，老鸭头下一定要放量，否则一样说明主力建仓意愿不强，老鸭头的鸭鼻孔要越小越好，没有的最强！鸭鼻孔下一定要有缩量芝麻点（期货不需要），否则说明主力控盘性差。鸭嘴下一定要通气，通气性越高越好！最后就是5日、10日和66日均线发散，三张鸭嘴一张，就"嘎嘎嘎"叫出了长阳线！

价格经过一段时间上涨后，出现调整，调整完毕后进行更猛烈的上攻，这个过程所画出的图形称之为"老鸭头"，我们只要把握住后面的快速上升时段就能获得不小的收益。其特点如下：

第一，市场处于上升通道（66日均线往上）；第二，经过短暂调整打压，对应量能急剧萎缩，显示多头回档空间已经有限（没人卖自然就没成交量），市场观望气氛浓厚；第三，跌破66日线后，再放量向上收回60日线（也可以看做潜龙出海，以前市场叫出水芙蓉）的时候为极佳的买点；第四，5日线再次金叉10日且20日、30日线上升，在放量突破前期高点后，也为买入点，特点是买入后，价格急速拉升。

整个过程说明主力控盘很好，跟着主力多头的思路做，一定能获得不小的收益。

这种形态随处可见，有时候会有所演变，但几个特点是不变的：缩量芝麻点、66日线向上、出水芙蓉、突破前期高点。

在日K线图中可以明显看到一个走势，价格在走一个老鸭头的轮廓，一般出现在该品种大跌后的盘整期之后或是有一定涨幅后的回档期间，那么有什么特征呢？

首先，该品种价格从缓慢上升变成突然加速上扬，同时成交量迅速放大，接下来形成头部，放大量，但是此时往往量还是要比在拉升中的要小一些，然后就是回调，一般会有暴跌出现，极端情况是接连好几根大阴线，可能还会跌停,放量大跌,因为当时在拉升过程中,MACD已经上穿了零轴,注意,一定要在前期拉升的时候上穿零轴,那么在此时的大跌中,MACD必然在零轴以上形成死叉,注意,一定要死叉,接下来呢,跌势越来越小,终于不跌了,成交量也变得越来越小,一般在这里形成一个圆弧底,但是这里又要注意了,跌到这里跌不下去了,有几个关键地方要说明:第一,成交量呈越来越小的趋势;第二,这个底部要高于前期上涨的启动区域,而且要高于66日线,越高越好;第三,有些强势品种在前期的拉升中很强,在这个调整的时段不怎么跌,或者只是缓慢下跌且跌的空间不大,接下来又会发生什么呢?那就是慢慢上涨,同时成交量慢慢放大,但是不会涨多少又跌下来了,绝对不可能涨过前期头部,量也不能很大,这把跌下来就彻底休息了,成交量是越来越小,终于看到地量出现了,同时价格的振幅也越来越窄,日K线越来越短,MACD马上下穿零轴了(形态有点像下面要讲的美人肩的左肩,等大家看完后面可以回来对比一下),到这个时候,老鸭头就形成了,接下来会发生什么呢?拉大阳,加速上涨,逼空走势,MACD金叉,突破前期的头部,在突破前期头部的时候又要注意了,看成交量,如果突破时候只是适当放量而没放大量,这叫"轻松过头",说明多头控盘很强,多空观点一致,没花多大力气,在突破后经常会有回抽,而后继续向上拉升。

  这里又要强调一下,一旦老鸭头形成,威力是很强大的,极具攻击性,在启动过程中出现一跟大阳直接穿过短、中、长均线的时候,可靠性更好,也就是我们前文提到叫"潜龙出海",在拉升过程中出现两阳夹一阴的K线组合,阴线往往是十字线最可靠,即"多方炮",后势就将上涨。

  在老鸭头的形成过程中,一定要在60日线的上方,越远越好,在后期拉升过程中,日K线和60日线平行上升,之间的通道越宽越好,就像围棋里面的"气眼大"。

  前期的上涨过程叫形成鸭颈,前期的头部叫鸭头,而后的下跌过程叫形成鸭鼻,最后启动前的地量过程叫形成鸭嘴,最后鸭嘴一张,嘎嘎嘎,价格坐上飞机!

图 15-34 是螺纹主力合约的日线走势,可以看到一个经典的老鸭头形态,日线在 2018 年 5 月 31 日五日均线金叉 66 日均线形成"女"字形,此处为第一次进场点,然后经过一波小幅拉升后于 6 月 19 日见顶回落,五日均线与十日均线形成死叉构筑鸭鼻孔,同时伴随 MACD 在零轴上方形成死叉,但价格回调到上升趋势线并不破前期启动点,且于 66 日均线保持一定距离后止跌反弹,此时也是一个较好进场做多点位,在 7 月 4 日日线重新收复五日均线且五日、十日均线再次金叉形成鸭嘴,此时迎来最后的最佳进场点。从本图可以看出一个非常标准的老鸭头形态的构造,建议大家打开 K 线图,结合书中内容一一对照去理解。

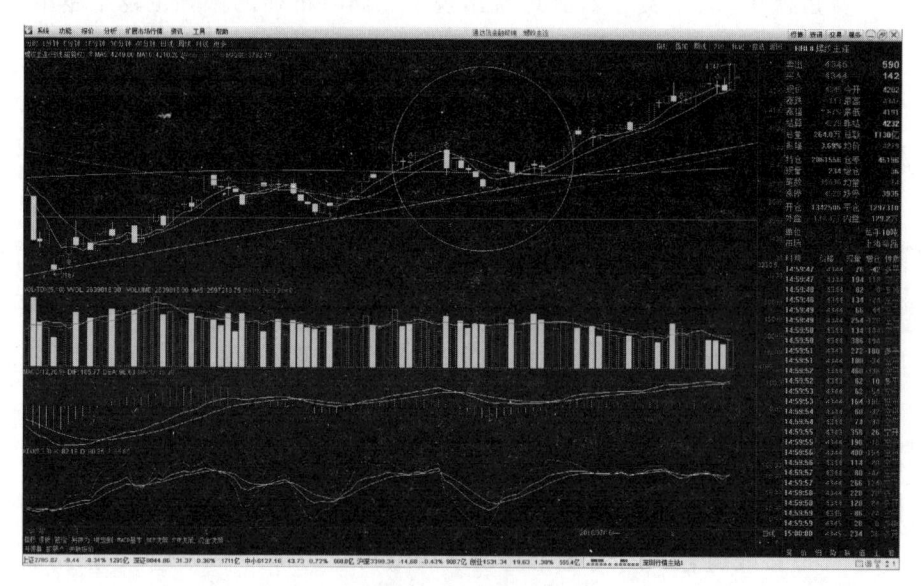

图 15-34 老鸭头形态

十五、美人肩形态

美人肩 K 线形态特征就像是一个美女的头部和肩部,但是研究侧重点在于其两肩。左侧肩部构成是在一波大幅上涨后开始走平，缩量盘整或者盘升，但是跌幅不大，基本守住十日均线，K线以小阴小阳为主基调。经过一段时间盘整后继续大幅上行，右侧肩部形态正相反，K线自头部形成第一波回落后走平，看似止跌或跌幅收窄，但经过一段时间小阴小阳的横盘后终究选择向下破位，形态上也可以叫溜肩膀。

我们可以图15-35郑棉小时图走势来分析左肩和右肩的特点，图中左边圆形内构筑的左侧肩部在回踩之后并没有跌破大均线系统支撑，后出现一波加速上行，很好的买点就在美人的锁骨处，同样右侧圆形内构筑的右侧肩也叫溜肩膀，盘中跌破绿线破位那个点位（即肩部和胳膊的交汇处）就是最安全的转势进场点。

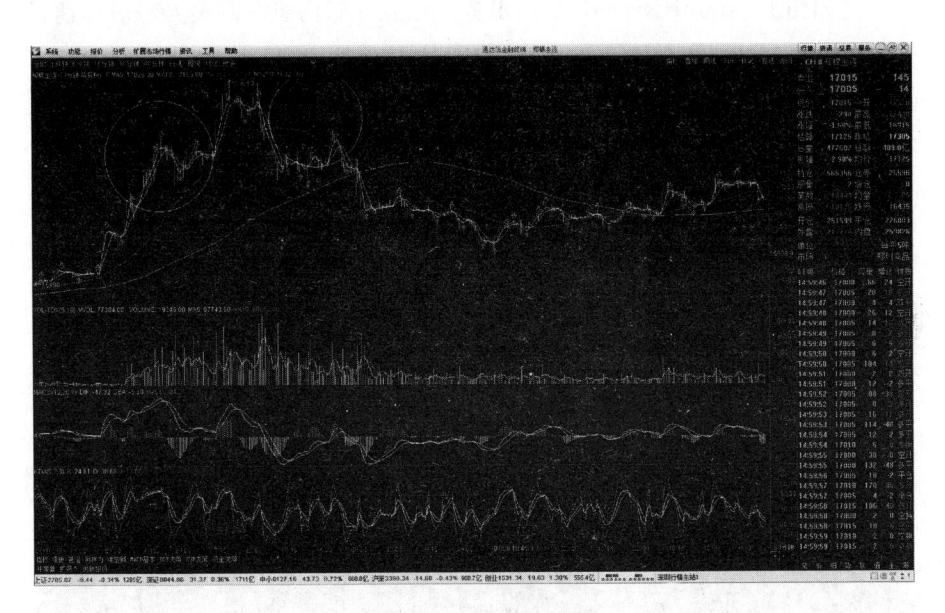

图15-35　郑棉走势

（一）技术要点

（1）价格在经过一波放量上涨后，出现缩量盘整或盘升的态势；

（2）五日均线在十日均线上方呈现平滑移动；有时候会有较大波动但

不破 60 日均线都可以看作正常盘整；

（3）突破时量能较盘整时期明显放大。

（二）最佳买点

左侧肩形态在重新站稳五日均线或当价格放量突破前高时，就是短线介入的最佳时机。右侧肩形态则在价格跌破 200 日均线或放量破前低时进场。但希望大家注意的是，用美人肩战法必须是顺势操作，比如在一个单边多头市场中，我们只做左肩部分突破多单，右侧肩即使构筑出来，但若没有破位，很可能后期继续上行，下方调整空间不大。

比如图 15-36 中沥青 1812 的走势，在五月初构筑左侧美人肩后加速做短期双头后回落，在六月底回踩 66 日均线后止跌反弹，右侧肩下行空间不大，遇此情况只需做好左肩的多头行情，在右侧就肩部则结合其他战法规避空单。

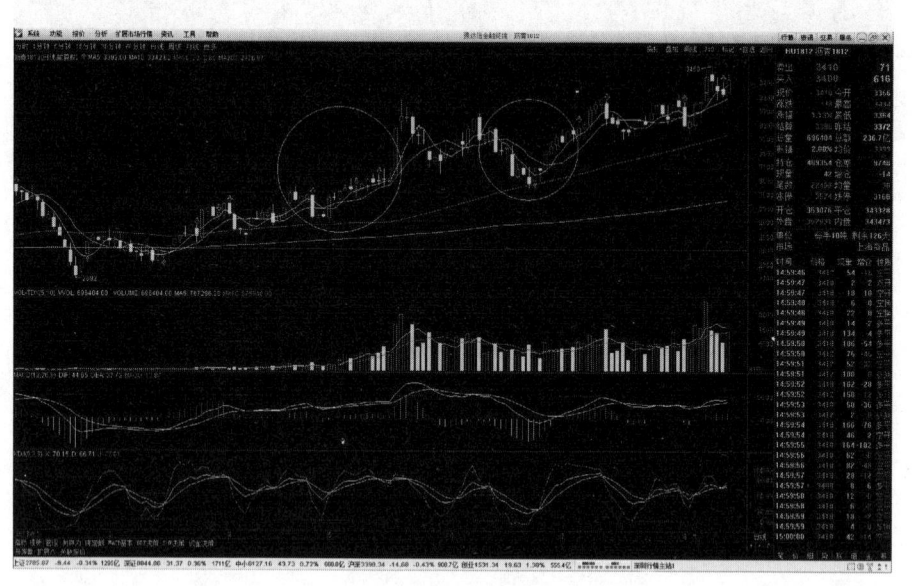

图 15-36　沥青走势

同样如果在空头行情，也只建议把握从头部下杀后向下的溜肩膀空头机会即可获利颇丰。

图15-37是橡胶1809日线走势图，在经过一波下行后在11000点构筑短线盘整箱体，并于2018年6月13日放量跌破11000点向下杀跌，获利翻倍。

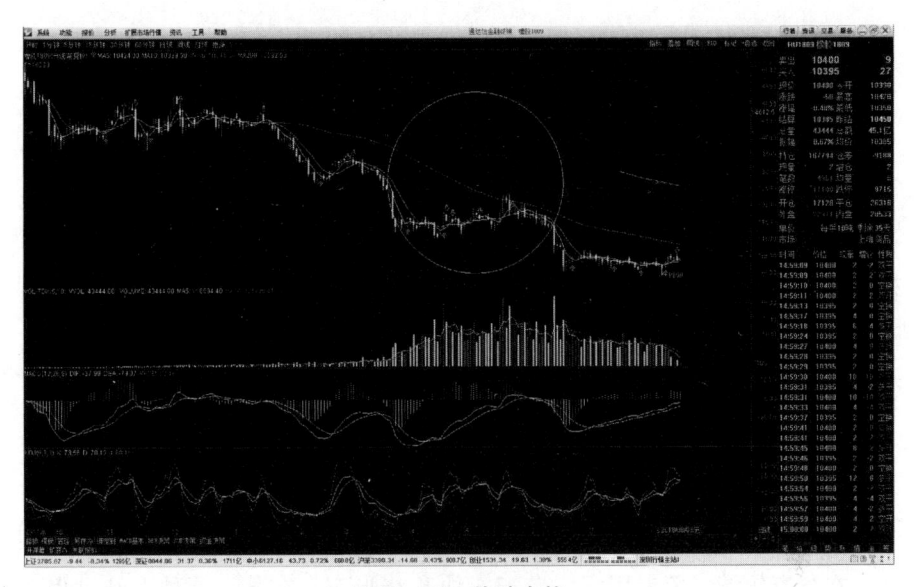

图15-37　橡胶走势

美人肩战法是一个顺势突破战法，当形态出现后我们要结合当时市场所在位置加以判断，特别是均线系统是多头排列还是空头排列。一个完整的美人肩其实就是一个大头肩顶构造，但是多数头肩顶形成后在多头趋势中，未必后期就跌破颈线下行，因为整体趋势特别是下方均线的支撑封死了下跌空间，而只有在空头趋势中，头肩顶形态才有可能真正跌破颈线位继续下跌，所以我们只关注和整体趋势趋同的一侧肩部的操作机会就可以很好地把握获利机会。

十六、蜻蜓点水

（一）定义

蜻蜓点水（自创战法）的文学意义是指蜻蜓在水面飞行时用尾部轻触水面的动作。比喻做事肤浅不深入，也形容轻轻一吻。

蜻蜓在平静如镜的湖面上款款飞旋，不时将细长的尾巴弯成弓状伸进水草丛中，湖面因此扩张开一圈圈波纹。蜻蜓在水面上飞翔，尾尖紧贴水面，一点一点用尾尖点水，是俗话说的"蜻蜓点水"。蜻蜓真的是随便"点水"玩吗？不是的，这是雌蜻蜓在产卵。"蜻蜓点水"的生物学的概念是蜻蜓生活中的自然组成部分——产卵、繁殖后代。人们通常借用这种"点水"方式告诫大家做事要深入，不要浅尝辄止。

（二）指导意义

在投资领域，笔者用它来专指一种 K 线形态。在某一品种上升过程或初步筑底成功以后，空头短期不甘心失败，还是会借机打压价格，多头主力又想在行情启动前洗盘，故配合市场在日内进行下杀，但是为了不让形态破坏或让空头从容平仓，往往尾盘都会拉起，在一段时间内反复出现这种 K 线形态，笔者叫它蜻蜓点水。

图 15-38 中铁矿主力合约在日线上三个圆圈处形成了数根形态各异（有锤头、启明星、螺旋桨、纺锤线）但意义相同的 K 线，它们都在 66 天线上方探底然后尾盘收到开盘价附近，第一根阳线还有一定涨幅，我们通过此图来了解蜻蜓点水的形态特点。

（1）多头拉升的初期或中期阶段，价格不是很高，且处在短期调整末端，而均线基本都已经形成多头排列，MACD 回到零轴上方金叉。

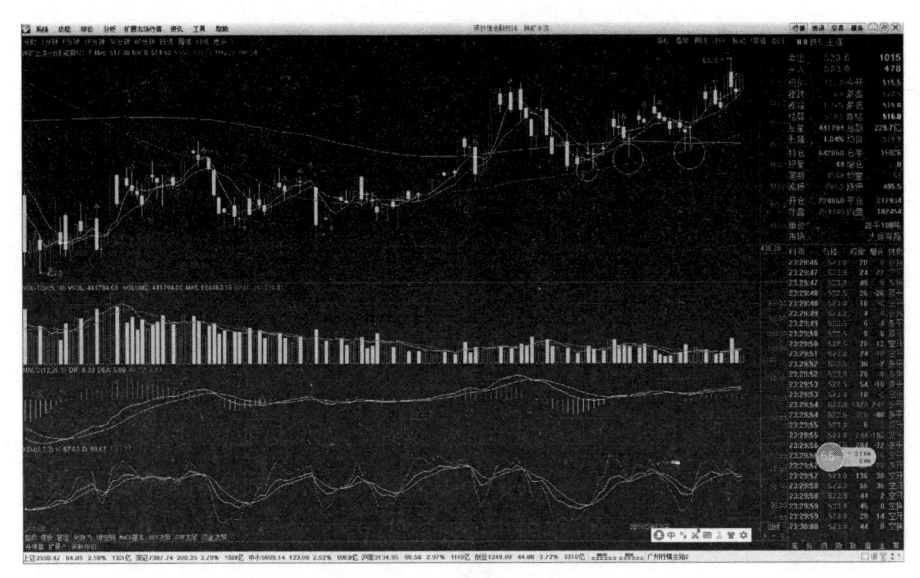

图 15-38 蜻蜓点水形态

（2）66 天线回踩不破，也就是说多头主力在护盘，不想让更多人低位接到便宜筹码。

（3）成交量不大，基本都是缩量或略大于芝麻量，说明浮筹越洗越少，低位惜售情绪浓厚，做空的人也比较谨慎。

（4）下影线逐步抬高，每根下影线的点位都比前一根更高。

（5）主力意图很明确，洗盘，诱空，但每次下杀看似即将破位而后却浅尝辄止，不给空头太多机会，同时又为未来的多头行情打地桩，就像蜻蜓一样，为以后的拉升行情"产卵"，和蜻蜓点水的理解非常接近。

最后请注意，反之，在高位这种情况也经常出现，但是这种形态已经被一些市场人士观察到了，它们把它形容成头上长草，或说是高位三炷香，我觉得都挺形象，一般这种K线组合出现（射击之星、上吊线等），往往也是后期大空头行情的预示，这里就不过多赘述。只给大家一个实战案例来理解。

图 15-39 是棕榈油小时图，圆圈内出现了很多上影线，都可用荒草丛生来形容了，后期有一波非常凌厉的下跌行情。

图15-39 棕榈油形态

通过以上介绍，笔者把在实战中最有指导意义且特征鲜明的K线组合给大家介绍了一遍，无论是笔者自创的还是市场经典的走势（加入笔者的一些另类看法），我觉得都非常有指导意义，因为篇幅关系，一些经典形态没有过多介绍，而且可能有些讲得也不够具体，但是操作思路最重要，见到以上这几种K线形态就应该条件反射似地形成操作思路。相信很多朋友都在以前接触过，比如红三兵、三只乌鸦、乌云遮日等。投资市场风云莫测，但K线组合万变不离其宗，无论主力如何骗线做图，往往都逃不过这些形态的照妖镜，相信大家不断地在实践中运用，就可以从种种迹象、原理、方法和形态上找到应对之策。

第四部分：期货交易实盘五虎将战法及实战案例分析

这么多年来的操作，使我悟到一个非常深刻的道理，就是我们操作的时候一定要去操作真正确定性的机会，这样即使错了，我们也知道确定是做错了，严格止损，而如果总是抱着赌的心态去操作不确定的机会，造成的结果是如果赌错了你还会有侥幸心理，因为你不确定是不是真错了，拖延造成巨大的亏损。那么，什么是确定性的机会呢？请看这本书的两大精华部分之一的五虎将战法！

滚滚长江东逝水，浪花淘尽英雄！本书最重要的章节就是跟大家讲讲笔者自创之三国五虎将战法。

本书前面几部分内容是很好的铺垫，也是给大家的投资本领打个基础，而本书真正的精髓就是本人经过多年在投资界的操盘，总结出的一套非常详尽且实用的看盘操作技术（前文）和确定性战法，为了读者更深刻地理解和掌握，提升自己的单兵作战能力，特以五虎将的方式呈现出来。众所周知，三国时期蜀国有五虎将，每个人都有自己的独特能力，笔者根据他们的特点衍生出来一套战法，让投资者可以做到无论在股票、期货还是外汇等投资市场上无往而不利。

第十六章　关羽战法

关羽被后世尊称为战神，同时也是武财神，其千里走单骑，过五关斩六将，斩颜良诛文丑，单刀赴会，水淹七军以及大意失荆州，败走麦城的事迹，可歌可泣，被后世广为传颂，而关羽的忠义被人千古传唱，以关羽所开发出来的战法，最精髓的一个字就是"忠"，即忠于趋势，坚定持有的原则，故它是一个顺势且偏中线的战法。

前文我们给大家阐述了顺势做单的重要性，同时也希望大家明白在市场中如果想常立于不败之地，且赚取超额收益，必须学会顺势做单，那么何为顺势，何为逆势呢？最简单的评判标准在于指标把握上，首先我们可以用三个指标综合判断：第一是我们的独家指标——"多空趋势"指标，那么日线、周线等大周期K线均在其上，则说明是多头趋势；第二是EXPMA（12，50）均线系统也在多头排列，且K线保持在金叉点之上运行或沿短期均线稳步上行，则说明是多头趋势；第三就是均线系统，K线在日线66日均线之上，且均线系统呈现多头排列，周线在30周均线之上运行也可说明是多头趋势，反之就是空头趋势。那么以上三点如果都给出相同结论，我们判定目前投资品种是一个多头或空头趋势中延续，若三个系统未能给出相同结论，我们认为是震荡是或趋势不明。

有了趋势研判结论后，我们就要顺势操作，比如在多头趋势中，价格回调接近均线系统或多空趋势支撑位时就逢低做多，在空头趋势中价格反抽至均线压力区或多空趋势压力位时，就可逢高做空。无论多空进场后，就坚定持有，一旦出现趋势破位即可离场止盈，此战法优势是：首先，大周期我们对于盘面的趋势研判准确性较高、失误率低就降低了风险；其次，不频繁交易，不轻易改变研判思路就减少了操作，降低了交易成本，同时也减少了被主力洗盘打止损的概率；再次就是遇到一波大行情，特别是在期货市场上，盈利的空间就会放大，只要不破位就坚定持有，往往会出现几倍的盈利机会。笔者在 2016 年就是靠这个战法获得数倍盈利的。

那么此战法要注意几个要点：第一是多周期共同判断出现的方向都一致才可确立明确方向并操作；第二，尽量等待回调到支撑位或反抽到压力位再进场，还是我们经常提的那句话：善猎者善等待。

图 16-1 为动力煤主力合约的周线图，极其完美的上升通道，直到 2018 年初才破坏，试想如果你能拿住，资金会翻多少倍？

图 16-1　动力煤周线

那么如何抓住此战法的进场点呢？

我们以做多为例。符合以下条件，即可使用关羽战法：

（1）OBV 指标在底部长期（一个月以上）窄幅波动，几乎呈直线或锯齿状走势（曲线越直，时间越长，后市涨幅越大）。突然有一天 OBV 线拔地而起，干净利索地突破直线或锯齿状走势中的任一高点，且力度很大（大于 45 度，小于 80 度）。行情启动前量能的配合很关键，这是一个判断行情力度的重要标准。

（2）5 日 MA 交叉 10 日 MA（或者 5 日 MA 即将交叉 10 日 MA，或者 5 日 MA 已在 10 日 MA 之上运行），30 日 MA 走平或者已经上移，呈现多头排列，此时日线 MACD 形成金叉向上发散，且最重要的是此时 EXPMA 也形成了金叉。此三点必须都符合，如果此时长期均线走平上行或价格站稳长期均线则更好，但至少要保证 5 日均线、10 日均线向上发散，与 66 日均线形成双金叉"女"字形。

（3）在成交量上，当日成交量大于前一日或 5 日成交均量的 80% 以上，5 日成交均量大于或接近 10 日成交均量，场外资金介入明显。

当中期走势多头，经过一波调整后出现符合以上标准的时机时就可中线建仓，止盈位可设置在未来日线 5 日均线与 10 日均线再次死叉时，不死叉就继续持有，也可以跌破趋势通道为标准，或者根据其他依据提前设置好止盈点位即可。要提醒的一点就是，因为在空头趋势中不需要量能的配合，如果是做空头下杀行情，可不用关注 OBV，只要符合第二条即可。还有就是止损位的设置，如果看错，只需要在日线 EXPMA 再次死叉时先止损离场观望。

图 16-2 是螺纹 1901 合约阶段性行情实例，坐标位置即符合战法的进场时机。从图中我们看到，螺纹 1901 价格一直在 66 天均线之上运行，打开当期周线也是多头形态，那么在日 K 线再次企稳并形成金叉之时就是极好的进场点。未来出场时机可以以 5 日 MA 再次死叉 10 日 MA 为标准，其间涨幅收益超过 150%。

同时，我们还要参考趋势指标和 JA 线，如果同样是相同方向，则参与风险和收益比最合适，特别是当一轮行情走到尾声的时候，这些指标均会在一段时间内先后掉头，我们再以此为判断获利了结后逐步开始反向操作。一般笔者获利了结的最重要标准是日线趋势通道突破后反抽不站回且 EXPMA 再次交叉，两者同时发生为平仓止盈位，然后如果周线 EXPMA 再次交叉和此轮行情主趋势线突破才认为转势做空，这样虽然比较滞后，但是大行情不会提早下车，也避免了过早转向操作的极大风险。

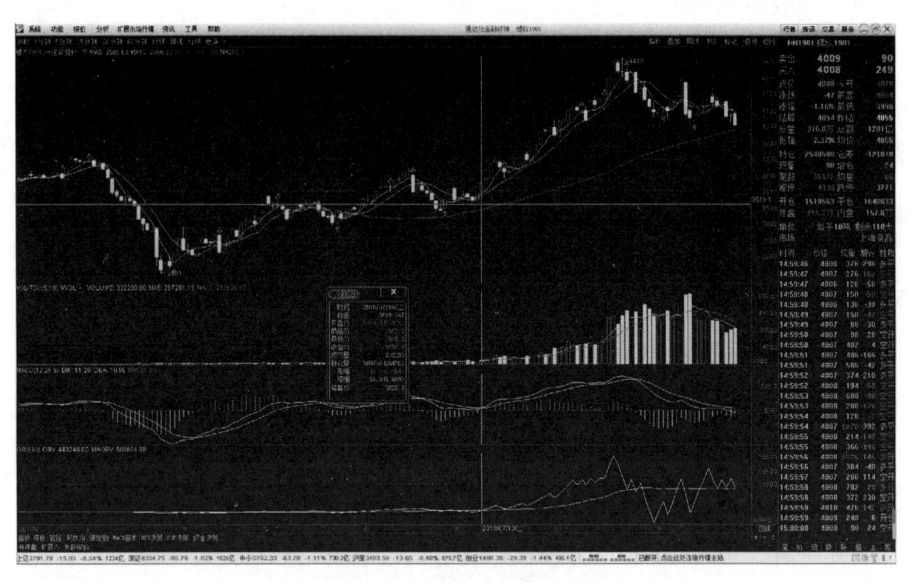

图 16-2　螺纹阶段性行情

这个战法的最大优点是发现大行情，捕捉大黑马，最适合长期横盘、底部构筑扎实，或者高位横盘筑顶的品种。这种走势大多数蓄势已久，爆发力很强，空间较大。经验证明，运用此组战法进行买卖，有的品种在很短时间内（1~3 个月）轻松翻倍，假如你会做波段收益更丰厚，专盯几个这样的商品来回做波段就行了，其实一年下来炒几波就有非常稳定、安全的盈利了。

需要指出的是，不追求每次投资都能翻倍，我们追求的是主力拉升或下杀的时候，立即跟进，在很短的时间内获得最大的收益（一般杠杆收益在50% 以上）。此组信号既可判底，又可测顶。挣大钱的大思路就是关羽战法，五虎将之首！

第十七章　张飞战法

张飞乃一员虎将，忠义之士，但脾气暴躁，粗中又带细，所以才有了当阳桥疑兵之计，喝退曹操百万雄兵之举，被后世传为美谈。那么张飞战法的精髓就是一个字：勇，此勇非无谋略之蛮干，而是有技术依托的。主导思想在于把握单边趋势行情中的短线拐点，以期达到盈利最大化。

具体操作思路是：首先在单边大幅上涨过程中，短线乖离越大，下方的均线系统对价格的牵引越大，价格回落的压力就越大，反之在单边大跌过程中，短线乖离越大，上方均线系统对价格的牵引也越大，价格反抽的需要就越强。这也是我们经常所说的暴涨之后必有暴跌，暴跌之后必有报复性反弹的道理。其次是此战法所借用的指标是KDJ(9，3，3)、乖离率（6，12）和布林线（26），具体操作是一个品种价格大幅上涨，连续拉大阳线，此时KDJ日线指标进入高位区，K值达到80以上，D值达到80以上而J值更是超过100或从100回落至80以上，同时因为只有大涨，才会造成短期乖离率大幅增加，当乖离率都到8以上时，回调压力开始加大，此时若价格又达到布林上轨压力位，我们就可以轻仓布局空单，或者至少要把手里的多单减仓。特别说明一下，KDJ和乖离率数值越大越好。反之，当一个品种价格大幅下跌，此时日线KDJ指标进入低位区，K值跌至20以下，D值跌至20以下且J值更是跌至负数或从负数反抽至20以下，同时因为只有大跌，才会造成短期乖离率大幅增加，当乖离率达到−8以下时，反抽需要变得越发强烈，此时若价格跌至布林下轨支撑位时，我们就可以轻仓布局多单或至少要把手里的空单减仓，同样强调下，KDJ 和乖离率数值越低越好。最后要说明的是，此战法属于逆势战法，往往结合苏秦背剑形态来找到最佳进场点后获利概率非常之大，但必须要说明，因为属于逆大势，做短线，必须快进快出，不管以后是不是要反转，我们有 10% 左右盈利就要撤出。同时以 2% 亏损作为止损严格执行。

  此战法特别适用于那些在做趋势单过程中，又爱进行短线交易的高手和老手，其可以提前找到短期拐点来锁定趋势单盈利，或帮助找到趋势单的滚动操作的短线盈利点来加大获利，比如 100% 空间的翻倍行情，通过短线的高抛低吸可能会变成 200% 空间的盈利，而且也可以提升投资者盘感和增加交易乐趣。但此战法一定要轻仓，而且稳健投资者操作时一定要注意品种的选择，最好是做自己手中本来已有的趋势单的品种，这样即使做错，原来的趋势单仍然继续给你带来盈利，这样就能把风险控制在最低。

  也就是说张飞战法是关羽战法的一个有效补充，可以加大趋势单的盈利，就像三国时期两人的兄弟情义一样，谁也离不开谁，二人共同出马必获大胜！

  图 17-1 是 PTA1901 合约的走势，图中圆弧内侧，曾出现了两次价格触及布林上轨，KDJ 在高位，且出现顶背离，此时，乖离率也到达了近期峰值，后期出现了非常大的调整行情。

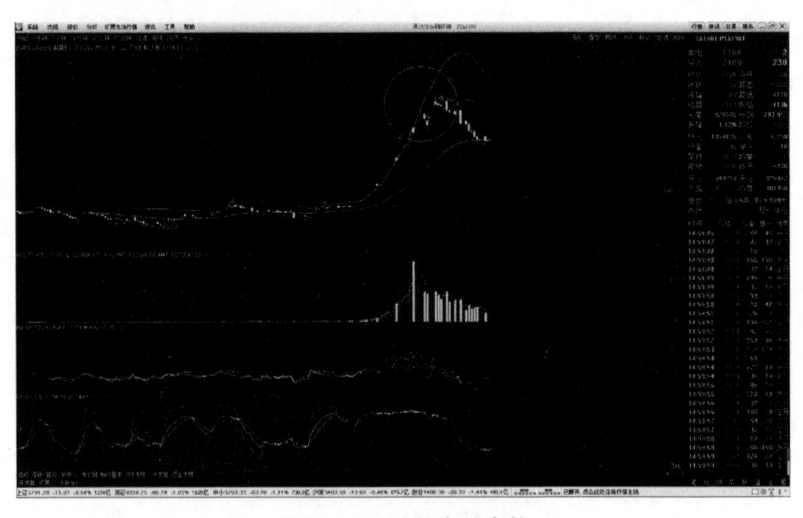

图 17-1　PTA 合约走势

第十八章 马超战法

马超,字孟起,三国时期蜀汉开国名将,因为父报仇,败于曹操之手,故投靠汉中张鲁,再后来转投刘备,从本质上说是一名降将,但是这是一个审时度势、爱恨分明的行为,那么以五虎将之马超演绎来的战法必然属于纠错反手的性质。

具体方法是按照15分钟图形的EXPMA两条均线来作为交易标准,同时参考JAX济安线,当20日上穿50日均线且济安线也是多头排列或相近时间金叉,MACD同向运行则做多,反之则做空。因为期货更注重波段交易,15分钟K1线可承上启下,很好地揭示下一段时间的运行方向。那么主动止盈可关注日线布林轨道,做空则看中轨或者下轨的支撑不破平仓,做多看中轨或者上轨的支撑不破平仓,被动止盈或止损则是当15分钟图形的EXPMA再度死叉之时或跌破济安线的紫线。

首先看图18-1,焦炭1809合约15分钟给出开仓点图中坐标位置,大概点位2020一带。

而当时的济安线也是在支撑位之上,同时MACD多头红柱明显,如图18-2所示。

进场后等到达日线布林上轨2128点附近可止盈,四天获利35%,如图18-3所示。

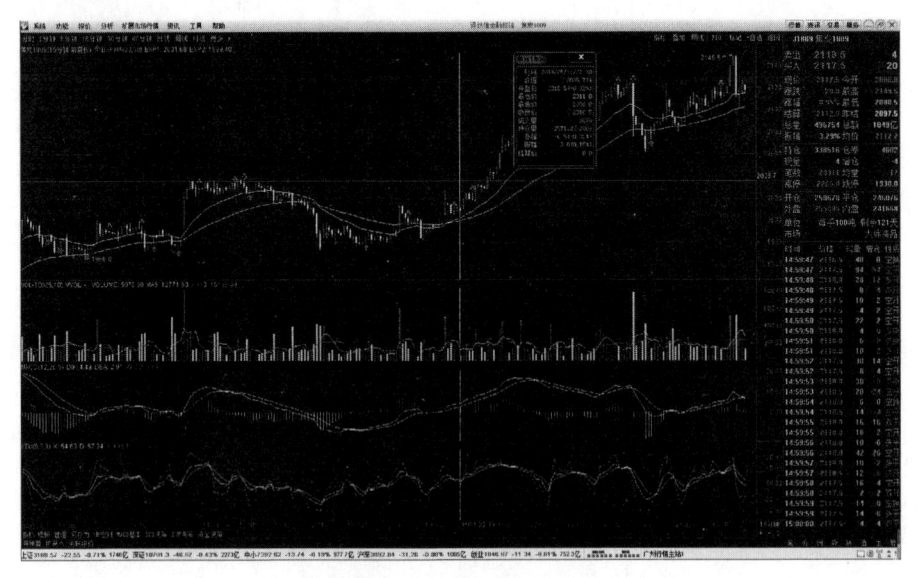

图 18-1　EXPMA 均线

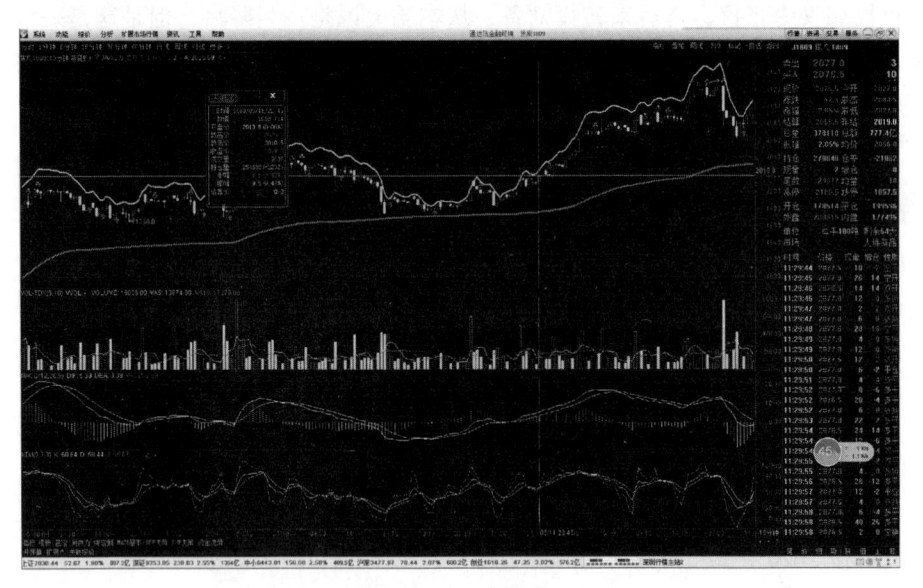

图 18-2　济安线

第十八章 马超战法

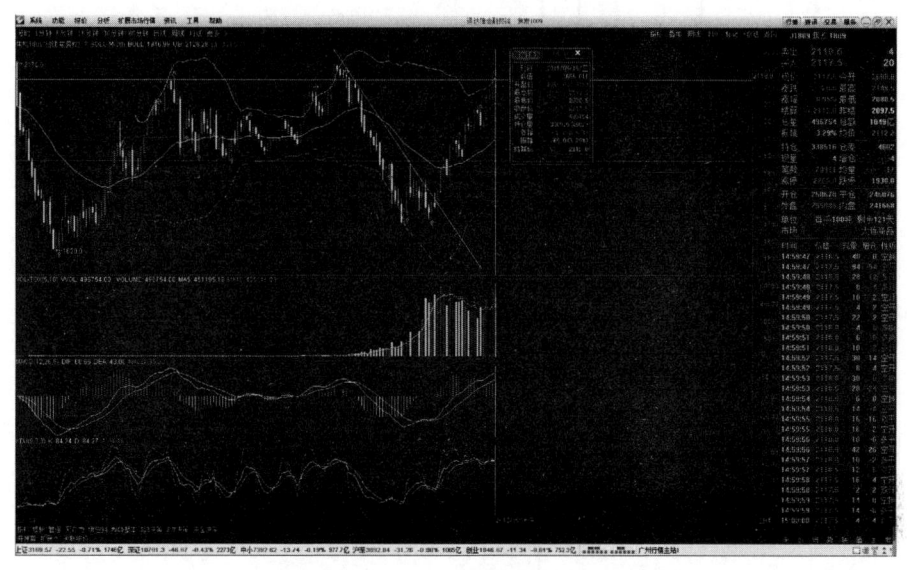

图18-3 布林线

当然也可继续持有，等待15分钟EXPMA死叉后再平仓并可根据情况反手，值得提醒的是不要用济安线做止盈标准，而是交易失败用它做止损，因为济安线做止盈标准滞后性太大，会丢掉很大的利润空间。

同时在此也要强调，顺势很重要，当30分钟、1小时乃至日K线也都是一个方向运行时，此战法可用。如果十五分钟金叉向上，但其他分时EXPMA死叉向下过程中，或者十五分钟死叉向下，但大分时周期确实多头上行态势，最好不要用此法。

第十九章　黄忠战法

熟悉三国的朋友都知道黄忠，老将军长沙大战关云长后降刘，后被封为蜀国五虎大将之四。其不鸣则已，一鸣惊人，在定军山一战力劈魏国名将夏侯渊，美名留于史册。

本人根据黄忠的经历创出一个战法，简单实用，适合平时无时间盯盘的上班族投资者。那就是依托 66 天均线做趋势单。根据长时间用此战法做实战的经验，发现此战法有几个特点，和黄忠的经历很有相似之处：第一，66 天均线是一个长期均线，所以一年商品价格可能会在此地方经过两三次，操作机会不多，但是一旦出现操作机会，准确率和盈利空间都极大。就像黄忠，老将军不轻易出马，但出马则创下不世之功！第二，主力机构操盘往往会有骗线行为，66 天均线作为长期均线被主力反向利用的概率较低，一般最多通过此均线会有一次骗线，也就是说操作上最多会有一次失败止损的机会。这点也像黄忠，一生中有一次背弃前主、转投明君的行为。第三，此战法，值博率极高。何为值博率？就是你做这个单子如果做对盈利的资金和如果错了损失的资金的比率，值博率越高说明你投入的风险越小，收益率越大。那么，如果 66 天均线突破做多，上涨空间可能是 30%，而止损位设置在跌破均价 3%，那么值博率为 10 比 1，也就是说获利 30 万元，冒的风险是 3 万元，所以非常值得去做。就像黄忠在长沙太守处郁郁不得志，但来到

第十九章 黄忠战法

刘备帐前，很快显示了自己名将的实力。所以我们根据此战法的特点，我们把此战法命名为黄忠战法，可谓恰如其分。

实战中，我们举几个例子。

如图 19-1 所示的焦煤主连，2016 年 6 月 22 日日线突破 66 天均线并收盘守住且 3 天未破，故我们在 680 点一带（途中红色箭头位置）开多单，628 点到后期年底的 1676 点上涨空间达到 130%，没有出现止损，且如果能一直拿住，资金翻十倍，历时五月有余的交易时间。当然稳健投资者也可等 7 月 18 日回踩守住 66 天线那天进场更为稳妥（图中绿色箭头位置）。

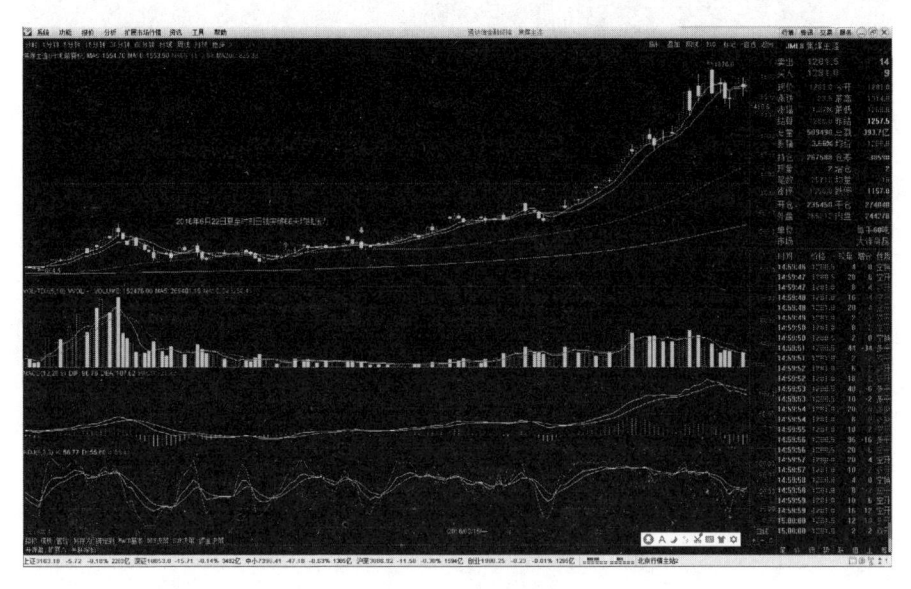

图 19-1　焦煤形态

再如沪铝主连，于 2017 年 11 月 6 日下穿 66 天均线后即一路单边下行，从 16160 点（图中绿色箭头位置）进场到如今的 13630 元，区间最大跌幅达到 25%，未有止损，历时四个半月资金接近翻两番。如图 19-2 所示。

除以上案例外，此战法近年来为笔者在很多品种上带来了丰厚的收益，如果能够在突破时参考赵云战法（随后讲述），并第一时间杀入两成单，突破回踩均线不破后加仓，并淡定持仓，短期都会有非常丰厚的盈利，一年做一到两次,而且每个品种每年都要经历66天均线两次以上,如果能够把握住,好过天天来回折腾,但此战法需要良好的等待和持仓心态,即所谓善猎者善等待!

图19-2　沪铝形态

第二十章　赵云战法

赵云赵子龙，长坂雄风，成为世人皆知的虎将，其忠肝义胆，侠骨柔情，为三国迷们所称道。

而五虎将战法之赵云战法是本人五虎将战法中最有效、最实用的战法。为何叫赵云战法？首先，赵云，其人智勇双全，每战必胜，特别是在长坂坡曹军阵营中怀抱阿斗七进七出，说明其单兵突破能力极强；其次是赵云所使用的兵器，龙胆亮银枪，中国古典兵器谱中对此枪的描述大概的意思是说，枪乃兵器之王，也被称为兵器之贼，使用难度最大，招式最多，最大特点是穿透力极强，故赵云加上他的亮银枪，可以说所向披靡，无往不利。那么以此开发成的操作战法，特点是在实战中，如果光运用指标，经常有被主力机构骗线的情况，也就是明明指标提示买入，但是进场做多马上价格方向转为下跌，反之亦然，而赵云战法不容易在实盘中被主力骗线，准确性高。每条趋势线就像敌军的防御阵地，我军突破一点则敌人全线溃退。特别是针对历史高低点和成交密集区，准确率更高。而且赵云战法用起来也比较简单，只需要裸K线结合趋势线就可以，减少了很多技术指标等因素干扰，当然，如果几个战法结合使用效果将更佳。

为了更好地使用赵云战法，我们具体结合一些实战案例来给大家介绍一下。

一、何为趋势线

趋势线的最基本形式是,在一个上升的趋势中,连接明显的支撑区域(最低点)的直线就是趋势线。在一个下降趋势中,连接明显阻力区域(最高点)的直线,也是趋势线。

二、趋势线的绘制

两个底部或者顶部就可以画出一条有效的趋势线,但是需要3个顶部或者底部才能确认。趋势线越陡,该趋势线就越容易被击穿。和水平阻力支撑线一样,被测试过很多次的趋势线就是强趋势线,相对难以突破。最重要的,千万不要强行迎合市场而画趋势线。如果趋势线不符合市场的话,那么这根趋势线则不是有效的。

为了正确地画出趋势线,我们只需要找到2个具有一定意义的顶部或者底部,然后正确地连接它们。

根据趋势的定义,我们可以画出趋势线来对走势情况进行衡量。

(1)对于上涨趋势,我们可以连接低点,使得大部分低点尽可能处于同一条直线上;

(2)对于下降趋势,我们可以连接其顶点,使得大部分顶点尽可能处于同一条直线上;

(3)对于横盘趋势,我们可以将顶点和低点分别以直线连接,形成振荡区间。

那么当价格运动突破了相应的趋势线后,我们就可以认为,趋势可能正在反转,但还需要后三个以上交易日的确认。

三、趋势的级别

趋势本身是由不同级别的大小趋势组成的，其中高级的趋势方向决定最终价格运动的方向，因此在使用趋势线时，要特别注意，当前使用的趋势线是处于哪一级别的趋势之上的，从而决定此趋势线所说明的价格运动范围。

趋势线表明当投资的某一品种价格向其固定方向移动时，它非常有可能沿着这条线继续移动。就像技术分析的假设之一一样。

（1）当上升趋势线被跌破时，就是一个卖出做空信号。在没有跌破之前，上升趋势线就是每一次回落的支撑，如图 20-1 和图 20-2 所示。

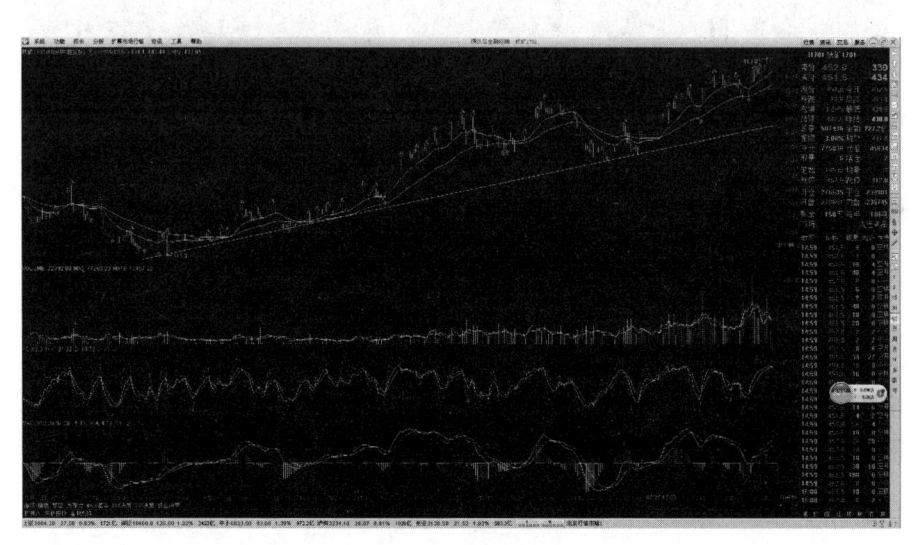

图 20-1　上升趋势 K 线

（2）当下降趋势线突破时，就是一个买入做多信号。在没升破之前，下降趋势线就是每一次反弹的阻力，如图 20-3 和图 20-4 所示。

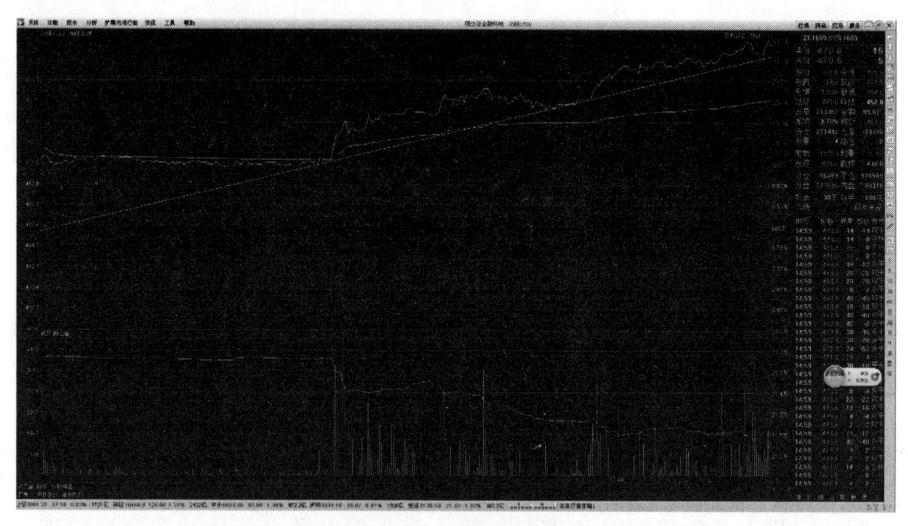

图 20-2　上升趋势分时

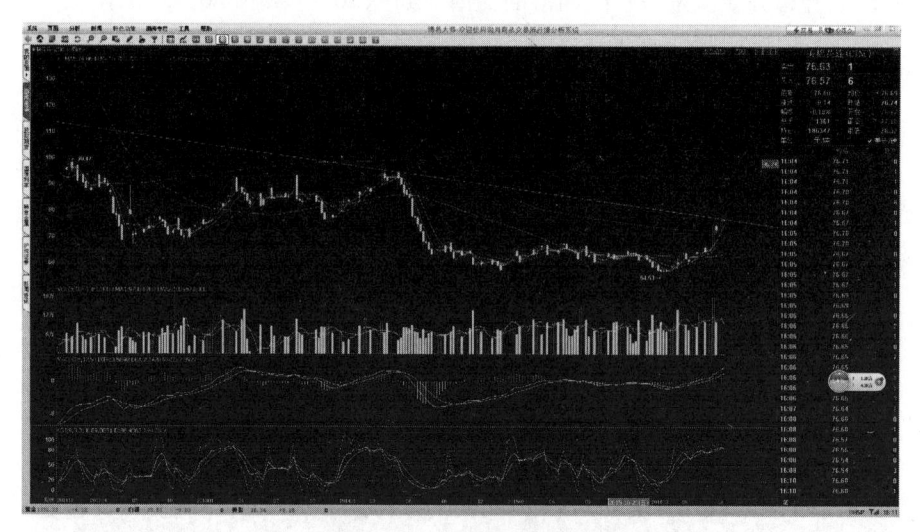

图 20-3　下降趋势 K 线

（3）一种投资品种的价格随着固定的趋势移动时间越久，其运行趋势越是可靠。

（4）在长期上升趋势中，每一个变动都比反向变动的成交量高，也就是我们说的阳线放量、阴线缩量，但当有非常高的成交量出现时，这可能为中期变动终了的信号，紧随着而来的将是反转趋势。

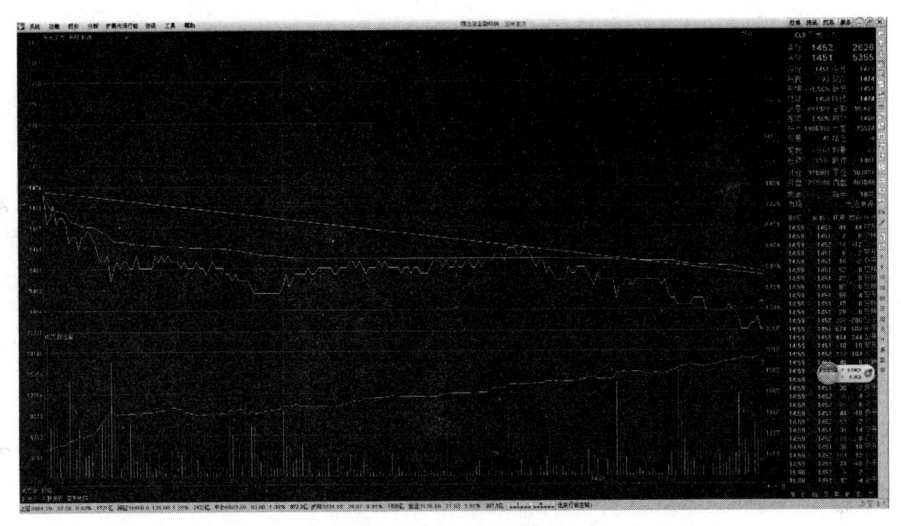

图 20-4　下降趋势分时

（5）在中期变动中的短期波动结尾，大部分都有极高的成交量，顶点比底部出现的情况更多，不过在恐慌下跌的底部常出现非常高的成交量，这是因为在顶点，股市期市沸腾，散户盲目大量抢进，大户与主力乘机脱手，于底部，股市期市经过一段恐慌大跌，散户信心动摇，见价就卖，而此时实已到达长期下跌趋势的最后阶段，于是大户与主力开始大量买进，造成高成交量。（注：期货市场要加上平仓盘的因素，往往放量更为剧烈）

（6）每一条上升趋势线，需要两个明显的底部，才能决定，反之，每一条下跌趋势线，则需要两个顶点。

（7）趋势线与水平所成的角度越陡越容易被一个短的横向整理所突破，因此角度越缓越具有技术性意义。换句话说就是趋势线不应过于陡峭，否则很容易被横向整理突破，失去分析意义。

（8）价格的上升与下跌，在各种趋势之末期，皆有加速上升与加速下跌之现象。因此，市势反转的顶点或底部，大都远离趋势线。

四、期货交易中趋势线的应用

投资者经常利用趋势线的突破来分析价格走势，这时候建立一种新持仓，或者正找机会平仓了结原有仓单的话，那么，紧靠趋势线的突破常常构成绝妙的下手信号。当然，也有必要考虑其他技术信号。另外，在趋势线起支撑或阻挡作用的时候，也可以用做入市点。在主要的上升趋势线的上侧买入，或者在主要的下降趋势线的下侧卖出，均不失为有效的时机抉择的对策，同时设好短线止损位以防假突破即可。

（1）首先必须找到两个高低水平不同并有一定间距的高点（或低点），并由此试探性地画出下降（或上升）的直线。

（2）如果是画上升支撑线，则价格离第二个低点要有一定的距离，如接近或超过前一阻力位时，趋势线才可认可，画下降阻力线情况则相反。而且第三个低点（或第三个高点）的出现则是对趋势线有效性的验证。

（3）价格变动的速率可能会加快或放慢，幅度可能会扩大或缩小，在一些情况下，趋势线应随之做相应的调整，以便使趋势线尽可能适应现期的价格变化。

（4）扇形图。当趋势线在同一原点上，做不同斜率的调整，并保留下原有的趋势线，则会形成由多根支撑线（或阻力线）构成的扇形图。

（5）同向双线图。依次上升的阻力位也可以连成一条上升的直线，这条线被称为管道线（即我们前文说的通道），同样依次下跌的支撑位也可以连成一条管道线。管道线和基本趋势线一起可组成数种具特殊意义的价格形态。

（6）三角形图，即逆向双线图。在价格 K 线图上同时画出上升趋势线和下降趋势线，这两条趋势线就会构筑一类基本的价格形态：三角形图。

（7）速阻线：一段时间内价格的高低点连接起来，可形成速阻线，它可以是先点低点然后去找高点，形成上升的支撑线，也可先点前期高点再去找低点，形成下降压力线，在所有的看盘软件上都有速阻线一栏，我们直接点击画线即可。速阻线有时候的参考意义是非常大的。

（8）当价格突破趋势线时，突破的可信度可从下列几点判断：

1）假如在一天的交易时间里突破了趋势线，但其收市价并没有超出趋势线的外面，这并不算是突破，可以忽略它，而这条趋势线仍然有用，我们也叫毛刺。

2）如果收市价突破了趋势线，股票上必须要超越3%才可信赖，期货上没有一定标准，但是突破力度越大，有效性越强。

3）当价格上升冲破下降趋势线的阻力时需要有持仓量和成交量增加的配合；但向下跌破上升趋势线支持则不做要求，通常突破当天的成交量并不增加，不过，于突破后的第二天持仓和成交量会有增大的现象。

4）投资品种价格当突破趋势线时出现缺口，反转走势极可能出现，并且出现反转后价格走势波动有一定的力度。

（9）有经验的技术性分析者经常在图表上画出各条不同的试验性趋势线，待价格变动一段时间后，证明其趋向性毫无意义时，就会将之擦掉，只保留经过验证能够反映波动趋势具有分析意义的趋势线。此外，还会不断地修正原来的趋势线，例如，当收盘价格跌破上升趋势线后接下来又回升到这条趋势线上面，分析者就应该从第一个低点和最新形成的低点重划出一条新线，又或是从第二个低点和新低点修订出更有效的趋势线，毛刺则无须重画。

五、画趋势线时的注意事项

（1）上升趋势线的功能在于能够显示出价格上升的支撑位，一旦价格在波动过程中跌破此线，就意味着行情可能出现反转，由涨转跌；下降趋势线的功能在于能够显示出价格下跌过程中回升的阻力，一旦价格在波动中向上突破此线，就意味着价格可能会止跌回涨，当然我们作为投资者要把主力机构打止损盘的因素考虑进去，所以必须严格设置止损位，以防骗线，同时请牢记一点，往往趋势线和EXPMA的长期均线吻合同步时，准确性会非常高。此外,我们要注意,前期行情的趋势走到一定阶段,会出现一个整理形态,比如箱体整理或者三角形整理,但是一般后期突破多数都是沿前期走势顺势突破,比如多头行情中的三角形整理,后期向上突破可能性很大,即价格很可能会沿三角形上轨放量突破,在下降趋势中,价格很可能会沿三角形下轨向下突破。所以,如果你发现整理形态突破方向并不是前期方向,就要小心,假突破的概率很大,至少要等当日收盘再来判断突破的有效性。

(2)投资者在画趋势线时应注意以下几点:

1)趋势线根据价格波动时间的长短分为长期趋势线、中期趋势线和短期趋势线,长期趋势线应选择长期波动点作为画线依据,中期趋势线则是中期波动点的连线,而短期趋势线建议利用30分钟或60分钟K线图的波动点进行连线。

2)在研判趋势线时,应谨防庄家利用趋势线做出的"陷阱"。一般来说,在价格没有突破趋势线以前,上升趋势线是每一次下跌的支撑,下降趋势线则是价格每一次回升的阻力。

沥青主连周线的特点是三角形整理,突破前成交量大幅萎缩,突破趋势线后目前还没有放量,可跟进多单,短线获利丰厚,如图20-5所示。

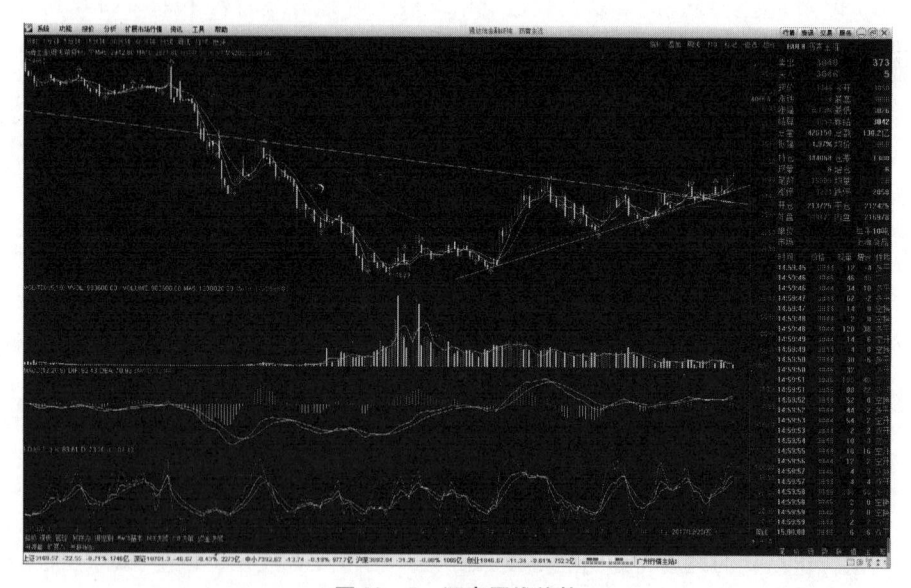

图20-5 沥青周线趋势

原油期货日线的特点是上市价形成的高点平台，前期从低位突破平台并解放前期平台下方所有套牢盘，同时还做了一次标准回踩不破动作后，即展开大幅上涨，如图20-6所示。

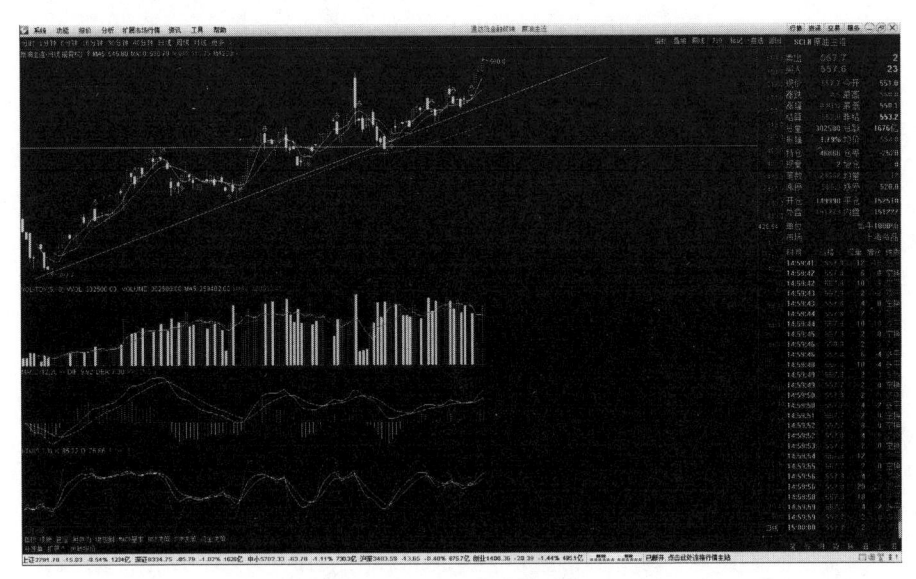

图20-6　原油期货日线

综上所述，请大家学会画趋势线，以趋势线为参考依据将会成为你获利的最大法宝。特别是在期货、外汇这些双向市场上，当某一个重要支撑被跌破，多头会大量止损，此时空头获利将进入加速阶段，反之当某一压力被突破，空头纷纷止损，此时则进入多头获利加速阶段。而在此位置和时点出现假突破骗线的概率将会最低，交易的值博率最高。

以上就是本书核心部分之———K线语言和五虎将战法简介，如果有不明白的地方，也欢迎来我们期货的直播间直接和笔者沟通。当然，各位朋友也可根据自己的交易特点习惯，加以改进，做出一套独特的战法，在实战中获利。

第五部分：期货哲学

上文其实主要是期货投资中的术，而下文无论是心态还是仓位控制才真正是期货投资中的道，道术结合，道为本，术为末，切不可本末倒置，当我们具备一定的交易技巧和战法水平后，最最重要的就是心态了，投资心态可以说是投资的基本功，只有具备良好的投资心态，我们才能很好地发挥出我们的技战术水平。以中国足球为例，中国足球水平在全球来说相对偏低，但是经过三十年的发展，技战术、体力和意识其实已经不错了，但为什么仍然经常输球呢，特别是经常输关键大赛？当然，如果我们输给欧洲强队，我们心服口服，技不如人，但为何每每都输给弱旅，鱼腩部队？写这本书的时候，在中国国家队和叙利亚国家队的世界杯预选赛上，中国队主场0比1败北，难道我们连一个战火纷飞的国家的球队都赢不了吗？抛开假球的因素，关键就是我们队员的心态，患得患失，想赢怕输。其实球员的心态和我们做期货时候的心态非常一致，往往并不是我们的分析不对，而是我们的心态影响了操作，在恐惧和贪婪等心态的影响下，技术动作变形（和中国足球队员一样）。所以，养成一个很好的投资心态，同时制定严格遵守的交易纪律将非常关键，前文笔者已经讲解了一些基本投资心态，接下来将专门阐述几个重要的原理和交易纪律。

第二十一章 量子力学相关原理与期货实战交易

量子力学（quantum mechanics）是研究物质世界的微观粒子运动规律的物理学分支，主要研究原子、分子、凝聚态物质，以及原子核和基本粒子的结构、性质的基础理论，它与相对论一起构成现代物理学的理论基础。量子力学不仅是现代物理学的基础理论之一，而且在化学等学科和许多近代技术中得到广泛应用。

19世纪末，人们发现旧有的经典理论无法解释微观系统，于是经由物理学家的努力，在20世纪初创立量子力学，解释了这些现象。量子力学从根本上改变人类对物质结构及其相互作用的理解。除了广义相对论描写的引力以外，迄今所有基本相互作用均可以在量子力学的框架内描述（量子场论）。

量子力学并没有支持自由意志，只是由于微观世界物质具有概率波等存在不确定性，不过其依然具有稳定的客观规律，不以人的意志为转移，否认宿命论。第一，这种微观尺度上的随机性和通常意义下的宏观尺度之间仍然有着难以逾越的距离；第二，这种随机性是否不可约简难以证明，事物是由各自独立演化所组合的多样性整体，偶然性与必然性存在辩证关系。自然界是否真有随机性还是一个悬而未决的问题，对这个鸿沟起决定作用的就是普朗克常数，统计学中的许多随机事件的例子，严格说来实为决定性的。

在量子力学中，一个物理体系的状态由波函数表示，波函数的任意线性叠加仍然代表体系的一种可能状态，对应于代表该量的算符对其波函数的作用，它描述了粒子的状态。波函数具有叠加性，它们能够像波一样互相干涉。同时，波函数也被解释为描述粒子出现在特定位置的几率幅。这样，粒子性和波动性就统一在同一个解释中。波函数的模平方代表作为其变量的物理量出现的几率密度。

量子力学是在旧量子论的基础上发展起来的。旧量子论包括普朗克的量子假说、爱因斯坦的光量子理论和玻尔的原子理论。

那么结合期货，量子力学能给我们什么样的提示呢？

综合以上内容，想和投资者分享几点体会：

一、基本概念

投资市场单个散户行为就可以看作是量子理论中的量子，其判断的多样性、操作的偶然性以及趋势最终的必然性也同样存在辩证关系。也就是说投资者一定要服从必然性大原则，在趋势必然性的大原则下去展开判断的多样性和操作偶然性，将会使得投资成功率加大。大原则指导小原则。前文我们所提到的顺势操作理念在这里也得到了更完善的解释。

二、波粒二象性

这是量子力学原理里面最基本也是最被人熟知的理论，光粒子既有粒子的特点，又有波的特点。同样在投资领域里，K线展现出来的特点同样也是双面性，既有粒子的游离性和穿透性，又有波的散射性和渗透性，特别是在多头行情中，K线的波的散射性和渗透性更明显，表现为波段式的缓慢攀升，而在空头行情中，K线的粒子特征则更明显，行情快速下杀，瞬间穿透下方支撑。这个理论也可以解释无论在期货还是股票市场上为什么在底部的时候总是有一个漫长的盘底过程，这是由波的散射性、随意性决定的，所以很多投资者抄底过程中经常被洗出来，等行情真正启动的时候已经离场了，而在顶部粒子特点非常明显，头部很快形成并迅速下杀，让投资者根本来不及进场。很多投资者都和笔者抱怨过这个现象，即底部进了拿不住，顶部反应不过来就下去了，现在大家就明白了这是波粒二象性在市场中的体现。

三、测不准原理

量子力学里面有个著名理论即海森堡提出的测不准原理，也叫不确定原理，这个理论是说，你不可能同时知道一个粒子的位置和它的速度，粒子位置的不确定性，必然大于或等于普朗克系数（Planck constant）除于4π（$\Delta x \Delta p \geq h/4\pi$），这表明微观世界的粒子行为与宏观物质很不一样。此外，不确定原理涉及很多深刻的哲学问题，用海森堡自己的话说："在因果律的陈述中，即'若确切地知道现在，就能预见未来'，所得出的并不是结论，而是前提。我们不能知道现在的所有细节，是一种原则性的事情。"期货投资也是一样，你不可能准确知道一个品种在某一个价格区域的压力准确数字，即高低点，但是你可以通过K线形态、技术指标以及以往经验、盘感等多方面因素基本确定在某一个区间是相对高低点区域或阻力区域，很多投资者总是希望在高低点完美平仓或进场，其实如果你能够深刻理会测不准原理，就不会执着于一个点位，只需要在相对合适的点位进场就可以了。举个例子，你认为今天可能是低点，但是价格再次下探，但幅度不深，可能在第二天才见底，总体来说是个低位区域，只不过时间和空间不可能完全准确预测，要根据主力资金的进出和市场情绪、场外消息等共同叠加影响。我们只需要把这个区域找到就可以。

四、因果定律

有前因才能有结果，反之，通过什么样的结果我们就会推理出大致是由什么样的原因来形成的。比如你在一个深夜里站在一个不开灯的房间，肯定很难看清楚屋内的事物，反之，当你在一个房间里醒来却什么也看不见，你就知道房间很可能是没开灯或者四壁封死没有窗户，如果有窗户，那说明外面是黑夜。接下来的事情，大多数人都是寻找光源照明了。这是一个简单的例子，但有时候事情会相对比较复杂，导致结果的原因很多，或一个原因导致几种结果，比如在投资领域中就是如此，我们能确切地知道K线的现在，但不可能准确预期其未来，但预测的结果可以无限接近于未来，现在的走势就是未来走势的前提，我们不能准确预测，是因为我们可能没有完全看到原因，这也是测不准原理在作怪。但无论在什么时候，你都要去关注形成K线走势的主因，比如前期K线形态、技术指标、市场情绪、消息面、时间节点和主力资金的持仓情况。你分析的点越多，可能就越接近于真实结果。有时候判断的偏差，就是你没有关注到一些原因的细节，比如某天长阳突破，你认为多头行情启动，但是你忽略了当天量能不济以及主力纷纷开空单的因素，结果被假突破骗进市场造成亏损。所以，因果定律很重要，但是你只有更全面地看懂现在，以及形成现在结果的原因，你才能更接近于发现市场发展的真相。

第二十二章　宇宙混沌法则与期货实战

　　道家说，混沌初开，阴阳生两极，两极生四象，四象生八卦……佛家说，万象万物，因缘而合，因缘而生，变幻无常，此生彼灭，循环不息……科学家说，宇宙大爆炸，衍生物质，时间空间，由此而来……还是西方宗教简单点，一切是神的安排，皆由上帝所造……人类是充满无限想象的生物，并想通过各种科学、各种理论去探索宇宙的法则和万象的规律。从这点上，作为一个人类，笔者是无比自豪的。而人类的探索精神也是无穷尽的，向外我们可以延伸到宇宙的边缘，向内我们可以入定到心识最内层的冥想空间……对于一种仅仅只存活于地球几百万年的生物，人类的存在似乎是很伟大的。但无奈宇宙的浩瀚、物质本质的复杂性，人类至今仍无法对宇宙万象能完全得出一个终极答案。就如宇宙万物里，似乎永远都是充满着各种各样的不稳定性。而这种不稳定性，是人类运用一切科技手段、数学程式，都无法完全掌握的现象。简单如天气预报，概率永远也不会是百分百准确。这是因为很轻微的一点点小小的变数，都会影响到最终的结果。而这就是近代科学里典型的"蝴蝶效应"现象。

　　"蝴蝶效应"是一个有深刻意义的科学理论。形象地说，就是在加勒比海某地区的上空飞过的一只蝴蝶，它颤动翅膀的幅度和次数，可以令佛罗里达上空急降下一场暴雨。这就意味着两个似乎没关联的动作，背后却有着不可分隔的密切关系。而科学家将"蝴蝶效应"运用在各种领域里，都证明了这点微妙的关联性和互动性。如在动力系统中，初始条件下的微小变化，能带动整个系统长期的巨大的连锁反应，其最终的结果，是我们不能掌握和被预测的。而这就是近代科学里的"混沌"法则！"混沌"理论的发现，是近代科学史上最有建设性的发现，它影响了整个人类生物学、物理学、天文学及数学等的发展和探索。根据"混沌"理论法则，宇宙万象即使是来自一个极为简单的点，但一旦衍生开来，万象都会从极细处往极细处不断转变，互相影响着，而最终结果的复杂性是超出你我的想象的。也就是说，看上去极为具有逻辑性确定性的事物，往往最终结果是不稳定性的。如，股市会在毫无征兆地情况下崩盘，全球气候可能会在几年间发生剧烈变化，又或一颗陨石忽然会划破长空，坠落在俄罗斯的民居里（新闻已报道了）……而"混沌"理论，无处不在，特别是在我们的资本市场里面。

笔者曾经有过这样一种困惑。2018年中随着国际油价的暴涨，国内能源化工类品种都开始纷纷走出多头形态，笔者盯上了沥青和PTA两个和原油价格息息相关的品种，相信他们也将走出多头补涨行情，经过一段时间的看盘和分析，觉得无论从基本面和技术面来看，沥青都非常强势，后期需求也比较旺盛，而PTA近几年需求萎靡，库存高企，主力资金空头实力强大，技术面走势也弱于沥青，最终决定选择沥青去操作，在2018年7月初建仓沥青多单（符合前面所提到的投资战法），而PTA虽然也符合战法，但因其资金面不够理想，遂放弃了中线建仓该品种的想法。后期两个品种的走势令我瞠目结舌：沥青虽有一定上行，但力度极弱，与预期之中的走势相差甚远，而PTA却一飞冲天，沿10日均线一路拉升，资金获利率超过300%。

图22-1为PTA日线走势图，图中时间是沥青进场点。

图22-2为沥青走势图，图中坐标为进场点。

大家一看便知，获利差距巨大。为什么在相同的时点分析且各方面判断都更看好的沥青反而没有上行，被剔除掉的PTA却大幅拉升呢？

这就是宇宙混沌法则在起作用。首先，我们所分析的资料，全市场的人都可以看到，人都有去劣从优的心理，那么如果90%的人都通过打分判断

第二十二章 宇宙混沌法则与期货实战

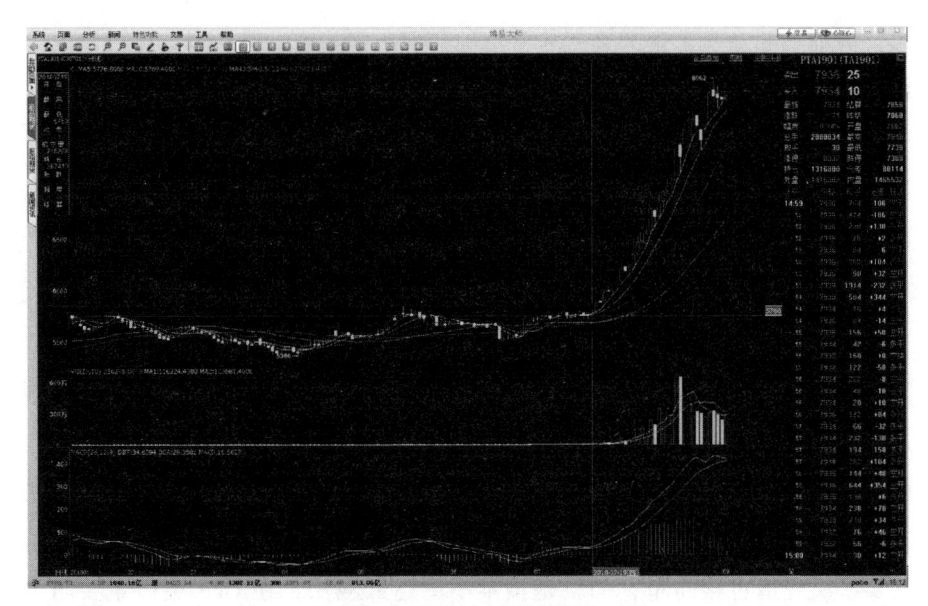

图 22-1 PTA 日线走势

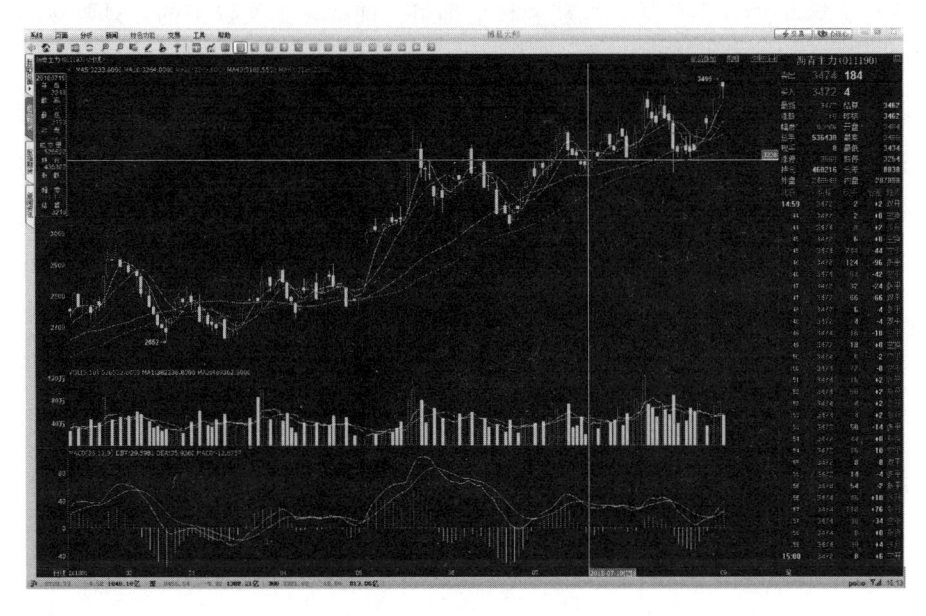

图 22-2 沥青走势

沥青是更好的做多品种，都去做多，你买一点，我买一点，看似都买的不多，但细小的力量汇聚起来就非常可怕，那么多投资者都去参与中线沥青多单，主力在盘面上看到买气太大，肯定不想去抬轿子，担心后期出货的时候散户会抢先跑路，把自己套里，自然不愿单边拉升了，试问：主力如何赚钱，或者去赚谁的钱？它只能掉头洗盘，高位套住多头下杀，逼多头止损后再反弹拉升，这样，上行节奏就一定缓慢，而反观PTA，大家都不看好它的基本面，技术面又不是特别强，自然没有多少多头散户介入，反而空头依托上方阻力做空居多，这样主力自然找到了散户对手盘，一路拉升，而越拉升，散户越觉得要调整，同时生产厂家套保盘也越多，主力凭借资金优势肆无忌惮地拉升打空头止损。如果当初反过来，大家都看好PTA多头机会，而抛弃沥青多头机会，结果必然是相反的，宇宙混沌法则对于中线投资者的判断是有很大影响的，那么你一定会问如何避免，我们还是举上面的例子，其实解决之道也很简单，那就是按本书的赵云战法，在PTA突破重要阻力趋势线的时候顺势做多，这样在取得沥青一定多头获利的基础上，用一部分仓位去博取PTA多单的大幅获利机会即可，前提是上文提到的，只要你不是一个品种满仓操作就可以实现，一点不难。后来随着时间的推移，PTA大幅回调，而沥青却开始放量拉涨，两个品种又互换了角色。所以说，当你意识到混沌法则对投资的影响的时候，就要尽量考虑问题更全面，但最重要的还是遵照技术指标和趋势线去操作，因为不管内在有什么样的原因，根据因果定律，最终还是要反映在盘面上。

第二十三章　孢子理论与期货交易

　　世人对孢子理论的理解：作为期货的交易者对市场只能是一个旁观者，只能去认识和发现市场，市场是无法干预和左右的，同样趋势也是如此。

　　（1）对过去趋势的认识，或者说过去的 K 线图形的认识和总结的方法，不能用来预测以后的趋势。

　　（2）趋势是复杂的，市场是复杂的。越用复杂的方法去描述它，越容易出错。请投资者用简单的方法去判断和操作期货。所以本书的五虎将战法可以说是大道至简了。

　　（3）当经验上升到理论时，就失去了作用，原因是很多人都在用。

　　（4）做期货就是从自己的亏损中找原因和方法，本书的五虎将战法和一些看盘技巧都是在失败中总结出来的，而且很难因为用的人多了就失效。

　　（5）用多次的小亏损换取一次大的盈利。小亏损大盈利。

　　（6）趋势具有不可捕捉性。

　　期货，像生物孢子一样细微而又有活力。人和它的关系就如同用显微镜看载玻片上的溶剂一样，或者就像前文提到的，你在研究光子、原子等量子一样，是在用一个高级的世界的目光来看待低级世界。那些低级世界的生命在你眼里就像是一个被与外界隔离的花园，你似乎能看清他们的一切活动。这个世界上只有一种东西是永恒不变的，那就是死亡。任何一个生命都逃脱不了，而那些有魔力的孢子也一样逃脱不了。作为一个观察者一定要清醒地知道那些孢子是另一个世界的生命，是脱离开观察者生命的自由存在。所以观察者只能去认识和发现它，却无法干预和左右这些孢子。也就是说，人永远不能左右那些孢子的活动。就像对于大宇宙，我们只能是观察者，而无法左右宇宙进一步膨胀这个事实，所以观察者必须了解自己和孢子之间的相互地位，绝不要去试图做控制者，永远把自己当作观察者。在这个过程中有三点原则需要注意：

第一，孢子是有生命的，是活的。它能够躲避，并具有随着环境的改变和时间的推移而变化的能力。也就是说孢子不具有稳定的形态，对孢子过去的认识不能预测将来。这一点也非常符合我们量子力学的测不准原理，过去不能代表未来，但是有一定借鉴意义。当观察者了解到孢子的新形态后，孢子同样也了解到它被观察者所认识，于是变异就发生了。孢子一定会趋向于向观察者未知的方向去变异。它具有足够的智慧防止观察者捕捉到它的变化规律。所以，对孢子的第一个认识就是它的永恒变异性。

第二，孢子不可捕捉性。这是什么意思呢？它的意思通俗地讲就是不可掌控性。观察者不能单独把一个孢子从众多孢子中分离出来，当你把一个孢子从群体分离开后，你会发现其他所有的孢子也都消失了。也就是说，孢子的群体和个体是统一的。孢子无所谓单个，也无所谓多个（是个有机的整体，不能片面看问题，既要见林再见树，也要见树再见林。从长线中看中线，从中线中看短线。）。孢子是一种既存在又虚无的生命。

第三，孢子的单纯性。孢子就是孢子，它不代表任何事物，任何事物也不代表它。孢子单纯到只遵循一种规律，除这个规律外任何的表象都是虚假的镜像。也就是说孢子反映的是整个世界的本原。不要用复杂的理论去表述孢子，越精细的表述越背离孢子的本质。

那么，孢子理论对投资有什么指导意义呢？我们先来分析下面的事情。汉克·卡费罗是美国证券史上最有名的资深分析师，曾创下连续22月盈利不亏损的纪录；贝托·斯坦曾是华尔街创下一单赚取十亿美元的人；而迈克·豪斯则七年雄居华尔街富豪榜第一。然而，汉克·卡费罗死时身上只有五美元，贝托·斯坦被几百名愤怒的客户控告诈骗而入狱十年，出来时一文不名，而迈克·豪斯更惨，在四十五岁就破产自杀了。他们都有一个共同的特点，就是操作成功的概率总是远远高于众人。但奇怪的是他们九十九次成功积累的金钱却没能经受住一次失败打击造成的损失。为什么？道理很简单，因为他们试图去控制孢子。他们都认为自己找到一条一劳永逸的预测孢子变异的方案。建议读者有时间的话，可以去看看汉克·卡费罗曾经写过的一本有关期货理论的书籍，叫《期货市场黄金技术分析》，书很有名，至今都是期货界人士的必读书。到现在为止，很多期货精英依然推崇那种最终只能是失败而绝不会成功的东西。面对变化的世界把经验上升到理论的时候，失败就注定了（任何格言，成功的方法都是特定条件下的产物）。上文说过，孢子是一种智能生命，它具有向观察者未知的方向变异的趋势，而且它总是向观察者未知的方向变异。当它意识到观察者看透了它的真相后，它一定会发生变异，从而让观察者总结的理论失败。当观察者不试图用规律去解释孢子的时候，那么孢子同样也无法预知自己被观察者认识。也就是说，道在不长高的同时，魔也不会长高；但是道如果试图要超过魔的时候，魔必然要长高。

那么，我们该如何应对这种状况呢？如果道不能战胜魔，那么如何在这个期货游戏中成为赢家呢？只要你用最简单的方式去运作就行了。

首先，任何一个从事这个职业的人都有一件事是一致的。那就是贪婪。

贪婪是人的本性。就是因为这是人的本性，所以人总是要想试图用战胜魔的方式来成为赢家。但实际上成为赢家的简单、有效和唯一的方式只有一种——失败！

道理很简单，魔不可战胜，但却可以战而失败。要想成为赢家就要从失败中找，而不是从胜利中找。（用众多的小失败来测试成功的方法，用别人的资源来测试总结经验教训，更高明的方法是耐心观察等待时机的出现。善猎者善等待）。变异因失败而产生，而非因胜利而产生。大到民族、国家，小到单细胞的生命都是如此。

历史中很多例证都能证明胜利者往往会很快丧命，而失败者却最终成赢家。因为失败者会选择变异，而胜利者却仰仗胜利而拒绝改变。这就是本质原因。当然也有因失败而最终成不了赢家的，但从概率上来说，赢家一定只能从失败者中诞生而非从胜利者中诞生。古时候越王勾践灭吴，刘邦打败项羽都是失败者最终战胜胜利者的例子，就是因为他们试图改变命运而且必须去改变。前文提到的曾国藩，那也是败仗专业户，几度兵败被逼差点自尽，但最后用"结硬寨，打笨仗"的方法灭了太平天国。如果你还是觉得不可思议，你可以看看现代史，中国革命是如何胜利的。要不是第五次反围剿失败，遵义会议改变领导人，后期也未必那么快胜利建立新中国了。那么这种观点如何运用到期货上呢？只要你用最简单的方式去运作就行了。最简单的运作是什么呢？就是用众多小的失败来赢得大的胜利。这也是我们经常说的期货就是不断地试错，这个道理就是用小损失积攒大胜利。用九十九次损失 100 元的方式来换取一次盈利 10000 元去运作。这样，那很多人会问，我操作一百次才赚了 100 元呀！是啊！看起来 100 元很少，但你要知道当你用九十九次失败来换取一次成功的时候，你几乎是不可超越的。这种方式可以永远持续，直到你成为最终的赢家。当然一百次仅仅是一个比喻，在实际中这个数字是不定的，不要拘泥于表述的形式。你在决定学习赢家之道的时候，你已经给自己下了一个定位，你已经把自己当作一个潜在的赢家了。这样一个定位对所有的赌徒来说都是很可怕的，这是赌徒潜在的敌人，是决定胜败的主要力量。但反过来说，假如赌徒没有这样的心态，那么也不会有勇气进入这个赌局。勇气与智慧并存是通往胜利之道，但如果勇气与愚蠢同行的话，那么对赌徒来说比单纯只有愚蠢还要可怕得多。当然即使你知道赢家秘诀你也未必一定是赢家。原因就在于有很多人总想走捷径，不愿意用那么多次失败来换取最后的胜利。笔者曾经在中国股指期货和股票市场上有过很惨痛的失败，开篇说过当年笔者开始曾坚持了两年的时间，一直是小赔积攒大胜的方式，可当每一次大胜利后，总是想快速地度过小赔难熬的阶段，后来在赚了很多钱后，就容易天真地以为不通过这种笨拙的方式，而用那些眼花缭乱的分析图表和以往的经验，直觉也可以达到目的，其结果是把以前所有的积累全部葬送掉了。2011 年的 8 月 8 日，笔者把所有的本金都亏在配资抄底那天瞬间的爆仓上。

第二十三章 孢子理论与期货交易

那么什么是正确的操作原则呢？

（1）在市场没有明确的趋势下不参与操作。

（2）（细心的时机选择及小资金的测试）在次级调整波的适当位置建立头寸，即多头趋势中的二次回踩确认，而不追逐强势走势。

（3）赚能把握的那一部分钱。

（4）方向正确时耐心守候扩大胜利果实。

（5）方向错误则迅速逃避，一旦超过止损位则立刻出局。

有人说，在整个人类历史中，最复杂、最不可预测的事物就是期货趋势。任何一门职业都比不上这个行当来的疯狂……当笔者刚开始步入这个领域的时候，当笔者最开始作为观察者认识这些孢子的时候，自信地认为自己能左右大局。但经过很长一段时间的交锋后，笔者才明白左右不了它们。这是什么意思呢？前文提到的那些大人物的失败是源于他们的理论，当他们把经验上升到理论的时候，失败就注定了。前文也说过，孢子是一种智能生命，它具有向观察者未知的方向变异的趋势，而且它总是向观察者未知的方向变异。当它意识到观察者看透了它的真相后，它一定会发生变异，从而让观察者总结的理论失败。但当观察者不试图用规律去解释孢子的时候，那么孢子同样也无法预知自己被观察者认识。也就是上文提到的，道在不长高的同时，魔也不会长高；但是道如何试图要超过魔的时候，魔必然要长高。

贪婪和欲望，这种两个东西会让人送命。（耐心就是战胜人性，战胜自己的本能。道路只有一条：用耐心小输的心态来获得大赢，用细心及众多的小失败来获取大的成功。用365天的时间调查研究，再用1天来投资。用无数次的测试来进行一次的决策。）

第二十四章 幂次法则与期货投资

"幂次法则"也叫"80-20法则",英文是 power law,由经济学家维尔弗雷多·帕累托在 1906 年提出,他认为:在任何一组东西中,最重要的只占其中一小部分,约 20%,其余 80% 尽管是多数,却是次要的。幂次法则指的是事物的发展,其规模与次数成反比,规模越大,次数越少。

一、简介

2018 年伊始,硅谷投资教父彼得·蒂尔带着他的新书《从 0 到 1》来北京交流,引起中国互联网科技圈热议。《从 0 到 1》是他多年投资心得总结,被视为硅谷圣经。这位创建了 PayPal 并投资 Facebook、LinkedIn、SpaceX、Yelp 等优秀互联网公司的传奇人物是如何成为人生赢家的?

彼得·蒂尔认为不论是投资还是生活都遵循幂次法则,即 20% 的关键事物带来 80% 的收益,所以我们要把精力专注在最有价值的事情上。

二、幂次法则原理

个体的规模和其名次之间存在着幂次方的反比关系。
$$R(x) = ax^{-b}$$

其中，x 为规模（如：人口、成绩、营业额……），R(x) 为其名次（第 1 名的规模最大），a 为系数，b 为幂次。

当两边均取对数（log）时，公式成为 $\log(R(x)) = \log(a) - b \cdot \log(x)$。若以 log(R(x)) 为 X 轴，log(x) 为 Y 轴，其分布图呈直线，斜率为负。斜率之绝对值越小，代表规模差异越小。

幂次法则的现象在 100 多年前即被发现。许多经验研究发现，诸如都市人口、网站规模、（英文）字汇出现频率、国民生产总值等，均呈现幂次法则现象。其中，最有名的是 Zipf's Law，其幂次为 –1。

三、投资中的幂次法则

（1）期货、股市的操作过程中，其实在投资品种的选择上是遵循幂次法则的：实战中笔者发现，如果普遍撒网，这个也投点，那个也做点，持仓像开超市，好的情况微利，或盈利和亏损基本持平，加上交易成本反而赔钱，不好的情况下由于获利很快了结，又不严格止损，造成亏损非常严重。但是如果一年中能抓住几次重点品种的重点趋势性机会，你就会收益丰厚，所以我们应该只盯住最有活力的，资金参与热情较高，且又能符合交易法则的品种。这样做的好处是：第一，你能够更好地抓住市场的热门品种的机会；第二，你可以节省很多精力和时间，让你更深入地研究主攻品种，投资结果不是符合正态分布，而是符合幂次法则，所以，你投的品种越多，失误概率越大；第三，当你把重心和仓位向这些品种倾斜的时候，你将会变得更加谨慎，而不像以前操作的时候，普遍撒网，然后祈祷获利。在中国内地期货市场上，最活跃且最容易创造财富的几个品种是焦炭、螺纹、沪镍、原油、动力煤、沪铜和橡胶等，基本都是工业品，这些品种爱走阶段单边行情，而且盘中参与机会也很多。

（2）在操作品种时的决策时机也要遵循幂次法则，某些关键交易决策远比其他任何时刻决策都重要。所以，当你在看到重点品种符合最大的趋势性战法的机会的时候，要敢于大胆布局，且能够拿住，这样才可获得极大的收益。同时交易频次也很重要，往往最挣钱的交易只占你总交易次数的20%，交易越频繁，不光不挣钱，而且更容易出错，特别是当前几次都交易正确后，后面很多次都会持续出错，结果挣钱的拿不住，错了的拿住了，造成较大亏损，所以有了幂次法则的指引，要学会当交易方向正确时，获利不错的时候更要大胆持有，不轻易卖出，让对的时候能够大胜，反之，错误的交易一旦出现，及时止损，去寻找下次交易机会。但是你的经纪人可能会告诉你频繁交易很好，落袋为安等，出发点其实无非是让你刷单他挣手续费，当然不是所有经纪人都这样，你自己要清楚，做单是为了获得收益而不是养活期货公司，行情做对的时候一定耐心持有，而交易频繁就容易把好的持仓打丢，或提高出错率，可以说有百害无一利。

第二十五章 交易方法

一、正确操作思路

（1）保持对于看好品种的中线持仓。方向正确的时候为了抓住趋势行情，一定要留好品种的底仓，然后滚动操作，不管什么情况，只要趋势不变，底仓就继续持有。

（2）对上述趋势品种的轻量级日内滚动操作，做多时，底仓不动，一般日内连跌两波后加多，冲一波平仓；做空时，底仓不动，连升两波加空，跌一波平仓。当出现意外情况如出现单边行情则把加仓部分止损或锁仓，即把日内交易的仓单当成独立品种操作，不要受底仓盈亏影响。

（3）对于有可能要转势的品种，可先极轻仓位开仓试错，若连续几次小仓位获利，说明转势概率加大，就可做好转势操作的准备，但一定是确立转势再加大仓位进场。往往在多头末端，开空容易获利，开多反而总是赔钱，反之空头末端，做空总是被打止损，而做多轻松获利，根据这种迹象，我们就要注意做好转势的准备了。

（4）在技术上重视通道对于该品种的牵引作用及通道有效性及有效期问题。一般情况下，在上升趋势中，上升通道基本可以限定行情的波动区间，当有一段时间价格加速突破上升通道上轨时，乖离越大，回落概率也越高，因为主力多头经常借助加速拉升制造恐慌，让空头纷纷止损以到达多单出货目的，这种时刻不一定转势，但往往会有回落确认趋势线的需要，反之，在下降趋势中，下降通道可以大致限定行情波幅，当加速跌破下降通道下轨时，也往往会形成阶段低点。

（5）不论当日交易顺利与否，在收盘前尽量将保证金控制在 1/3 以下，即只留底仓为好。如有对冲头寸即锁仓的仓单，则剔除对冲因素的保证金应控制在 1/4 ~ 1/3 之间。

（6）不能只关注一类品种，这样可能会失去全局感。

（7）不论出现什么情况，都必须以最快的速度适应价格及方向的改变，绝不吊死在一棵树上。

（8）一般来说，不主观判定短线上涨和下跌目标，只能根据市场情况顺势而为，但不排斥在中期的价格预判基础上做几个方案的备选，即如果上行该如何操作，下行该如何操作，计划越完善越容易把握机会。所以，我们经常讲：对策者生，预测者死。

（9）远离无趋势品种，减少参与震荡行情的机会。而对于方向明确的品种，敢于立即介入建立底仓。

（10）风险与收益并存，要获利就必须敢于冒险，前提是在操作前尽可能多地了解介入品种的基本面及技术特征，在符合战法的基础上大胆轻仓尝试。

（11）短线交易可结合多周期共振确定买卖方向。例如：当 15 分钟图均线多头排列，日线图均线多头排线，此时短线做多，然后持仓不动，一旦当 15 分钟图均线出现死叉迹象时，平仓了结，若有多单底仓则保持不动。

二、常见的操作错误

（一）在交易执行前未制定周详的交易计划

如果在实施交易之前没有制定周密、详细的行动计划，那么交易者对于应该在何时何地退出交易，这笔交易可以亏损多少或盈利多少等事项就没有明确、具体的认识。这样的交易玩的就是心跳，只能跟着感觉走，这常常导致彻底的失败。一位良师益友曾经给过笔者如下的投资箴言："傻子都知道如何进入市场，但只有真正的智者才知道如何退出市场（后面我们会讲如何选好止盈时机）。"

（二）交易品种选择或资金管理不当

想在期货市场取得成功并不需要巨额投入。几个月的大幅波动促使主要的期货交易所纷纷提高了交易保证金，而迷你期货合约凭借其较低的保证金要求，近年来已成为最受小型和大型交易者欢迎的合约之一。数据显示，资金账户低于50000元的交易者从事期货交易取得成功的可能性较大，反而是账户资金超过50万元的客户群，极为容易在铤而走险的交易中一败涂地。成功交易的原因部分可以归结为适当的资金管理，而不是集中所有筹码冒险的高危"全垒"交易。

（三）期望太高，操之过急

交易者如果在起步阶段就期望能够脱离基础工作而靠几笔非常成功的交易一飞冲天的话，通常残酷的现实会将他们的愿望击得粉碎。就如同医生、律师或者公司老板一样，没有经过长年累月锻炼的交易员不可能成为成功的交易员。在所有的研究领域中，成功都需要你不断地努力工作，并拥有过人的毅力和天赋，期货交易也不例外。从事期货投资绝非易事，所谓期货交易是一夜暴富的捷径，那只是别有用心的人编织出来的美丽谎言罢了。而且前文我们提到过，即使你短期获利了，后期一定会因为桀骜不驯吃苦头，就像你抢银行的方式短时间挣钱很快，但是死得也很快。何况与每年稳健收益相比，一两次暴利算不了什么，在成为梦想中的成功的操盘手之前，你首先应该努力成为一名成功的心态平和的交易者。

（四）未采取止损措施

在期货交易中启用止损措施，能够确保投资者在某笔特定的交易中清楚地控制资金的风险额度，并确认交易的亏损状况。保护性止损是个很好的交易工具，但它也不是完美无缺的。价格波动幅度限制可能正好超过保护性止损点位。大宗商品市场的大幅波动凸显使用保护性止损措施的重要性，价格波动是所有期货交易者必须面对和考虑的事实，所有投资者都必须明白，并非每一次的保护性止损行动都是正确的，应当视情况相应地在相反方向也进行计划。记住，在期货交易中没有完美的方法。

（五）缺乏耐心和原则

失败的交易往往具有相同的特点，而耐心和原则对于成功交易的重要性，几乎已经成为期货交易中的老生常谈。典型的趋势交易者会按照趋势来交易，并耐心观察市场看行情是否会继续，他们往往不出意外地迎来了数额巨大的盈利。不要为交易而交易或为寻求变化而交易——耐心等待绝佳交易机会的到来，然后谨慎行动并抓住机会盈利——市场就是市场，没有人能代替市场或强迫市场。

在这里还想提醒大家，做单的时候一定不要急于建仓，当你有建仓冲动的时候建议你稍微冷静几分钟，去关注一下别的事情，因为市场波动永远要超过我们的预期，即使你是顺势操作，等待价格回踩到支撑位或压力位附近去开仓，那也建议你多等一会儿，这样便于我们建立对自己更有安全边际的仓单，所谓安全边际就是比如你想2300点做多焦炭，但你可以设置在2290点附近进场，往往市场会调整到2280点附近，你进场点位远比你原计划的要低，这样的好处是如果方向正确你是能多挣钱的，方向错了，你也能在反弹时候从容盈利出局，不至于被套住，让自己被动。所以，建议大家下单的时候时刻提醒自己行情的波动大于预期，要多看看。

（六）逆势而动或企图极点杀入

人类天性喜欢低买高卖或高卖低买。不幸的是，期货市场证明，这根本算不上一种盈利手段。企图寻找顶部和底部的投资者往往会逆势而动，使高买低卖行为成为一种害人的习惯。在2016年黑色系多头行情中，全系列品种的期货价格不断创出新高，这是在市场遭遇了价格平流层的情况下仍保持不断向上的良好明证。自以为稳拿顶部的投资者在2016年到2017年的多头市场遭遇了前所未有的滑铁卢。

（七）执迷不悟，对抗市场

大多数成功的交易者不会在亏损的头寸上滞留太长时间或花费太多资金。他们会设置一个较为严格的保护性止损位，一旦触及该点位，他们将立即割肉（这时损失通常是很小的），然后将资金转移到另外一笔可能获利的交易上。在亏损的头寸上滞留较长时间，寄希望于瞬间扭亏为盈的投资者往往注定会失败。通常人们喜欢将收益或成本平均化，就在价格下降时增仓（多头时）。市场经验证明，这是一个坏主意，是非常危险的。

（八）交易频度过高

在同一时间进行多项交易也是一个错误，尤其是如果存在大规模损失的话。如果交易损失越积越多，那么就到了清仓的时候了，即使你认为做其他新的交易可以弥补前期交易造成的损失。成为一名成功的期货交易者，需要集中精神并保持敏感。在同一时间做过多的事情绝对是错误的。巴菲特说过，你获利的几率是一个定数，所以操作多了，把正确的次数都浪费在小胜利上，结果后期容易出大错，所以减少操作次数，做对就不轻易平仓。

（九）不怪自己怪别人

当你做了一个亏损交易或落得连败，别责怪其他人，你是决定自己交易成功或失败的那个人。如果你觉得无法严格控制自己的交易，那么不妨找找产生这种感觉的原因。你应该立即改变，严格控制自己交易的命运。

（十）对市场分析不全面——无论是技术面还是基本面

你可以通过日线图对短期市场趋势进行了解，但同一市场长期的周线及月线图却能提供完全不同的观察角度。计划我们的交易时，我们需要很谨慎地从长期趋势图中获取更为全面的视角。从基本面来看，观察长期趋势也能保证你对市场中发生的事情有较为全面的了解。不了解和追踪市场中关键性的基础知识和信息会导致投资者成为井底之蛙，一叶障目、不见泰山。

三、笔者在交易中识别趋势的几点实战经验

（1）行情维持原趋势的经验：在上升趋势中，每次开仓做多都可以获得一定收益，反之下跌趋势中，只要做空就可以获利，说明现有趋势不变。

（2）识别行情的趋势有可能改变的几点经验：①在上升趋势中，特别是涨幅超过100%以后，做多获利变得很难，高位震荡加剧，或者买入多单就容易被套，则有可能主力在高位开始多翻空套住短线多头了，反之在下跌趋势超过50%后，做空获利变得很难，且低位反弹明显，或者一次次做空被套并打止损，说明市场有可能筑底，经过一段时间震荡之后可能就将迎来反转。②技术指标上在周线出现底背离或者顶背离达到两次以上的时候，很可能出现反转。

（3）一年行情波动中，一般一个品种只有两到三次会出现极端行情，

也就是我们最期待的大单边行情，而其他时间一般都是大震荡，也就是说急涨急跌在日内大多数时间都是不可持续的，这也为我们提供了一个短线平仓的理论依据，也就是说我们假设急拉急杀不可持续是大概率事件，我们手中如果有该品种的仓单且方向正确的时候要记得止盈。

四、对策者胜，预测者死！

最近有一部电影叫《唐人街探案》，笔者看完后在开心的同时，总结了一些想法以俟读者。首先我们发现很多人总是喜欢预测行情或按照自己希望看到的内容和观点去诠释走势，然后预计后期会如何如何走。但是当你有了这种主观判断后，就会在后期捕捉线索去验证你是正确的，同时忽视让你判断错误的因素和线索，然后用这种判断预测去指导持仓，会非常危险，比如行情回调到趋势线支撑附近，但是你觉得这次下杀很猛，空头增仓明显，肯定要杀下去，结果在没有跌破趋势线的时候你就开始做空，因为你内心害怕跌下去错过机会或者少挣钱，结果可能就在趋势线附近该品种止跌反弹向上，造成亏损。实际上，我们所收集的信息和观点只是一种迹象或者线索，并不是事情绝对的真相。如果以这些迹象和线索去做判断，那就只能祈祷你的判断出现概率较大才行了，但往往事与愿违。而正确的思路应该是根据盘面的波动形成的线索去做对策而不是预测，你可以出 A 和 B 两套方案，A 方案是在趋势线止跌反弹，技术指标走好，这时候参与多单，B 方案是跌破趋势线支撑，并反抽不破时做空，同时设好相应止损，这时候才能提高盈利率。做到"对策者胜"。笔者接触很多所谓业内的专业人士，为了显出自己的专业度和与众不同，总是喜欢去预测行情走势，"2018 年国际黄金一定会跌倒 1080 点，然后再启动，螺纹钢肯定要涨到 5000 点再下杀……"用以指导他的投资朋友们去操作，结果事实证明行情没这么走，亏损惨重，所以与其天天预测行情走势，不如去像一个侦探一样，把市场和庄家主力当做一个案件和对应的犯罪分子，把它所展现出来的全部信息都看做是线索，以此判断真相，特别是 K 线，量价关系，技术指标，时间周期以及基本面现货数据，经济整体情况等，然后综合分析判断主力意图并制定预案，或者等行情走出明确方向，也就像已经还原案件的真相，然后直接做正确判断，顺势参与，当然同时还是要设置好止损，因为你所看到的可能就是主力诱多诱空的骗线，错了就及时认错，这样做盘你就像是资本市场里面的唐人街神探，不光正确率会提升，同时乐趣无穷！

第二十六章　期货超级解套秘笈

亲爱的读者，即使你已经全面学习掌握了笔者的这些看盘思路和操作战法，但相信由于种种原因，你依然有可能被深套在期货市场中，所以还是有必要教会大家一些自救方法，当然不用它最好。同时，如果你觉得有效，也不要依赖它，那样你离正确的交易会越来越远。就像西游记里，观世音菩萨给孙悟空的三根救命毫毛一样，今天本书也给大家介绍期货的三根救命稻草。

第一招，严格止损。当你发现行情演变与你的持仓相反，特别是大方向你做反了，并且触及止损位或者已经远离止损位，浮亏严重的时候，最好的办法就是止损。因为期货只要止损，留有本金，那你就永远有机会，特别是对于满仓被套的投资者来说，这点尤为重要，期货真正获利之道最重要的就是小止损轻仓不断试错，做对了方向就坚定持有去搏取大获利，很多人都是反着，止损很大，止盈太小，长此以往只能越做资金越少。在此，还是要强调，不要满仓操作，如果你已经满仓被套，及时止损才是出路，有了出路就走正路，以后坚决不满仓。

第二招，如果你就是舍不得止损，同时你不是满仓操作，而且你发现大方向还没有做错，比如你是多单，目前持仓品种的价格还在 66 天均线之上，那么这时候可以使用第二招，在下方均线支撑位，特别是 66 天均线上轻仓加仓多单，有 3% 左右涨幅就平掉加仓部分打差价（这个幅度你也可以自己定,如果你天天能盯盘,就设1%止盈也行,但最好不要超过3%),来回打几次,就能解套。反之,在空头行情中,同样如此,你虽然做了空单,但是短线被套,这时候,只要空头大趋势没变,66天均线也是缓步下行的,那就到上方压力位加仓打差价即可。

最重要的是第三招,这可能是笔者发明的最管用的解套方法了。怎么操作呢?当你被套之后,先看看你是不是满仓,如果是满仓,至少先砍一半出来,如果不是,资金还有一半以上,那可以使用第三招。接下来分析你的持仓品种大趋势是什么,如果你的大趋势还是顺势的,比如你是多单,长期均线也是多头排列并缓步上行,价格也在66天均线之上,自然就可以用第二招了,但如果你是逆大趋势的,比如你是空单深套,但目前多头趋势,长期均线都是多头排列,且价格在短期均线之上,那么第三招就能救你出苦海。具体如何操作呢?我们举例说明。

比如你空单苹果1901合约10手,开仓价格是9500点,但是价格一路上行,因为仓位轻,你觉得扛一段时间就能回来,结果价格回调你又舍不得平仓,假设目前价格已经上涨到了11000点,这时候你终于明白,你方向做反了,可是再止损确实很痛苦,此时若还有一半资金,那么就可以采用第三招了。具体思路是,先开10手多单,成本11000点,趋势明确上行,往上攻到11500点或者更高,你可以止盈十手多单,那么盈利大概500点,十手就是5000点,而此时你的空单亏损一手是2000点,也就是说你10手盈利可以覆盖2手亏损,那么这时你就可以选择在11500点或者更低的位置止损两手苹果空单,然后逢低赶紧买回8手多单,因为趋势继续上行,可以在急拉的高点再次止盈多单,然后看获利能覆盖几手空单亏损,然后就平几手空单,反复操作几次基本就解套了,有时候还能有盈利,如果还没有解套,但是趋势开始下行,即跌破66天均线,同时短期均线开始向下发散,这时候就不用再做多了或者把做的多单平掉即可。

这么做好处很多:首先,当多单锁仓后,你的浮亏就锁定住了,行情上涨多少,你也没有爆仓的危险,这时候反而你能更理性地看清趋势;其次是后期的多头行情你也能够通过高抛低吸参与进来,把多单当成独立的仓单操作也是可以的，反复顺势逢低做多直到趋势反转，只要你的合约不是马上交割的就都有机会盈利（包括你9500点被套的空单），因为市场中的主力永远都是双向持仓，它们杀完空头就会掉头杀多头，然后杀完多头再掉头杀空头，所以只要在苹果上涨趋势中你坚决、正确地做多，就能解套空单，而且如果你有足够的耐心，等到趋势反转后，空单也会获利出来。特别是上海的期货品种因为一个合约的反向单不占压资金，我们可以更好地利用资金优势去解套。

当然有朋友会问，那万一锁上之后就开始下杀了呢？这点真的不用担心。第一是从心态来说，本来你就该防止亏损扩大的，如果真的掉头向下（一般不是趋势转变），就当你在这个价格止损了，也没什么心理不平衡的，但往往没多久调整结束再起升势，即使是真的掉头反转，你也可以在跌破66天均线后，平多加空去获利。一波多头趋势，只有最后一次买入是错误的，其他的买入都是能获利的，反之空头趋势中只有最后做空是错误的，其他都是对的。哪有那么巧，你买入锁仓那一刻就是最高点呢？往往当你不敢做多的时候，或说对空头还抱有希望的时候，多头行情是不会结束的。第二，还是以苹果空单解套为例，你可以锁仓一半，这样最稳妥，如果行情上行，你损失比原先不锁仓时减少了一半，然后你用第三招多打一些次数也一样能解套，如果行情下跌，那么你资金会回升，就相当于你在开多单的价格处止损了一半，保留了部分盈利的种子，将来下跌的时候多留下些空间平仓也可以弥补，或者低位再用空单来解多单，或者逢反弹再平多都可以。

此种方法也在后期会有很多变招，成为我们获利的一个技巧，这留待以后笔者和读者在直播间和微信公众平台上做更深入的交流。

第二十七章　如何把握最佳卖点

我相信很多投资老手都会被这个问题困惑过。俗话说：会买的是徒弟，会卖的才是师傅。把握好的平仓点，也是非常重要的。我们说的卖点在期货中指的是无论你持仓的方向是多还是空的平仓点，而在股市中因为基本是单向交易，我们俗称卖点。

一、主动止盈原则（更适于大资金）

笔者在奥迪当过销售冠军，所以对销售下单比较有经验。笔者发现就是客户在最兴奋、对奥迪某款车最满意的时候，比如试乘试驾感觉非常好，赞赏其科技领先其他品牌，或者只是对销售中的一些细节感觉很好的时候，都是最好的下单时机。那么，做投资的时候可以参考这个原则，就是整个市场投资者都非常亢奋的时候，也是你应该平多单的时候，当市场极其悲观的时候，也是你该平空单的时候，但是绝不要马上反手，以防趋势还有延续。笔者原来认识一个"高人"，也曾经是奥迪的客户，他1998年入市，资金很少，后来卖了一套房子做股票，看到这里可能很多读者就会觉得这人好没眼光，卖房炒股太愚蠢。可他却创造了投资神话，凑够一百万元在当年股市低迷的时候直接入市买入当时的一些低价股，然后就不管了，刚办完退休就带着爱人出去旅游。2000年网络科技泡沫，股市人声鼎沸的时候，他毅然抛掉了所有股票，赚了两倍多，然后又出去旅游。2001年去我们店买了辆奥迪车，2004年笔者问他还做不做股票，他说准备杀入，笔者当时还劝他谨慎，可他再次选择证券公司门可罗雀的时候全仓买入股票，几百万元资金几天就完成建仓，然后又出去周游世界。期间股市又下跌了不少，他连看都没看。2007年"5·30"之后大盘暴涨，当我们都在憧憬万点的时候，他一股不留全部卖掉，1000多万元到手，然后去买房。笔者当时也是受他影响高位逐步抛掉股票，获利丰厚。再后来就没有联系了，估计2012年低点时按他的习惯应该又杀回来了……他的风格和思路与我们大多数投资者迥然不同，但成功是实实在在的。谁说资本市场不如房地产市场挣钱？只要你方式方法得当，就可以获利数倍或更多，就像你如果从2006年拿住茅台股票，到现在应该翻了两三百倍不止了吧？很多人之所以做不到，就是因为太想获取行情每一次波动的差价，结果被市场自己吓出去了，然后挣了钱又会更加贪婪，不想落袋为安。当然股市有它的独特性，期货如果买了不管那可很危险，除非轻仓。这种主动止盈的思路，适合没有太多时间盯盘，资金相对雄厚且是自己的闲钱，技术分析能力一般且投资以股票为主的投资者。在市场低迷的时候逐步做多，在市场疯狂的时候逐步止盈就可以，并以时间换取空间，只需要参考一个指标，就是市场热度。如果发现在任何场合任何人都在聊股票期货的时候，你就知道现在该是退出的时机了。就像2015年，笔者出去吃饭，听各桌的客人都在聊股票，很多刚刚毕业的年轻人也都管家里要钱去炒股，人们充满了对这波大牛市的期许，结果两个月之后，大跌开始。所以，强势清仓是主动清仓的主要原则。

二、技术平仓点（也可分为主动止盈和被动止盈）

相信读者看到这里，应该清楚用什么指标来选择止盈时机了，但是笔者还想总结、补充一下。

（一）主动止盈指标

很多人总是希望自己的平仓点位接近市场价格极限，其实这是很难做到的，也没必要做到，但是确实有时候如果按被动止盈来说，等趋势转向，你前期的盈利可能已经消失一大截了，所有如果一定要找到一个相对可以卖在最高或者买在最低，平仓之后再有空间你也不计较的话，以下两个指标可能很有参考价值。

1. VR 指标

即成交量比率，是一项通过分析价格上升日成交额（或成交量，下同）与价格下降日成交额比值，从而掌握市场买卖气势的中期指标。其理论基础是"量价同步"及"量须先于价"，以成交量的变化确认低价和高价，从而确定买卖时法。该指标主要的作用在于以成交量的角度测量市场的热度，表现市场的买卖气势，以利于投资者掌握价格后期可能之趋势走向。该指标基于"反市场操作"的原理为出发点。以"反市场操作"的原理使用 VR 指标，看起来似乎很简单，实则内部蕴藏玄机，"反市场操作"的背后还有"反反市场操作"，如同"反间谍"的背后还有"反反间谍"，这个市场"螳螂捕蝉，黄雀在后"，尔虞我诈，投资人无不须时时谨慎提防。有些时候当你认为盲目的众多投资者绝对是错误的时候，这些人却可能是对的。所以，什么时候该从众？什么时候不能从众？这是 VR 指标最大的课题。但有一点要说，这个市场上有一个真理，也是唯一的真理，就是"没有道理的道理"。

但是，VR 指标可以作为一个很好的参考，让你在没道理的市场上捋出一个头绪来。参与一个波段行情的投资者包含三种人：先知先觉的，后知后觉的，不知不觉的。我们运用的"反市场心理"，主要在反"不知不觉"这一类型群众的心理，当 VR 起初平稳温和地缓步递升时，市场上充满着不确定的因素，仅仅是部分"先知先觉"的投资客少量地介入，前期的速度相当缓慢，无法令人相信将会发展成大行情。直到 VR 倏地窜升穿越 250 日均线，"后知后觉"的投机客猛然惊醒后，立即纵身跃入市场，不仅加快了行情的脚步，直到终于唤醒了"不知不觉"的跟进者陆续加入战局之后，早先入座的客人已相继离席，结果是，这餐饭留给最后离席的人买单。按此原理，我们划分出 VR 的一个大致范围，以做多为例：

A. 低价区域：70～40——为可买进区域；

B. 安全区域：150～80——正常分布区域；

C. 获利区域：450～160——应考虑获利了结；

D. 警戒区域：450 以上——价格已过高，此时 PSY 心理线指标如果也在高位，多单可从容高位止盈等大跌。道理很简单：市场上最后一波多头也都进场了，没有看空的，该买的都买了，还能涨吗？后期必然出现多杀多局面。

2. MACD 背离

当日线或者 60 分钟 K 线出现三次 MACD 背离，后期一般都有反向行情出现，此时在出现三重背离后应及时离场观望。以图 27 - 1 苹果主力为例，日线三次 MACD 背离后，出现大幅调整，并在 2018 年 10 月逐步形成转势迹象。

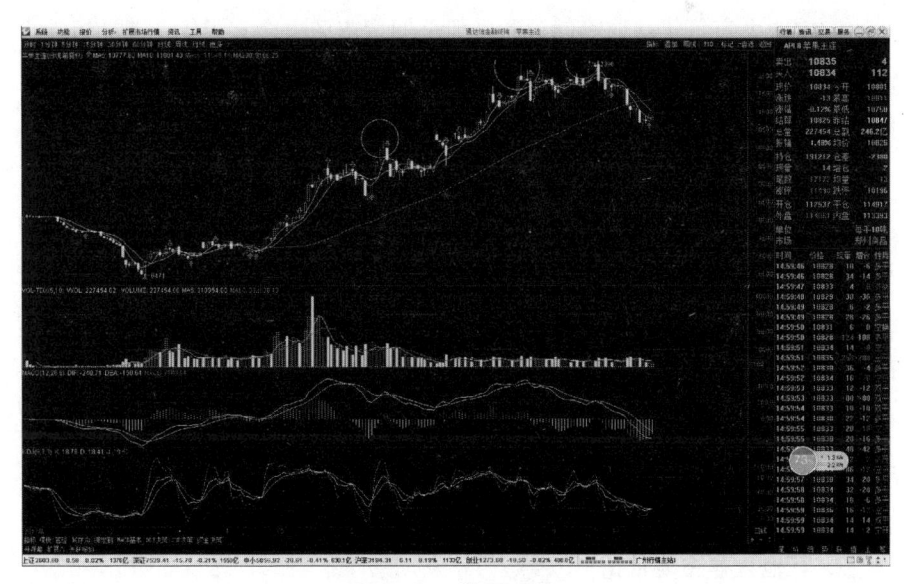

图 27 - 1 苹果 K 线

3. WIDTH 指标

前面我们提到过，在期货市场上，当布林限口大幅放大到一定阶段的时候，行情可能也走到尽头，这时候就可以参考此指标。前文提过，期货市场上当 WIDTH 数值超过 0.6 就要注意行情反向，而股票市场某只股票达到 2，那么基本上确定要调整。

4. 其他参考依据

比如在期货市场上做空的朋友，平仓还要关注的就是该商品的成本价，如果极大低于成本价，后期企业限产保价行为出现，这时候应该是空单获利时机，但做多还需要等待产品库存下降明显，技术指标企稳才行。股票市场上，在个股股价低于净资产 20% 且公司运行平稳，行业风险不大的情况下，也可以适当减仓或平掉融券。

（二）被动止盈指标

还有一部分投资者追逐趋势，只要趋势没变，就一直持有，这其实也是笔者所推崇的，因为如果一旦遇到大行情，这种理念会让你真正地暴富，虽然我们希望大家每年获取稳健盈利，但是期货市场也会有十年一遇的极端行情，如果碰上，你就可以退休了。这种行情出现，只有被动止盈法才能成就你。根据你做单的级别不同，分别有几个指标作为参考。

1. 五虎将战法

当然如果你用五虎将战法进行操作后，其实就可以用战法的操作指标掉头时作为止盈依据。具体来说，用马超战法，如果你以 15 分钟 EXPMA 交叉作为进场依据，那么无论其他级别是什么运行方向，只要 15 分钟 EXPMA 再次交叉就要平仓。黄忠战法自然就是当价格再次穿过 66 天均线的时候进行平仓。以此类推，赵云战法以进场趋势线作为平仓依据，关羽战法以日线或者周线级别 EXPMA 均线交叉为平仓依据。张飞战法因为是用盈利做依据，属于主动止盈法则。

2. 其他止盈主要依据

首先，超长线趋势持有者，建议就看周线的 EXPMA 再次交叉并结合趋势线即可。这个方法更适合股市。图 27-2 是贵州茅台周线图，2014 年中期，周线 EXPMA 金叉后至今没有死叉，超长线投资者如果买入后可等待下一次死叉且跌破上升趋势线时平仓。

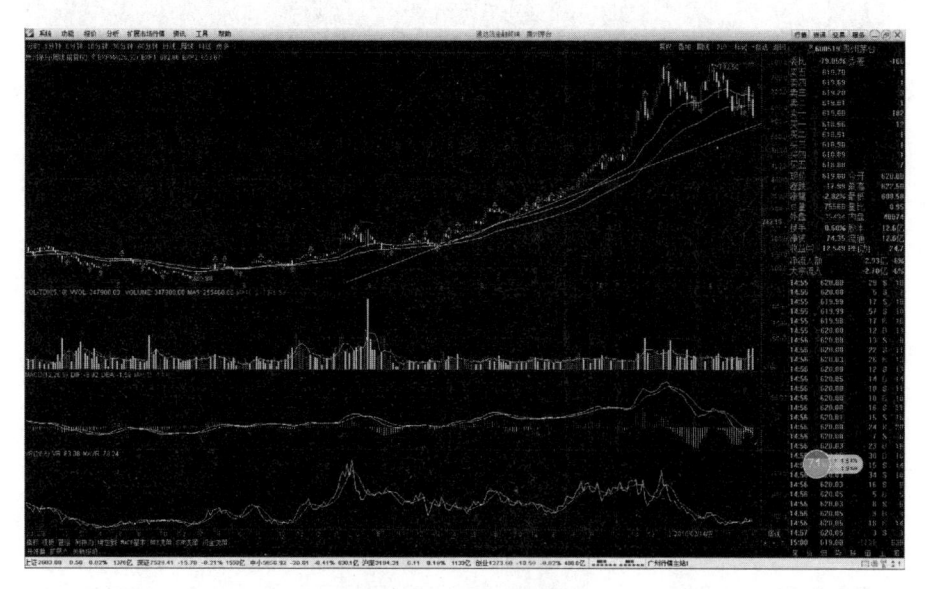

图 27-2　贵州茅台周线

其次，中期趋势持有者，建议就看日线 EXPMA 再次交叉并结合趋势线，这一点在期货市场上更实用。

图 27-3 就是 PTA 主连日线走势，自 2018 年 7 月开始的多头行情，2018 年 10 月 25 日日线跌破上升趋势线，多头行情是否走完，就看其后 EX-PMA 是不是死叉了，如果死叉则趋势多单离场，如果后期站回趋势线，多头行情就没有结束。

最后说一下，如果是短线客，那么你做单可能只是为了日内盈利，明天的行情不用去理会。那么，就用 15 分钟级别技术指标做依据。我们以图 27-4 原油主连 15 分钟走势图为例，比如你在图中坐标位置以 532 点价格做空（当然这个单子本来开仓就不对，因为大分时级别都是多头），那么平仓点就是三个位置：(1) 当时的日线 10 日均线；(2) 15 分钟 JA 线跌破后收回;(3) 15 分钟 EXPMA 金叉。

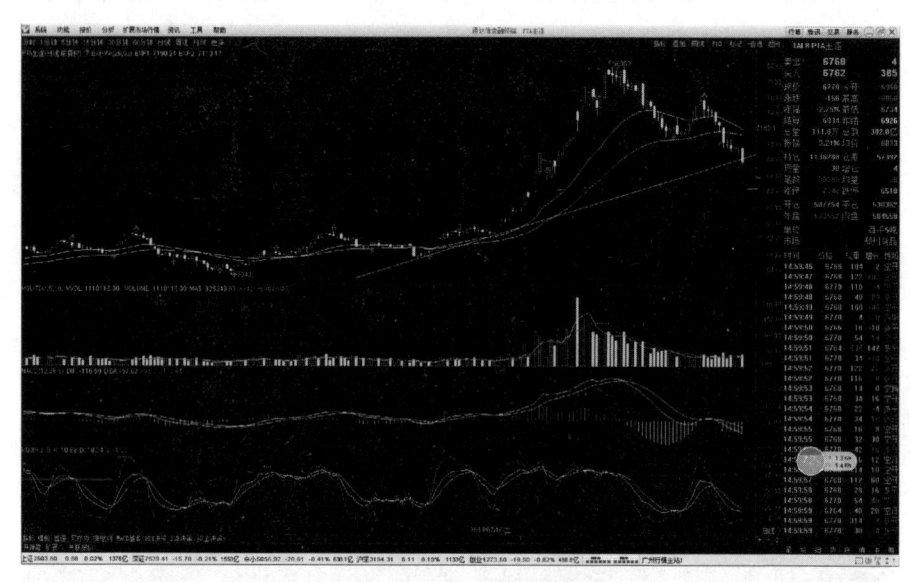

图 27-3 PTA 日线走势

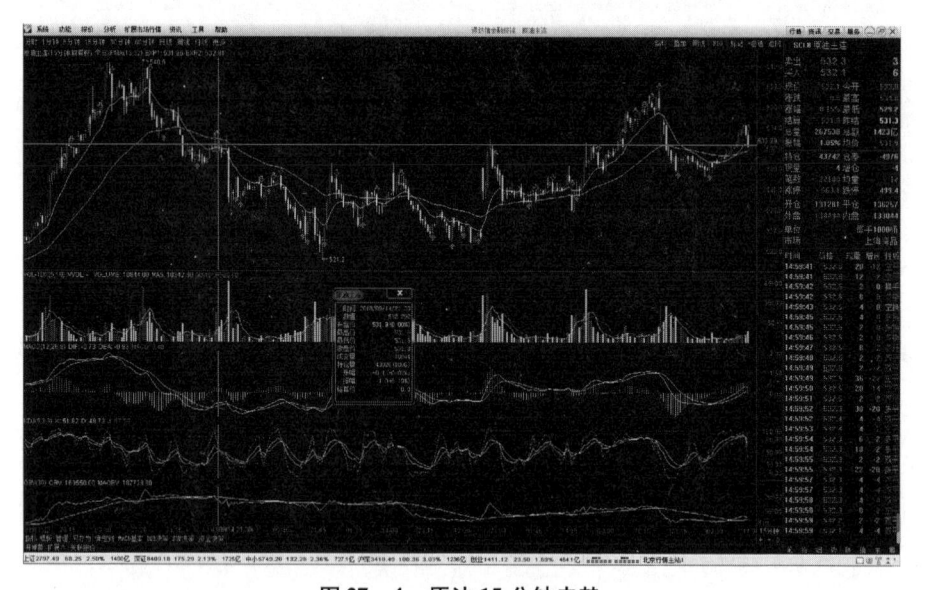

图 27-4 原油 15 分钟走势

第二十八章　投资心态及交易纪律

期货赚钱之道：期货有所为有所不为，知其可为而为之，知其不可为而不为，是谓期货之为与不为之道也！

第一节　操盘特种兵手册

这些都是市场人士多少年来总结的一些精华，相信对大家会有帮助，我拿来给大家加上注解，你会更容易弄懂和记住，同时也希望大家把自己当个操盘手一样严格要求自己，养成好的投资习惯。

一、计划篇

第1条　成功的密码是：简单的动作，不断地重复正确

也就是通过实战，找到一个最适合你的简单易上手的战法，不断地重复即可，不要每天这山望着那山高，记住你不是实验室的小白鼠（小白鼠也不会没事拿自己来做实验），也不是社科院的研究人员，你只是一个拿着自

己的真金白银想在市场里面挣钱的普通投资者，你要为你的钱负责，你要钱生钱。只要找到了一个切实可行的操作方法，严格执行就好。不要看到别人用其他战法挣了钱你就去尝试，当然我不是说我们不去进步，而是在我们战法可行的基础上，多多模拟，看是不是有更适合你的，如果不适合你，那就不要改变原来的操作习惯。

第2条　操盘的精髓是：谈笑间用兵，强于紧张中求胜

放松心情，做多的时候不以涨喜不以跌悲，同样做空的时候也不要挣钱就得意忘形，赔钱就怨天尤人，紧张兮兮，把心态放平，记住每一次交易只要是遵循你的操作理念和战法，无论胜负，都是一次完美的交易，止盈止损不重要，重要的是你遵循了你的交易原则。

第3条　没有计划不要上班，没有计划不要下单

在投资之前先设好你的进场和止损位然后严格执行，期货交易好在有条件划线止损，当你进场后就按计划去设好止损位而不要轻易改变，如果方向没错，被打出止损来，那就再做计划再次进场。

第4条　顺势是最好的计划，逆势是最坏的神话

这句话我觉得非常有价值，再好的操作计划如果是逆大趋势的，都是没用的，而只要你顺势，再简单愚笨的计划都是好计划！再精明、高超的计划，不去顺势操作也一样亏钱。有些人可能在一两次逆势中赚钱，但是你只要错一次就可能伤筋动骨。

第5条　谈笑间可以做波段，紧张中只能玩短线

心态平和是非常重要的，当你心态平和，你能拿住单子，而当你总是害怕亏损，紧张你的本金盈亏，你只能挣小钱而亏大钱，因为看对看错瞬间的波幅都是很大的，那么如果挣钱的时候拿不住，只挣了个零头，你再进场，如果错了，瞬间亏损你又舍不得止损，那么就容易大亏，当然划线止损位设好就另当别论。

第6条　盘前要有交易计划，盘中不要听人比划

其实这也是前文提到的，操作只用手和眼，耳朵"堵"上，做好盘前完善的交易计划以后（进场点、止损位乃至止盈位都设好），谁再说什么就

当没听见。

二、两极篇（给大家操作观念上提个醒，但不代表鼓励逆势操作）

第1条　强不再强防转弱，弱不再弱会转强

这也就是我们常说的该跌不跌注意大涨，该涨不涨要防大跌。正所谓否极泰来，没有永远上涨的品种，也没有永远下跌的品种，但是这条原则不是要让你去赌行情反转，而是提醒你不要过分追涨杀跌。

第2条　不要企图猜头部，不要意图摸底部

也就是说我们永远去做右侧交易，大资金长线的才去做左侧交易，我们如果没有极大的资金量就没必要去冒不该冒的险。

第3条　假突破防真跌破，假跌破防真突破

这就是我们在平时直播上所讲的"欲涨先跌，欲跌先涨"，往往有时候向下破位前先向上诱多，向上突破前先向下诱空。特别是在三角形整理的时候，这种事情，主力最爱干，但是只要我们把握一个大原则，也就是三角形一般整理结束后都是沿原方向运行的，那么如果应该向上突破可价格先下杀，那就注意是假的，不要跟进而是观望看是不是还能反身向上，反之如果该向下而先向上也是应谨慎观望。少数情况是主力不做诱多或诱空而直接做突破，这时只要跟前期方向一致，是可以先轻仓跟进的，然后确认突破有效再加仓（比如涨幅超过3%，回踩不破启动点或连续三根以上K线处于突破状态）。

第4条　利用恐惧回补买，利用贪婪卖出空

这个前提是在顺势基础上，多头行情回调的时候就是买入时机，而往往回调的时候都很凶，让多数投资者不敢介入，这时候只要不破位就是进场时机。

第5条　涨幅满足是利空，跌幅满足是利多

其实对于单个品种来说，无论股票期货，最大的利好和利空就是该股票的涨跌幅，特别是大宗商品跌破生产成本很多或夸张地说无限接近0的时候，那么肯定是比任何利好都有价值的隐形利好。

第 6 条 量缩涨潮会见底，暴量退潮易见顶

这句话其实也好理解，其实在历史底部区域，缩量涨和放量涨都好确立底部，历史高位放量暴跌一般都可确立头部。

三、涨跌篇

第 1 条 趋势不容易改变，一旦改变，短期不容易再改变

所以当你确认转势出现，就不要犹犹豫豫，要敢于进场并拿住，那么确立转势最重要的判断标准可以周线图上 20 周均线为依据，特别是 10、20 和 60 周在历史低位或高位形成三线交叉的"女"字形，那么转势可信度极高，后面还将详细阐述这个标准。

第 2 条 低点不再、屡创前高是涨，高点不再、屡破前低是跌

这个也是我们判断涨跌趋势的重要因素，只有不断突破前高或跌破前低我们才能认为行情延续，当然，用越大的周期判断越准确。

第 3 条 上涨常态不须预设压力，下跌常态不要预设支撑

这就是我经常提到的，不光要顺势操作，也要养成顺势的思维习惯，也就是说多头趋势中我们把全部精力放在找支撑位上，以达到逢低做多的目的，空头趋势中我们把全部精力放在找压力位上，以达到逢压力做空的目的。但是当你反着去上行找压力，下行找支撑，很容易慢慢误入歧途，做逆势交易。

第 4 条 涨升空间一般都是跌出来的，下跌空间一般都是涨出来的

我们要给这句话设一个前提，就是在多头趋势中，上涨都是因为回踩有一定跌幅后，消化了获利筹码后进一步上行，换句话说就是下跌是为了更好地上攻，反之同理。

第 5 条 涨升过程一定注意气势，跌挫过程不管有无气势

也就是在上涨过程中量能一定要配合，但在下跌过程中无需放量，阴跌也是非常有杀伤力的。

第 6 条　上涨常态只买强不买弱，下跌常态只空弱不空强

这一点我们可以拿大宗商品黑色系为例，因为黑色系多品种构成一个产业链，那么内在上涨和下跌逻辑是不同的，那么上涨的时候我们就找形态最强的，量能放大最多的，这样涨得容易挣钱轻松，下跌我们就找前期反弹最弱的，下跌迅速的，因为空头强势。

第 7 条　多头空头是一体的两面，如男孩女孩要平等看待

这个在期货市场待的时间越长的人越好理解，但我也要加一句就是往往期货里面多头行情一般都延续时间较长，空间更大，因为上面没有天花板，货币政策过于宽松或通胀率较高时尤为如此，而下跌往往是有地板的，再极端的空头行情也不可能跌到 0。这个就是我们希望大家意识到的，多空都是机会，但多空机会把握上也有差别，就像你不能总让女孩子干体力活，让男孩子天天刺绣一样。

第 8 条　涨就是涨，顺势看多做多，跌就是跌，顺势看空做空

这是因为技术分析的三大假设之一的原理——行情总是沿趋势方向演变，转向概率一般都较小，也就是牛顿定理里面说的惯性，所以价格总是喜欢往阻力小的地方走。就像坐地铁，我们很多朋友在一线城市坐地铁上下班都有这个体会，你要是逆着人流你很难走动，所以大多数人都是顺着人流去行走，就能更快地进出站，价格也是一样，多头趋势中下方处处是支撑，空头趋势中上方处处是压力，你说价格愿意往哪边走。

第 9 条　涨跌趋势都是我们的朋友，懂得顺势就能成为好友

再次加深一遍趋势的概念，不管上涨还是下跌只要有趋势我们就应该高兴，因为我们顺势就能挣钱，永远把顺势当成你的良师益友，而逆势就是你的最佳损友。

四、量价篇

第 1 条　每根 K 线都有意义，每根 K 线都是伏笔

所以不要轻视 K 线，希望大家每天都去复盘，都去看看日线或者大周期分时 K 线为什么收成这样，小分时周期的 K 线在整数时点的收盘 K 线也非常有参考价值。

第 2 条　量能比股价先苏醒，也同时比股价先行（主要指的多头行情）

量在价先，兵马未动，粮草先行嘛，如果上涨的时候没有一定的量能堆积，你是很难相信后期上涨空间的。

第 3 条　涨升中的量大量小，是由空方来做决定

这句话可能很多人难以理解，我认为，在底部时期已经积攒了充分量能后，如果行情是大周期级别的，上涨过程中就未必有量能放大，而在高位出现集中放量的迹象会多一些，这在股票中经常见到，因为多数股票只能做多，无论主力机构还是散户一致看好后都不愿轻易抛出手中筹码，估价很容易出现无量快速拉高，而期货中，在大涨过程中，做空动能也比较小，除非空方认为此位置是压力，应该开空，才会有一定抛压，所以量能由空头决定是有道理的。

第 4 条　下跌中的量大量小，是由多方来做决定

空头行情中，没有多少人敢于抄底买入，那自然成交匮乏，道理简单，不再赘述。

第 5 条　多空的胜负虽在价，但决定却是在于量

价格无疑是我们投资获胜的最终的方式，但是价格因素也非常关键，如果量价背离，特别是在多头行情里面，说明行情上涨可能有假，要注意，同时只有一定的成交量才有流动性，才能平仓卖出，而在空头行情中，下杀无需量能，只有开始缩量筑底企稳后才有抄底价值，故无需考虑量能因素，而只需要关注什么时候不再创新低了。很多人在下跌过程中喜欢抄底，认为大幅缩量了，量价背离跌不动了，但是如果以这个理由进场，很可能你只抄到了半山腰。有时候底部是这样出来的，在经历了一个周期的下跌后，先出现一波放量大跌，这时候放量说明有进场抄底的，但是悉数被套，无疑这时进场的一般都是左侧交易者，有些机构投资者主动买套，而散户是试探性抄底，结果价格继续下杀的时候又不断有人割肉出局，价格保持温和量能下挫

态势，然后突然出现几天放量急杀，但是量能绝不会超过前一次放量的量能，说明最后的恐慌盘也出来了，正所谓"多头不死，空头不止"，直到价格三天不破新低，且量能缩得极为明显，地价已现，说明该割肉的都割得差不多了，这时候开始出现温和量能小阳线，并逐步形成黄金坑的形态，才可能真正见底。

图28-1为焦煤主力合约在2013年至2015年12月长达两年的熊市走势图，不难发现前几次放量都是后知后觉的投资者斩仓出局或反手，直到2015年5月份出现了连续放量，很多人认为是底，结果又向下杀了30%左右形成地量后才挖坑见底。

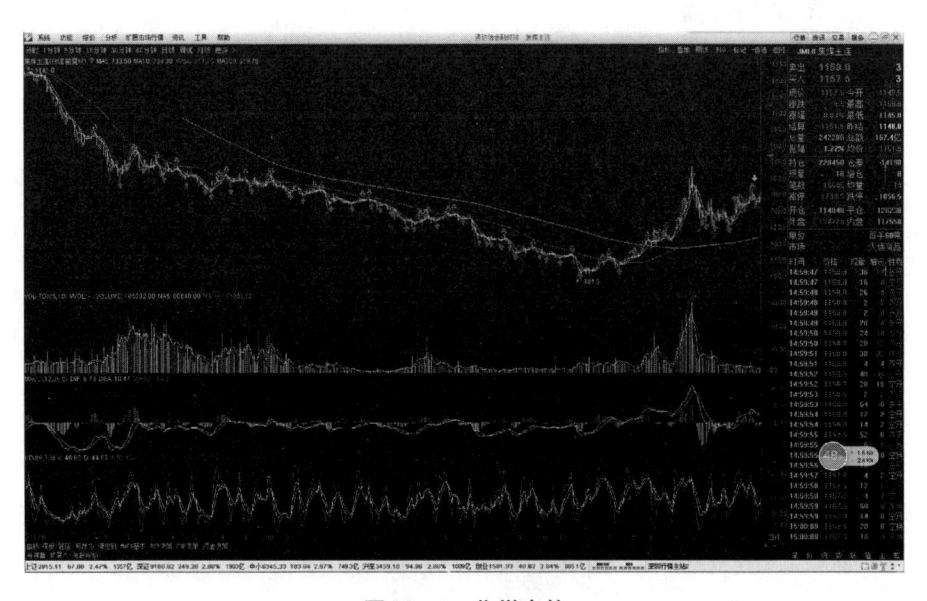

图28-1 焦煤走势

第6条　地量地价应做底部，天量天价未必是顶

还是以图28-1为例，当焦煤创出484.5元的地价和前几天的地量后，我们可以综合看待这个区域是个底部，而天量出现天价可能后期还有高点，不能轻易判断顶部。天有多高不好说，但地有多低还是比较明确的。当然这是事后分析，在目前现阶段操作看K线你是不可能明确到底是不是底的，

或何时是顶，就像你在现在也不可能说中国的楼市就是顶部一样，只有靠后期验证才行，但我们可以通过多种迹象来参考。

第 7 条　高价区量能退潮防大跌，低价区量能涨潮预备涨

这点也是很好理解的，上涨是要靠量能配合的，量能不济就要小心，但不能作为做空依据，低位区域经过缩量筑底后一定也要有放量过程，让中线资金进场，就像图 28-1 焦煤在 2016 年初出现的量能大幅放大一样，预示后期展开一波大反转行情。

五、时机篇

第 1 条　市场并没有新鲜事，只是不断地在重复

这也是我们经常所提到的技术分析的三大假设之一——历史总是重复的，万变不离其宗，故我们发现交易者包括我本人以前也经常容易犯同样的错误，就是总认为这次不同，结果十次有七次是相同的，剩下三次只要设好止损也不会错到哪儿去。

第 2 条　市场赢家一定会等，市场输家乃败在急

还是再次提到那句话，善猎者善等待！只要你建立了自己的交易体系，当市场没给出符合你交易条件的时机的时候，你就耐心等待，切不可盲目进场，很多投资者每天都在交易，而且给人感觉是为了交易而去交易，那么必然会出现失误，这时候你就很被动，走也不是留也不是，而当真正的机会到来的时候，你却错过了，所以投资市场特别是期货市场就一个字：等！

第 3 条　看对行情绝不缺席，看错行情修心养息

当行情符合你的预期判断或操作条件时要敢于参与而不能害怕亏损就不交易，特别是当上一次操作出现错误的时候，千万不要带着上次的负面情绪不敢进场，特别是有时候行情稍纵即逝，一丝犹豫就会错过，当行情与你的预期相反的时候，那就耐心等待即可。

第4条　聪明的人懂得休息，愚笨的人川流不息

上文也提到了不是每天都要去交易，当近期做得很顺的时候要提醒自己是时候休息了，等待更好的下一次机会，而不是因为挣了几波钱，觉得即使错了少赔点也没事，看到机会就继续往里冲，殊不知这时候是最容易赔大钱的时候，管住手很重要。

第5条　低档你我都可投资，高档大家只能投机

也就是说在相对低位的时候或底部的时候我们可以采用长线做多思路，而在历史高位区域，即使向上突破，我们也要本着短线投机心态，快进快出。

第6条　强势品种不会永远强，弱势品种不会永远弱

这个在股市里操作的股民可能体会更深，虽然是强者恒强，但是强了很久了，主力多头收益丰厚，他们后期要关注的只是什么时候出货兑现收益，那么抛压一上来怎么可能还强，我们经常发现在牛股尾端出现加速拉升往往都是为了出货而做的诱多行情。

第7条　利空出尽反向买补，利多出尽反向卖空

这个思路的前提是反转明确出现之后，市场上该出的利空都出来了，该品种也跌破了生产成本，这时候一旦站稳20日均线可能就是最佳的中线进场做多时机，反之在高位所有的利好都出来了，价格远远高于生产成本，需求无法进一步扩大，这时候有效跌破20日均线可能就是最佳的反向进场做空时机。

第8条　均线纠缠三角尾端，都是较大的变盘点

无论分时均线还是日线均线，如果在一段时间之内都是出现横盘缠绕的形态，我们就要注意大的变盘时刻要到了，这时候应该退出市场，然后观望等待新的突破方向出来再跟进。

第9条　投资市场所有财富，统统隐藏在转折里

故希望大家更关注于行情出现的明确拐点，也就是新一轮行情的起始区域，这时候进场将是值博率最高的。

第二节　操盘特种兵纪律

我们一定要给自己设立操盘纪律并严格执行，而且通过长时间养成习惯，成熟的投资者都可以遵从自己的操作纪律的。

（1）每次交易的风险绝不能超过本金的10%。也就是说，我们每次亏损无论仓位轻重，绝对不可超过此次交易投资本金的10%，这样以试错的心态去交易，逐步做到小亏大盈。很多人初期投资做不到大盈，但是可以先做到只亏小钱。

（2）入市之后绝不可因为缺乏耐心而盲目平仓，行情的展开是需要时间的，在市场未证明你是错误的之前，你必须有足够的信心与耐心。这也就是我们经常说的淡定持仓，耐心等待。

（3）不可过度交易，切忌超过自己的资金承受能力满仓操作。这是在市场里生存下来的最重要的原则之一，巴菲特曾经说过，你一生中投资策略正确的次数是有定数的，所以减少操作次数很重要。

（4）避免发生获利回吐现象，调校止盈线，遵照止盈线。也就是我们说的做多时若方向正确就逐步上调止盈点位保护利润，行情下跌做空时逐步下移止盈点位保护利润。

（5）一个盈利的仓位，盈亏平衡点是最后的平仓点。很多成功的投资大师都是会遵照这个法则的，它可以让你在市场上立于不败之地，但是很多人都做不到这点，难以面对自己的心结，因为获利都没走，持平就更不愿意走了，但是你要想成为这个市场上少数的赢家，就要做到大多数人做不到的事情，从现在开始，盈利仓位如果回到盈亏平衡点，就说明可能市场掉头了，为了避免赔钱，第一时间平仓出局。

（6）绝不可逆大势进行交易。这个我在前文也反复强调，它不光是一个投资原则，也是投资纪律，多头趋势中只做多单，空头趋势中只做空单。

（7）市场不明朗立即停止交易，待到明朗不迟。看不懂不做，不扛单，

第二十八章 投资心态及交易纪律

不强行交易找感觉。

（8）只在活跃的市场进行交易，一个商品的持仓量持续放大，而且出现比较明显的单边行情，那才是最容易挣钱的时刻，同样在股票市场中就是选择被激活的人气板块去操作，盈利机会才会变大。

（9）不可以同时进行超过3个标的的交易。这点很多人不太重视，我想强调一下，其实商品市场大方向一般都是相同的，可能偶尔农产品和工业品短线方向有分化，但大趋势因为都是受到经济情况。政府货币政策等宏观情况影响，大多数时候，方向都是一样的，所以当你买的品种过多时，并不会给你带来利润的放大，行情不好时可能几个品种一起亏，行情好时可能都挣钱，但是买的品种多了，在遇到比较极端的行情时你操作都来不及，很容易出现较大失误，而股票市场相对因为板块轮动，你可以多操作几个板块的龙头品种，这样可能可以分散风险，但同样挣大钱的机会也会变小。建议成熟投资者摒弃那种开杂货铺的心态，做就专注于活跃的、方向明确的品种精挑细选，当你对你的交易越来越有信心的时候，你会发现懂得取舍品种，就是你真正成熟的时候。

（10）获利后对利润进行百分比抽取。期货盈利部分要拿出一些去做别的投资，分散风险。

（11）操作正确之后绝不可以随意平仓，除了趋势改变，其他都不是平仓的依据。这也是前文提到过的，不要因为盈利多少或者波幅过大去随意平仓，而是应该以技术指标作为依据去操作。决不可贪低买进，恐高卖出。此外，就是忘掉你的进仓价，一切以技术指标为依据。

（12）禁止赌博式补仓。期货投资最应顺势加仓，当你初始仓位方向正确，才可继续加仓，而不应逆势加仓，特别是情绪化和无厘头补仓。股票因为没有杠杆，且以单向交易为主，所以如果上市公司基本面不错，可以在大市整体不好的时候加仓等待时机，但大原则也是建议及时认错出局。

（13）入市之后，不可随便取消止损标准，触碰止损标准时，应无条件执行。这个应该不用多说了，有时候到了止损线那里人都有不甘心的情绪，如果你去调整了，最后发现多数情况下都是最开始的止损线是正确的，而后调整的不是让你亏得更多，就是该止损时因错过止损机会而继续深套。

（14）出错时立即平仓，切忌锁仓操作，假突破立即承认错误。一般情况下不要采取锁仓操作，因为不光容易自乱阵脚，还挤占资金，错了就及时止损等待下次机会。

（15）避免在交易一路顺利之后胡乱无计划操作，娱乐心态不可取。很多时候当我们操作非常顺利、获利丰厚的时候往往就会大意，防范风险心态淡薄，觉得自己无敌，殊不知这时候就是最容易出现大亏损的时候，所以顺利交易一段时间后也要尽量克制交易冲动或直接休息一段时间再入市。股票买卖得心应手时，也切忌随意加码，此时最容易犯错。

（16）切莫预测市场的顶和底。永远做趋势的追随者，永远做右侧交易，抄底摸顶的左侧交易者不是你的角色。

（17）不可轻信他人意见，除非他的意见能够左右市场，所以专家或任何市场分析人士的意见永远只能参考。

第三节　股市研判策略

看这本书的朋友可能很多人还炒股票，那么本书也为炒股的朋友送些福利吧，真正简单实用的炒股思路是：炒股只看 20 日均线。

研究股市不需要太多的知识，不需要太多的技术，只需要一双会观察的眼睛、一颗善于思考的脑袋和爱思考的习惯。

研究股市运行的过去，预测股市可能的未来，就是研究股市最基本的方法。笔者通过研究长期看盘的股票图线，总结自己炒股多年失败的教训和成功的经验，在参考了多篇关于 20 日均线的文章之后，更加肯定和认可 20 日均线表现出来的实战意义。

一、看大盘

周线：在周周期中 20 周均线向上为牛市，20 周均线向下为熊市。指数有效上穿20周均线和有效下穿20周均线预示行情可能有反转。指数有效上穿或者有效下穿20周均线之后一般都有回抽，回抽不破20周均线并且还使20周均线拐头是对趋势的确立。20周均线的拐点就是入市或者出场最好的操作点。

看个股也一样，如果没有其他更好的操盘方法，就按20日均线的指示进行股票买卖就行了。这一点对于绝大多数散户股民来说就显得特别重要了。到如今各种针对股票买卖的分析指标越来越多，一般散户要花很多精力去学习和掌握这些分析指标的意义和操作。究竟有多大意义，究竟起到了多大作用，不得而知。做过几年股票的广大散户朋友就看看自己这几年的成绩就明白了。其实接近真理的东西并不是一定很复杂，大道至简，真理往往就是那么简单。在帮助分析股票运行规律的各种指标中，唯有均线才是真实反映股价运行规律的最有用、最直接的指标，而均线易于学习和掌握，因而才是广大散户朋友在股市盈利的最有用的武器。

二、选股

先看大盘，若大盘为熊市环境，那就踏踏实实做商品期货，毕竟期货多空都可操作，不做期货的朋友那就休息，不选股、不入场最好，实在要玩一点股票，一定控制好仓位和设置好止损位，一旦不对赶快跑掉。若大盘由"熊"转"牛"，或者是牛市的继续，那么就可以好好地选股，多入市些资金做一把。

选股的原则，纯技术上的，就是选择那些股价站上了20周均线，且20周均线已经拐头向上的股票（"且"的意思就是，20周均线平甚至还向下的股票，以及股价已经站上了20周均线的股票均不能入选。同时，没有20周线的新股不能用这种办法选）。

这种选法虽然不能保证选到大牛股，但至少保证有盈利。股市尤其是在中国股市"一赚二平七亏损"以及一轮牛市过后散户们也亏钱的残酷现实，说明在股市里散户们赚钱的不容易。散户们能够做到盈利应该就不错了，如果能够做到持续的盈利，应该说这是所有驰骋股市的各路资金追求的至高境界。

三、买卖点的确定

股票行情不光受技术面和基本面的影响，从长期来看还受到经济基本面的影响，特别是政府的货币政策，其实大宗商品市场要比股票对于政府货币政策更为敏感，当经济向好、通胀增大、货币超发的时候，大宗商品整体价格都是看涨的；反之，当经济周期处于下行阶段，并且出现通缩、货币收紧的时期，大宗商品做空更容易获利。回到股票上来也有很强的参考意义，这就像在投资股票的时候我们经常听到"选股不如选时"这一句股市谚语，从宏观角度说，当指数、大势向好阶段，选股操作很容易挣钱，反之就很难挣钱。从微观角度说，确定单只股票的买卖时点也很重要，比如未来被证明的大牛股，一旦介入点错误，那么在大牛股吸货阶段和洗盘阶段能有多少人经受得起较长的时间赚不了钱甚至还亏损的考验，而介入大牛股的尾声阶段就恐怕不再是赚钱而是买单了。所以，选股和选期货品种也是一样，在行情明确的加速时段进场是最好的。

那么明确的加速时点怎么选择呢？首先是有规律的，最简单、最直接，也是最实用的方法其实就是赵云战法，或者说我们只用赵云战法中的部分内容。我个人最喜欢顺势操作，而顺势操作最赚钱的时候就是一个投资标的价格有效突破历史高点或跌破历史低点的加速行情，其次是箱体或者整理区间突破的行情也是比较准确的买卖点。我们就以股票为例，比如一只股票在前一次历史高点放巨量后一路下行，也就是说主力高位出货成功，开始下跌，而高位一定是有不少接盘侠站在了历史高点，现在俗称"被割了韭菜"高位站岗了。经过一段时间的下跌后该股反转向上了，同时通过一段时间震荡上行后放量突破了历史高点，主力能够给所有人解套，说明其志在高远，后期空间至少有30%以上，若此时参与，风险又小，上升空间也大。图28-2中这只股票就是突破2008年的历史高点8元大平台后出现的一波快速的单边拉升行情，估价接近翻倍。一年只要抓住这一次机会基本上就可以休息了。

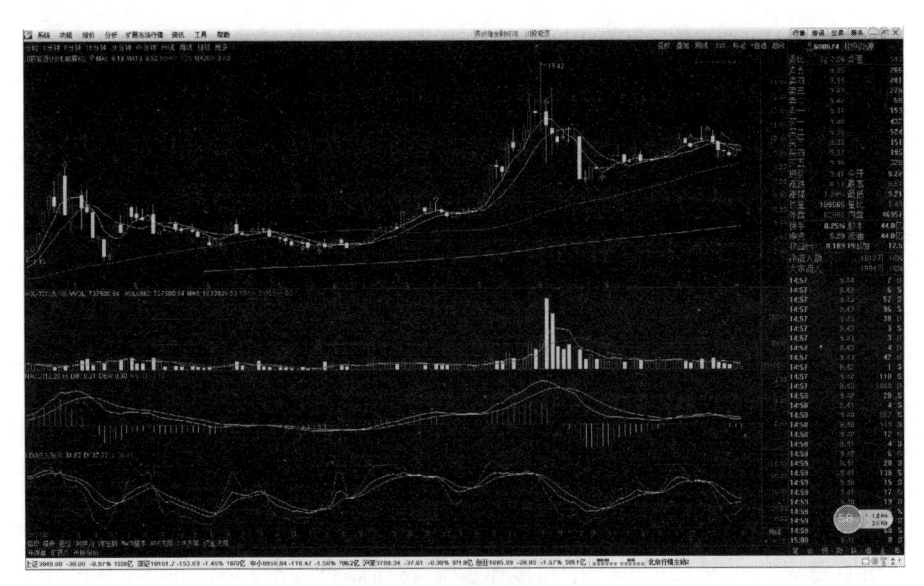

图28-2　川投能源K线

对于初学者或者股市新兵来说，其他的学不会没关系，每天就盯住是否有突破历史新高的股票，然后买入并设向下10%作为止损位，在大盘向好的阶段涨幅会比较大，期望值可相应放大到50%~75%，大盘较差的时候涨幅期望就在15%即可。

附　　录

　　以上是这本书主要想给大家阐述的思想，还有很多内容因篇幅原因等待下次出书的时候再给大家讲解，特别是随着市场技术分析的进步，可能也有一些新东西出炉分享给各位。在本书最后，我想将一些比较有经验的交易者的访谈加上一些我的理解送给大家，还有一些投资者成长的心路历程，我觉得很有意思，也是从另外一个角度来验证我的观点，推荐大家阅读一下，作为本书的结尾。

华尔街操盘高手天才交易员艾迪·塞柯塔访谈摘要

　　1. 问：你认为分析图表对交易有用吗？

　　答：根据分析图表从事交易有如冲浪。你不必了解波浪起落的原因，就能成为一名冲浪高手。你只要能感觉到波浪涌起以及掌握乘浪的时机就够了。

　　2. 问：运气对交易成功的重要性有多大？

　　答：运气、聪明和天赋往往会被认为是造成某个人具有特殊成就的原因。有些人的确天生就是音乐家、画家或分析师。我认为天赋的能力是无法后天学习而得。我只去发掘天赋，然后再加以培养。

3. 问：当你赚到几百万美元的时候，你是否会收起一部分，避免遭到所谓"杰西·李尔摩（Jesse Livermore）经验"？（李尔摩是美国20世纪初一位知名的投机客，此人曾多次把赚得的钱财再度赔光）

答：我认为"李尔摩经验"是一种心理方面的问题，而与资金管理无关。事实上，我记得李尔摩曾经把他所赚得的一部分财产保存起来，可是在他需要的时候却又拿出来使用。因此，要掌握胜利的果实，就必须克服把保存起来的那一部分再拿出来使用的冲动，这与是否要躲避"李尔摩经验"并无关联。如果你陷入"我要翻本"的情绪中，虽然这种感受很刺激，可是代价却相当昂贵。最好的方法在输钱时越赌越小。这样做可以让你保持资金的安全，情绪也可以因此渐趋平稳。

（在此，我想借用澳门赌场的一句格言，顺风狠，逆风稳。）

我认为一个人的成功与否，与其是否能够回应命运的感召有关，而与财富的多寡无关。

每位输家的内心深处其实都蕴藏着求输的潜意识，因此即使获得成功，也会不自觉地破坏胜利的果实。在与塞柯塔的交谈中，我深深折服于他的睿智与敏锐，他好像总是能够从各种角度来观察事情。在谈分析技术时，他有如一位科学家（事实上，他拥有麻省理工学院电机工程学位），随手可从电脑中叫出他自己发展的电脑程式和所设计的图形。然而，当话题转移到交易心理时，他又立刻变成一位观察敏锐的行为学家。

其实，塞柯塔最近几年确曾深入研究心理学。就我的观察，帮助人们解决切身问题的心理学，已经成为塞柯塔生活、分析以及交易不可或缺的要素。对塞柯塔来说，交易与心理其实是一体的两面。

4. 问：你的交易系统在当时的表现如何？

答：相当不错。但是，问题在于管理阶层无法完全信赖该系统所发出的指示。例如交易系统有一次在砂糖以5美分成交时，发出了买进的指令。但是管理阶层认为当时砂糖已经超买，因此不理会这个指令。然而砂糖价格持续上场，管理阶层于是决定只要砂糖价格下跌20点（100点为1美分）就买进。可是，砂糖价格仍然继续挺扬，管理阶层于是又改变策略，只要价格回跌30点，就立即买进。但是砂糖价格当时根本没有回档。最后砂糖价格上涨到9美分，而管理阶层直到这时候才相信这是多头市场，于是决定立即买进以免价格进一步扬升。至于结果，我想你也猜得出来，砂糖价格没多久就开始回跌。可是，管理阶层根本没有想到这是忽视交易系统所发出的指令而犯下的严重错误。就是因为这项错误，才导致一笔原本可以大赚的交易变成大亏，而这也是我后来辞职不干的原因之一。

（这一点上就体现了严格执行交易信号的好处，交易中的迟疑是可以的，但是如果最后又改变成操作那很可能出现大的亏损，所以交易信号给出来，第一时间跟进很重要。）

5. 问：你的操作成绩如此杰出，可是你的客户却不多，这是什么道理？

答：我很少接受新客户，即使要接受，我也要经过长期考虑，并对该客户进行访问，了解他的动机和态度。我认为选择客户对我的操作成绩非常重要。我要的客户是能够完全信任我，以及长期支持我的人。如果我的客户过于关心我短期间内的表现，这就一定会对我交易构成阻碍。

（英雄所见略同。）

6. 问：难道你的原始交易系统并不适合你？

答：交易系统其实并不需要改良，关键只是你必须开发出与你本人交易风格相容的系统。

7. 问：你的交易风格是什么？

答：我的交易风格基本上是趋势追踪，再加上一些技术形态分析与资金管理的方法。感受市场，保持乐观。关键在把资金管理技巧融合在交易系统当中。市场上有许多经验老道的交易员，也有许多勇敢的交易员，可是兼具经验与勇气的交易员却很少。

我想这和我的哲学观有关。我感受市场交易，而且经常保持乐观的态度。此外，我不断从交易中学习，也不断改善交易系统。还要补充一点，即我把自己与操作视为一套系统，总是跟随一套法则行事，我有时候也会完全脱离这套法则，而依自己强烈的直觉行事，这样的交易结果可能会导致亏损，但是如果我无法在交易中增添一些自己的创意，最后我可能会被压得发疯。因此，平衡工作心态也是登上成功顶峰的关键所在。

8. 问：在你所有的操作中，依照系统交易方式操作所占的比例有多少？这个比例是否会随时间而有所改变？

答：我的操作越来越偏重于跟随交易系统行事。其实所有的交易都具有某种系统化的特质。许多相当成功的交易系统都是根据趋势追踪的理念设计的。生命本身其实也有顺应趋势的现象。当冬季来临时，鸟类就会南飞，生产商和贸易商也会依据市场趋势改变产品的产量和交易策略。交易系统表现优劣亦有其周期可循。交易系统表现突出时，一定会大为风行，然而当使用人数大增时，市场趋势会变得起伏不定，导致交易系统无用武之地，于是使用的人数势必会减少，而又促使市场行情再度恢复到可以使用交易系统掌握其脉络的地步。

9. 问：你对运用基本分析的交易有何看法？

答：我认为基本面资讯并没有用，因为市场早已将它反映在价格上了。如果你能比别人早几步知道某些基本面的变化，那又另当别论了。

（作为普通散户，在没有你所交易的品种明确的行业知识的时候，还是踏踏实实分析技术指标为好。）

10. 问：这是否表示你只使用技术分析进行交易？

答：基本上，我是一个已经具有 20 年经验的趋势交易员。我需要的资讯，依其重要性的排列为：（1）长期市场趋势；（2）目前走势形态；（3）买卖的时机与价位。（4）资金分配比例要根据市场客观走势的强弱程度，不是情绪的强弱程度。至于有关基本面的讯息则排在第（5）位。

11. 问：选择买进时机是否意味着选择一个会反弹的价位进场？若是如此，如何避免错误？

答：不是。如果要买进，我的买进价格会在市价之上。我要在这个价位进场，是因为我认为市场动力会推动价位朝某个方面前进，如此价格风险比较低。我不会想去找顶部或底部。

（明确的右侧交易思维，如果市场没有走好就进场，就是赌行情的心态，风险会很大。）

12. 问：你可曾运用反向思考法从事交易？

答：有时候会。例如在最近的一次黄金会议上，发表意见的人都看坏黄金市场的后市。我于是告诉自己："金价也许已经跌到谷底了。"（事实证明塞柯塔的看法是正确的。在这项会议结束后，金价便立刻开始弹升。）

13. 问：请你谈一下你最戏剧化与情绪化的交易经验？

答：戏剧化与情绪化的交易结果都是亏损。自傲、希望、恐惧与贪心都是阻挠交易成功的障碍。因为我每结束一笔失败的交易，总会尽量设法忘记这个不愉快的经验，然后全神贯注等待新机会。

14. 问：交易成功要具备那些要素？

答：关键是：（1）停损；（2）停损；（3）停损。你只要遵守这三个原则，你的交易就有成功的机会。

15. 问：你如何面对手气不顺的逆境？

答：我会减量操作直到完全停止交易。在亏损时增加筹码，试图翻本，无异"自作孽，不可活"。

16. 问：基本上，你是根据交易系统来从事交易的。可是，完全靠交易系统，在输钱的时候它仍然不会指示你减少活动吧？

答：我在电脑程式中加了一些逻辑，例如根据市场情势调整交易活动。不过，总体而言，一些重大的决策都是在交易系统之外做成的，例如如何分散风险等。就心理面来说，我会依据操作的表现改变交易活动的大小。如果正在获利，我的交易活动会比较具有攻击性，反之则会减少。如果你正在亏损，却又情绪化地增加交易活动，希望挽回颓势，那么一定会损失惨重。

17. 问：你是自修成功的交易员，还是曾经接受别人的提携？

答：我是自修成功的交易员。不过我也经常研究其他交易员的操作策略。

18. 问：你在进场交易的时候，是否就已经设定出场的时机？

答：我在进场时就设定好了停损点。不过当市场情况变得难以预测时，我会获利了结。如此，纵使获得的利润会减少，但却可以减少我投资组合的风险，而且也不会因此弄得紧张。（在情绪紧张时立刻停止交易，交易时不要麻痹,轻易也不要紧张。)

19. 问:你每笔交易愿意承担的最大风险,占你资产的比例是多少?

答:我每笔交易只愿意承担最多5%的风险。不过,有时当重大消息导致市场行情突破我的停损点时,我遭致的损失通常都会高于这个水准。

20. 问:你是一位非常杰出的交易员,请问是什么因素使你如此杰出?

答:我认为我的成功来自于我对市场交易的热衷,交易对我而言,不只是嗜好或带来事业,而是我的生命。我深信我注定就是要做一名交易员。

21. 问:你所遵循的交易原则是什么?

答:(1)减少亏损。(2)乘胜追击。(3)小量经营。(4)毫不犹豫地遵循交易法则。(5)知道何时打破交易法则。

22. 问:最后两条原则显然相互冲突。老实讲,你到底是遵循哪一条,是毫不犹豫地遵循交易法则,还是知道何时打破交易法则?

答:两者我都相信。大部分我会遵循既有的交易法则。然而我会不断地研究市场情势,有时候也会发现新的交易法则,用以取代既有的交易法则。有时所遭遇的压力到达极限,我会完全脱离市场,直到我自认为可以遵循交易法则时才再进场。也许有一天,我可以依循较明确的法则来说明如何打破既有的交易法则。

我并不认为交易员可以长期遵循某条交易法则,除非该法则恰能反映他的交易风格。其实,总有一天他会发展出新的交易法则来取代既有的。我想这就是交易员必须的成长过程。静观待变掌握时机。

(其实这也是孢子理论在起作用,让交易者不断去改进交易方法。)

23. 问:你说"股市难以捉摸"是什么意思?

答:股市不但有别于其他市场,而且其本身也难以捉摸。这句话听起来似乎难以理解,然而要了解市场根本就是件徒劳无益的事。我认为要了解股市就像要了解音乐一样没有道理,有许多人宁愿了解市场而不去了解赚钱的机会。股市难以捉摸是因为股市的行为模式很少会重复。

24. 问:超级交易员是否具有交易的特殊天份?

答:高明的交易员具有交易的天份,就如同音乐家与运动家具有天份一样。但是，超级交易员则是天生注定要从事交易，他们并不是拥有交易的天份，而是命运掌握了他们。成功有时也靠运气。

25. 问：运气对交易成功的重要性有多大？

答：运气非常重要。有些人很幸运，天生就聪明，然而有些人更聪明，而且生来就有福气。我认为操作的能力是无法后天学习而得。我只去发掘具有操作天赋的人，然后再加以培养。

26. 问：你认为心理因素与市场分析在一笔成功的交易中，重要性各有多少？

答：在交易当中，求胜的意志是从事交易的推动力，而市场分析就像是地图。（心理因素是源，市场分析是流）

27. 问：你认为一名成功的操盘手应具有什么特质？

答：（1）热爱交易；（2）热爱胜利。成功的交易员在任何市场上，只要翻滚几年，都能成功。

结 束 语

如果您能够认真看懂我的书，相信您一定可以在期货市场里生存下来。其实期货没有想象的那么可怕，否则它就像化学武器、生物武器一样，早就被世界各国禁止了，如今能够方兴未艾地发展而且日益成为国际投资市场一个重要组成部分，说明其制度是合理的，风险是可控的，有人在里面挣大钱，同样有人在里面赔钱，关键还是投资者本身是否能够建立一套有效的操作机制。任何一个行业对一个门外汉来说都是可怕的，所以请认真学习成长，然后进入市场，你会发现不一样的期货！我见过很多人想去做期货，都是问身边的朋友，但是这些人并不懂得期货或者根本没做过，给你的建议就是"不行，危险，倾家荡产"，而你如果想在这里成功，请咨询真正有成功经验的人，他会告诉你，期货可以让你成功，但是和任何行业成功都是相同的，它有一定的难度，需要你不断地成长，积累经验！本书交易法则的精华部分（仁者见仁，智者见智）希望诸君反复阅读，然后形成自己的一种交易意识。你一定能在期货和泛金融市场上稳健成长！

一本书，真正读懂理解之后就会越读越薄，最后只留下关键的几句话在头脑中。希望我所写的这本书能够达到这样的效果，真正地帮助你去在实战中获胜。

我记得刘慈欣在"三体"系列第二部《黑暗森林》里面有一句话说：给岁月以文明，而不是给文明以岁月！

　　在此，套用他的格式，我想说：给投资以头脑，而不是给头脑以投资。如果看完这本书，你认可这句话，说明你已经真的悟到我的思想了！

致　　谢

　　谨以此书献给多年来一直支持我、鼓励我的亲朋好友！首先感谢久义科技董事长李法伟先生几年来对我的无私帮助，让我能够有机会写这本书，可以说他是我的联合出书人，同时还要感谢爱人苑京在写作之后对全书的排版校验，感谢王雨、李焰、张志坚、海春辉、李林彬以及我许许多多的客户这几年来的信任与鼓励，同时，还要感谢谭志军先生和刘江先生为本书出版所做出的努力，最后更要感谢父母马国齐先生和王永华女士，是你们给了我生命，还有女儿马俪芮，是她那声呐喊让我从迷幻中获得重生的机会！